| 山东省财政财务人员培训教材 |

政府会计制度
解读与实务

钟泽圣　王　敏 | 主编

中国财经出版传媒集团
中国财政经济出版社

图书在版编目（CIP）数据

政府会计制度解读与实务／钟泽圣，王敏主编．—北京：中国财政经济出版社，2019.3

山东省财政财务人员培训教材

ISBN 978－7－5095－8877－2

Ⅰ.①政…　Ⅱ.①钟…　②王…　Ⅲ.①单位预算会计－会计制度－中国－业务培训－教材　Ⅳ.①F810.6

中国版本图书馆 CIP 数据核字（2019）第 047382 号

责任编辑：张　莹　贾延平　　　　责任校对：黄亚青

封面设计：田　晗

中国财政经济出版社 出版

URL：http：//www.cfeph.cn

E－mail：cfeph@cfeph.cn

社址：北京市海淀区阜成路甲 28 号　邮政编码：100142

营销中心电话：010－88191537

北京时捷印刷有限公司印刷　各地新华书店经销

787×1092 毫米　16 开　22.25印张　359 000 字

2019 年 4 月第 1 版　2019 年 4 月北京第 1 次印刷

定价：80.00 元

ISBN 978－7－5095－8877－2

（图书出现印装问题，本社负责调换）

本社质量投诉电话：010－88190744

打击盗版举报热线：010－88191661　QQ：2242791300

编 委 会

主　　编　钟泽圣　王　敏

副 主 编　赵　刚　宋兴修

编写人员（按姓氏笔画为序）

王　红　王　梅　王晓红　刘　涛

许晓莉　张家福　李　冰　李　婷

邵文龙　周广艳　房　梅　董佳丽

韩　勇　潘学兵

前 言

政府会计制度自2019年1月1日起在我国各级各类行政事业单位全面实施。相对于原来的行政事业单位会计制度，新出台的政府会计准则制度重构了政府会计核算模式，全面引入了权责发生制核算原则，统一了现行各项单位会计制度，顺应了预算改革要求，扩大了政府资产负债核算范围，完善了会计报表体系和结构，对于提高政府会计信息质量、全面实施绩效管理、加快建立现代财政制度、实现政府治理体系和治理能力现代化具有重要意义。为更好地服务于政府会计制度改革，帮助广大行政事业单位财务人员更好地理解政府会计制度各项规定，我们编写了《政府会计制度解读与实务》一书。

本书以最新政府会计标准体系为编写依据，充分吸收新发布的政府会计基本准则、政府会计具体准则以及有关政府会计准则应用指南等相关内容，同时考虑到行政事业单位的特点以及会计人员的业务素质等因素，在完整地阐述政府会计的基本理论、基本方法和基本技能的基础上，力求通过多种通俗易懂的形式帮助读者解读一系列的政府会计标准（尤其是政府会计制度），以调动所学者的学习兴趣和主观能动性，避免传统书籍的抽象式说教多、内容形式单一的缺陷。

本书以案例展现为依托，着重体现实务要求，针对性、通俗性、操作性比较强。本书的每一章，都有“本章要点”，以引导读者有针对性地带着问题进入每章学习。每章的内容，根据学习进度、学习内容的深入，对难点问题和重要内容，大量地采用“请你思考”“请你选择”“请你分析”“请你判断”“请你回答”“请你计算”和“请你回忆”等形式或模块，将会计制度准则中一些比较抽象的概念或笼统的术语，设计成一个个具象化问题，引发读者独立思考；每一个问题，都配有详细解剖的参考答案，循循善诱，以期调动读者的学习兴趣，提高学习效率。本书通过大量业务举例或案例展现，让读者有种“亲临实战”感。本书不仅教给读者“怎样做”，更多地阐述这样做的理由、道理或理论依据，以期将不同层次的规则或标准串联起来，形成一个政府会计标准体系大的框架，目的是使读者更好地理解、应用政府会计准则制度。

由于时间仓促，编者水平有限，书中难免存在不足，恳请读者批评指正。

编　者

2019 年 3 月

目 录

第一章
政府会计总论

本章要点

◇ 了解政府会计的基本特征

◇ 熟知政府会计标准体系

◇ 掌握并学会应用会计信息质量要求

◇ 弄懂权责发生制和收付实现制的特性

◇ 掌握政府会计要素和会计等式

◇ 掌握政府会计核算的基础知识

- 借贷记账法
- 会计科目与会计账户
- 会计凭证
- 会计账簿
- 会计账务处理程序

第一节 政府会计概念与会计目标

一、政府会计概念

（一）政府会计概念

会计是什么？会计既是一门应用技术，也是一种服务活动，其功能在于提供一个单位会计主体的量化信息。

政府会计，是国际上通行的称谓。所谓政府会计，是指反映、核算和监督政府会计主体单位及其构成实体在使用财政资金和公共资源过程中财务收支活动的会计管理体系。

政府会计主体特指各级政府、各部门、各单位。其中，各部门、各单位是指与本级政府财政部门直接或者间接发生预算拨款关系的国家机关、军队、政党组织、社会团体、事业单位和其他单位。

一般来说，会计（包括政府会计）的核算过程，是按照会计规范确认、计量、记录、报告会计信息的过程。

确认，是指按照会计规范，判定某项经济活动是否应当作为会计信息记录，作为什么会计要素记录，以及何时记录的会计程序。

计量，是指对确认的会计信息其金额的描述，也就是说，计量解决如何度量并以多少度量单位进行记录的问题。

记录，是指对经过确认和计量的会计信息，按照既定的会计方法在凭证、账簿等会计信息载体中进行的登记。

报告，是指在确认、计量、记录的基础上，将会计信息以会计报告的形式，提供给会计信息使用者。

（二）政府会计的基本特征

众所周知，会计是一种商业语言，它主要是通过提供会计信息，将这种“语言”传达出去，以满足不同信息使用者对一个单位的了解和判断，并进一步做出预测及评价。

政府会计也是用来提供会计信息的，政府会计作为会计体系的一个重要分支，是运用会计专门方法对政府及其组成主体的财务状况、运行情况、现金流量、预算执行情况进行全面核算、监督和报告。

与企业会计不同，我国政府会计标准的法律依据是《中华人民共和国预算法》和《中华人民共和国会计法》，我国各类政府部门的特性，决定了我国政府会计由两部分构成：即预算会计和财务会计。其中，预算会计提供与政府预算执行情况有关的信息；财务会计提供财务状况、运行情况（含运行成本）和现金流量等有关信息。

政府会计的预算会计和财务会计之间，是一种既分离又衔接的关系。所谓分离，是指政府预算会计和政府财务会计为实现政府会计提供信息的两种功能，一个是反映政府预算收支和预算结余的预算执行信息，一个是反映政府的相关财务信息；政府会计在提供预算会计信息和财务会计信息时应当遵循双基础（会计基础），即预算会计以收付实现制为基础进行信息加工整理，财务会计执行的是权责发生制；因为两种不同的信息功能是在不同的会计基础上生成的会计信息，所以最终政府会计出具的会计报告也为双报告，即依据预算会计数据出具决算报告，依据财务会计数据出具财务报告。

可见，预算会计与财务会计的相互融合，勾勒出了我国政府预算会计和财务会计适度分离又相互衔接的政府会计体系，使得政府会计主体同时提供预算会计信息和财务会计信息，能够全面、清晰地反映政府预算执行信息和财务状况，显著提升财政透明度，满足权力机关、社会公众等对政府财政财务信息全面性、准确性和及时性的需求，从而有利于进一步规范政府行为和提高政府决策能力，促进国家治理能力的现代化。

二、政府会计目标

政府会计的目标就是借助或通过政府会计报告这一载体，向信息使用者提供高质量的会计信息。所以，会计报告的目标即为政府会计的目标。由于政府会计是由预算会计和财务会计两部分构成，为此，依据预算会计信息编制决算报告，依据财务会计信息编制财务报告。所以，政府会计的目标体现在两方面。

第一，政府会计决算报告的目标是向决算报告使用者提供与政府预算执行情况有关的信息，综合反映政府会计主体预算收支的年度执行结果，有助于决算报告使用者进行监督和管理，并为编制后续年度预算提供参考和依据。政府决算报告使用者包括各级人民代表大会及其常务委员会、各级政府及其有关部门、政府会计主体自身、社会公众和其他利益相关者。

第二，政府会计财务报告的目标是向财务报告使用者提供与政府的财务状况、运行情况（含运行成本，下同）和现金流量等有关信息，反映政府会计主体公共受托责任履行情况，有助于财务报告使用者做出决策或者进行监督和管理。政府财务报告使用者包括各级人民代表大会常务委员会、债权人、各级政府及其有关部门、政府会计主体自身和其他利益相关者。

三、政府会计标准体系

我国的政府会计标准体系由政府会计基本准则、具体准则及其应用指南和政府会计制度四个层次组成。

第一，基本准则主要对政府会计目标、会计主体、会计信息质量要求、会计核算基础，以及会计要素定义、确认和计量原则、列报要求等做出规定。

第二，具体准则主要规定政府发生的经济业务或事项的会计处理原则，具体规定经济业务或事项引起的会计要素变动的确认、计量和报告。

第三，应用指南主要对具体准则的实际应用做出操作性规定。

第四，政府会计制度主要规定政府会计科目及其使用说明、会计报表格式及其编制说明等，便于会计人员进行日常核算。

在以上政府会计标准体系中，基本准则作为政府会计的"概念框架"，统驭政府会计具体准则和政府会计制度的制定，并为政府会计实务问题提供处理原则，为编制政府会计报告提供基础标准。

我国政府会计改革正在如火如荼地进行之中，截至目前，已经颁布并实施的有关政府会计标准如下：

◇《政府会计准则——基本准则》

◇ 政府会计具体准则

- 《政府会计准则第 1 号——存货》
- 《政府会计准则第 2 号——投资》
- 《政府会计准则第 3 号——固定资产》
- 《政府会计准则第 4 号——无形资产》
- 《政府会计准则第 5 号——公共基础设施》
- 《政府会计准则第 6 号——政府储备物资》
- 《政府会计准则第 7 号——会计调整》
- 《政府会计准则第 8 号——负债》
- 《政府会计准则第 9 号——财务报表编制和列报》

◇ 政府会计准则应用指南之《政府会计准则第 3 号——固定资产》应用指南

◇《政府财务报告编制办法（试行）》

◇《政府会计制度——行政事业单位会计科目和报表》

第二节　政府会计要素与会计基础

所谓要素，就是构成事物的必要因素。政府会计要素分别由预算会计要素和财务会计要素组成。

一、政府预算会计要素

政府预算会计要素包括预算收入、预算支出与预算结余。

预算收入是指政府会计主体在预算年度内依法取得的并纳入预算管理的现金流入。

预算支出是指政府会计主体在预算年度内依法发生并纳入预算管理的现金流出。

预算结余是指政府会计主体预算年度内预算收入扣除预算支出后的资金余额，以及历年滚存的资金余额。预算结余包括结余资金和结转资金。

二、政府财务会计要素

政府财务会计要素包括资产、负债、净资产、收入和费用。

（一）资产

资产是指政府会计主体过去的经济业务或者事项形成的，由政府会计主体控制的，预期能够产生服务潜力或者带来经济利益流入的经济资源。其中，服务潜力是指政府会计主体利用资产提供公共产品和服务以履行政府职能的潜在能力；经济利益流入表现为现金及现金等价物的增加，经济利益流出表现为现金及现金等价物流出的减少。

政府会计主体的资产按照流动性，分为流动资产和非流动资产。其中，流动资产是指预计在1年内（含1年）耗用或者可以变现的资产，包括货币资金、短期投资、应收及预付款项、存货等；非流动资产是指流动资产以外的资产，包括固定资产、在建工程、无形资产、长期投资、公共基础设施、政府储备资产、文物文化资产、保障性住房和自然资源资产等。

（二）负债

负债是指政府会计主体过去的经济业务或者事项形成的，预期会导致经济资源流出政府会计主体的现时义务。其中，现时义务是指政府会计主体在现行条件下已承担的义务。未来发生的经济业务或者事项形成的义务不属于现时义务，不应当确认为负债。

政府会计主体的负债按照流动性，分为流动负债和非流动负债。其中，流动负债是指预计在1年内（含1年）偿还的负债，包括应付及预收款项、应付职工薪酬、应缴款项等；非流动负债是指流动负债以外的负债，包括长期应付款、应付政府债券和政府依法担保形成的债务等。

（三）净资产、收入和费用

净资产是指政府会计主体资产扣除负债后的净额。

收入是指报告期内导致政府会计主体净资产增加的、含有服务潜力或者经济利益的经济资源的流入。

费用是指报告期内导致政府会计主体净资产减少的、含有服务潜力或者经济利益的经济资源的流出。

（四）会计等式的表现形式

1. 财务状况等式

财务状况等式，亦称基本会计等式和静态会计等式，是用以反映预算单位（本书所指的预算单位，一般包括行政单位和事业单位）某一特定时点资产、负债和净资产三者之间平衡关系的会计等式。是对各财务会计要素的内在经济关系利用数学公式所作的概括表达，即反映各会计要素数量关系的等式。即：

$$资产 = 负债 + 净资产$$

这一等式是复式记账法的理论基础，也是构成资产负债表的基本框架和编制资产负债表的依据。由于该等式是会计等式中最常见和最通用的形式，所以也称其为会计恒等式。现举例说明资产、负债及净资产三个静态会计要素之间的关系，即某一单位在某一特定时点所拥有的各种资产以及这些资产的资金来源。

【例1-1】 某单位20×8年12月31日的资产与负债及净资产的状况如

表 1 – 1 所示。

表 1 – 1　　　　资产负债表

20 × 8 年 12 月 31 日　　　　单位：元

资产	金额	负债及所有者权益	金额
库存现金	4 000	短期借款	800 000
银行存款	1 000 000	应付账款	440 000
库存物品	400 000	累计盈余	1 000 000
固定资产	996 000	专用基金	160 000
合计	2 400 000	合计	2 400 000

表 1 – 1 说明该单位 20 × 8 年 12 月 31 日拥有的资产总额为 2 400 000 元，这些资产表现为不同的形态。对于这 2 400 000 元的资产而言，债权人的权益为 1 240 000 元，净资产为 1 160 000 元。负债和净资产总额为 2 400 000 元，与资产总额 2 400 000 元保持着平衡关系。

2. 运行成果等式

运行成果等式，亦称动态会计等式，是用以反映单位一定时期收入、费用和盈余之间恒等关系的会计等式。即：

收入 – 费用 = 盈余

这一等式反映单位在某一会计期间的运行成果，说明了单位盈余的实现过程，是构成收入费用表的基本框架，也是预算单位编制收入费用表的依据。

如前，政府财务会计要素中，资产、负债和净资产之间的关系，可以用以下基本等式来表达（又称为会计基本等式）：

资产 = 负债 + 净资产

如果将收入和费用考虑进去，则形成以下政府财务会计五要素之间的扩展式会计等式，即：

资产 = 负债 + 净资产 + （收入 – 费用）

由于收入和费用在一定的会计期末集中转入政府会计主体的净资产，所以政府会计财务要素之间便形成了“资产 = 负债 + 净资产”的基本等式。

经济业务，又称会计事项，是指在经济活动中使会计要素发生增减变动的交易或事项。预算单位在日常业务活动中，总会发生各种各样的经济业务，尽管这些经济业务多种多样，但对财务状况等式“资产 = 负债 + 所有者权益”的影响，有以下九个方面：

（1）一项资产增加、另一项资产等额减少的经济业务。

（2）一项资产增加、一项负债等额增加的经济业务。

（3）一项资产增加、一项净资产等额增加的经济业务。

（4）一项资产减少、一项负债等额减少的经济业务。

（5）一项资产减少、一项净资产等额减少的经济业务。

（6）一项负债增加、另一项负债等额减少的经济业务。

（7）一项负债增加、一项净资产等额减少的经济业务。

（8）一项净资产增加、一项负债等额减少的经济业务。

（9）一项净资产增加、另一项净资产等额减少的经济业务。

上述九类基本经济业务的发生均不影响财务状况等式的平衡关系，具体分为三种情形：基本经济业务（1）（6）（7）（8）（9）使财务状况等式左右两边的金额保持不变；基本经济业务（2）（3）使财务状况等式左右两边的金额等额增加；基本经济业务（4）（5）使财务状况等式左右两边的金额等额减少。会计等式的这种平衡相等的关系，是设置账户、复式记账、试算平衡以及编制财务报表的理论依据。

复式记账法是指对于每一笔经济业务，都必须用相等的金额在两个或两个以上相互联系的账户中进行登记，全面系统地反映会计要素增减变化的一种记账方法，现代会计运用复式记账法。借贷记账法就是其中的一种复式记账法。

---

1. 请你判断：以下业务属于上述业务类型的哪一种？

（1）向银行借入长期借款 600 000 元，转入本单位存款户。

（2）用银行存款购买一台机器设备 400 000 元，投入使用。

（3）经批准，将 80 000 元短期借款转作长期借款。

答案提示：（1）属于一项资产增加、一项负债等额增加的经济业务。

（2）属于一项资产增加、另一项资产等额减少的经济业务。

（3）属于一项负债增加、另一项负债等额减少的经济业务。

2. 请你计算：某单位在年初拥有净资产合计为 3 000 万元，负债合计为 2 000 万元；该年度净资产减少了 800 万元，其他不变。年末该单位的资产应为多少？

答案提示：年初资产 5 000（万元）＝2 000＋3 000，当年净资产减少 800 万元，意味着资产也减少 800 万元，所以年末资产为 4 200 万元。

3. 请你选择：改革后我国政府会计要素有很多，其中，属于反映一个单位财务状况的会计要素是（　）。

A. 结余　　B. 净资产　　C. 负债　　D. 资产

答案提示：BCD，结余是预算会计要素，反映预算收支结果的要素。

4. 请你判断：以下两题，说法是否正确？

（1）财务状况等式，亦称基本会计等式和静态会计等式，是用以反映单位某一特定时点资产、负债和净资产三者之间平衡关系的会计等式。

（2）运行成果等式，亦称动态会计等式，是用以反映单位一定时期收入、费用和盈余之间恒等关系的会计等式。这一等式是复式记账法的理论基础，也是编制资产负债表的依据。

答案提示：第一题正确，第二题错误。财务状况等式，亦称基本会计等式和静态会计等式才是复式记账法的理论基础，是编制资产负债表的依据（而不是动态会计等式）。

三、政府会计基础

（一）政府会计的基本假设

会计基本假设是预算单位会计确认、计量和报告的前提，是对会计核算所处时间、空间环境等所做的合理设定。政府会计的基本假设有四个：会计主体、持续运行、会计分期和货币计量。

1. 会计主体假设

会计主体假设是指政府会计主体应当对其自身发生的经济业务或者事项进行会计核算。它是指一个单位会计确认、计量、记录和报告的空间范围。为了向会计信息使用者反映单位财务状况、运行状况和预算资金等情况，提供与其决策有用的信息和受托责任履行情况的信息，其日常会计核算和会计报告的编制应当集中于反映特定对象的活动，并将其与其他独立核算单位区别开来，才能实现会计报告的目标。

明确会计主体才能分清会计核算的空间范围，使会计工作为其特定的实体单位服务，从而向会计信息使用者提供决策有用的信息。例如，作为单位会计人员，就是要对单位本身所发生的交易或事项进行会计确认、计量和报告，向会计信息相关者提供关于单位财务状况资金运行、现金流量以及预算收支等方面的信息，以有利于他们做出正确的决策。资产、负债、净资产、收入、费用、预算收入、预算支出和预算结余等这些会计要素都是针对某一特定主体而言的，会计工作必须站在该特定主体的立场上进行确认、计量和报告。会计人员所服务的会计主体不同，所做的会计确认、计量和报告的内容也不同。

会计主体与法律主体是两个不同的概念，必须予以区分。一般而言，法律主体必然是会计主体，而会计主体则未必都是法律主体。

2. 持续运行假设

持续运行假设是指政府会计核算应当以政府会计主体持续运行为前提。持续运行是指在可以预见的将来，一个单位的各项业务活动将会正常进行下去，不会被清算消失。会计确认、计量和报告应当以单位持续、正常的运行活动为前提。

持续运行是政府会计一系列原则和方法的基本前提，资产的计价、收入与费用等要素的确认都建立在这个“非清算（消失）基础”之上。正是由于持续运行，才将单位的资产区分为流动资产和非流动资产，将负债划分为流动负债和长期负债。如果一个会计主体即将被清算或消失，这种区分也就失去了意义。会计中的历史成本计量也以持续运行为前提，由于持续运行，会计主体才能按原用途使用其资产，将土地、建筑物、设备、存货材料等按历史成本计价。如果面临破产清算或消失，会计主体则只能按清算价格对资产进行计量。

既然持续运行假设以合理判断为基础，那么，如果有证据证明一个会计主体由于内部或外部原因已经难以继续运行下去，会计人员就应该放弃这一假设，按清算或消失状态重新选择会计确认、计量和报告的原则与方法，否则就不能客观的反映这个单位的财务状况、运行成本和现金流量以及预算收支，就会误导会计信息使用者做出合理客观的经济决策与判断。

3. 会计分期假设

会计分期假设是指政府会计核算应当划分会计期间，分期结算账目，按规定编制决算报告和财务报告。会计期间至少分为年度和月度。会计年度、月度等会计期间的起讫日期采用公历日期。

会计分期是指将一个单位持续正常进行的运行活动划分为一个个连续的、长短相同的期间。会计分期的目的，在于通过会计期间的划分，将持续的运行活动划分成连续的、相等的期间，据以结算盈余或结余，按期编制会计报告，从而及时向会计信息使用者提供与会计主体有关财务状况、运行成本和预算收支等方面的信息。

一个单位的运行活动连续不断，但会计信息的使用者却需要及时了解一个单位的财务状况、运行情况和预算收支等情况，以便做出正确的判断与决策。为此就需要单位对持续运行的过程人为地进行时间阶段的划分，以分期结算账目、报告单位财务状况、运行情况和预算收支等政府会计信息。

在会计分期假设下，一个单位应当划分会计期间。会计期间分为年度和中期。我国会计期间采用历年制，具体又分为年度、半年度、季度和月度。年度、半年度、季度和月度均按公历起讫日期确定。半年度、季度和月度均称为会计中期。

正是有了会计分期，才有了“本期”与“前期”“后期”的概念，才产生了“收付实现制”和“权责发生制”两种不同的会计处理基础。有了会计分期，才有了折旧、摊销这些特殊的会计处理方法。

4. 货币计量假设

货币计量假设是指会计主体在会计确认、计量和报告时以货币计量，反映会计主体的日常业务活动。

货币计量假设要求使用单一计量单位，即货币作为计量尺度。一个单位的运行活动错综复杂，如果没有统一的计量尺度就无法进行综合的记录和反映，也就不能提供综合性的财务信息。如公斤、米分别属于重量、长度的实物计量尺度，这些计量尺度虽然能够从某一侧面反映单位的运行活动情况，但却无法进行汇总和比较，不能生成综合性财务信息，而能够作为统一计量尺度的只有货币这一商品的一般等价物。以货币作为统一计量尺度，才能够综合和全面地反映单位的日常运行活动情况，为会计信息使用者提供该单位财务状况、运行成本和预算收支等综合性财务信息，更好地为会计信息相关者等方面的决策提供信息支持。

货币作为会计计量的统一尺度，并不否认其他计量尺度存在的价值。在单位内部管理方面实物指标仍然十分重要，例如单位的人力资源、研发能力以及运行战略等还不可能只用货币度量，而这些信息对信息使用者的决策也十分重要。因此，这些信息常常被作为非财务信息补充披露。

我国政府会计核算应当以人民币作为记账本位币。发生外币业务时，应当将有关外币金额折算为人民币金额计量，同时登记外币金额。

（二）会计基础

会计基础是指会计确认、计量和报告的基础。由于会计假设，尤其是会计分期假设，产生了本期与非本期的问题。一定的单位在某一会计期间，为进行经济业务而发生的费用或支出，可能在本期已经付出货币资金，也可能在本期尚未付出货币资金；同理，由于经济业务所形成的收入，可能在本期已经收到货币资金，也可能在本期尚未收到货币资金。对于这些经济业务应该如何进行会计处理？运行成果和运行成本如何核算？这些都取决于相应的会计基础。

会计基础主要有两类：权责发生制和收付实现制。

1. 权责发生制

权责发生制又称应计制，是指一切会计要素的时间确认，特别是收入和费用（或支出）的时间确认，均以权利已经形成或义务（责任）已经发生为标准。

根据权责发生制原则处理会计业务时应做到以下两点：第一，凡本期内实际发生并应属本期的收入和费用（或支出），无论其款项是否收到或付出，均应作为本期的收入和费用（或支出）处理。第二，凡不应属于本期的收入和费用（或支出），即使款项已经收到或支付，亦不应作为本期的收入和费用（或支出）予以处理。

因此，采用权责发生制，在会计期末必须对账簿记录进行账项调整，才能够使本期的收入和费用存在合理的配比关系，从而可以比较正确地计算预算单位的本期盈余。

权责发生制能够真实地反映当期的运行收入和运行成本费用，更加准确地计算和确定一个单位的运行成果。因此，我国政府会计的财务会计实行权责发生制。

【例 1－2】 某预算单位 20×8 年 12 月发生如下经济业务，以权责发生制计算本期（月）会计盈余（注：财务会计的收入与费用差额，通常称之为盈余）。

（1）12 月 2 日，单位收到商业银行（财政授权支付代理银行）转来的授权支付额度到账通知书，当月授权支付额度 300 000 元。

（2）12 月 6 日，向某单位提供服务，应收取 10 000 元价款，对方暂欠；该款项按照规定无须上缴财政。

（3）12 月 10 日，本单位在某酒店办业务培训，共发生培训费 100 000 元，价款暂欠该酒店及有关方面。

（4）12 月 11 日，单位某职工因特殊原因，向单位借款 50 000 元，现金支付。

（5）12 月 15 日，单位某职工出差回来报销差旅费 5 000 元（原借款 5 000 元）。

（6）12 月 20 日，单位支付本期邮电费，共计 8 000 元，水电费共计 10 000 元。

（7）12 月 31 日，计提本月份固定资产折旧 120 000 元。

（8）承（2），12 月 6 日款项 10 000 元今已经转账收回。

要求：根据上述资料，指出权责发生制下财务会计应涉及的收入与费用，并计算本期盈余数额。

例题分析

（1）财政拨款收入 300 000 元。

（2）事业收入或其他收入（等）10 000 元。

（3）业务活动费用 100 000 元。

（4）没有任何收入与费用。

（5）业务活动费用或单位管理费用（等）5 000 元。

（6）业务活动费用或单位管理费用（等）18 000 元。

（7）业务活动费用或单位管理费用（等）120 000 元。

（8）没有任何收入与费用。

权责发生制下本期会计盈余 =（300 000 + 10 000）−（100 000 + 5 000 + 18 000 + 120 000）= 310 000 − 243 000 = 67 000（元）

2. 收付实现制

收付实现制是与权责发生制相对应的一种会计基础，以款项收付的时点作为确认收入和费用等的依据。

根据收付实现制原则处理会计业务时应做到以下两点：第一，凡本期内实际收到的收入和支付的费用（或支出），无论其是否应归属本期，均应作为本期的收入和费用（或支出）处理。第二，凡本期未曾收到的收入和未曾支付的费用（或支出），即使应归属本期，亦不应作为本期的收入和费用（或支出）予以处理。

因此，采用收付实现制，会计处理手续比较简便，会计核算可以不考虑应计收入、应计费用、预收收入、预付费用的存在。但是收付实现制缺乏合理的收支配比关系，不能正确地计算和确定单位的盈余。我国政府会计的预算会计实行收付实现制（国务院另有规定的除外）。

【例1-3】资料同**【例1-2】**，要求：根据上述资料，指出收付实现制下预算会计应涉及的收入与支出，并计算本期收支差额。

（1）财政拨款预算收入300 000元。

（2）不得确认收入。

（3）因为没有款项支付，不得确认支出。

（4）因为属于向职工的借款业务，不产生支出。

（5）确认行政支出或事业支出5 000元（因为当初该职工借差旅费属于预付款性质，故预支时不作为支出）。

（6）确认行政支出或事业支出（等）18 000元。

（7）因为没有款项支付，不得确认支出。

（8）确认其他预算收入（等）10 000元。

收付实现制下本期收支差额＝(300 000＋10 000)－(5 000＋18 000)

＝310 000－23 000＝287 000（元）

可见，收付实现制与权责发生制面对同样的业务，会产生很大的差异。两者均是一个预算单位确认、计量、报告会计要素的会计基础，只是在确认、计量、报告会计要素时所采用的标准或会计基础不同，由此在会计核算过程中设置的账户不同，最终产生（计算）的结果也有明显的差异。

1. 请你回答：针对第（2）笔业务，是不是所有的应收账款，其产生时财务会计均确认收入，预算会计不确认收入？

答案提示：第（2）笔业务，并不意味着所有的应收账款产生时财务会计均确认收入，预算会计不确认收入。其关键在于产生应收账款时，该笔应收账款未来收回时是否需要上缴财政。如果不需要上缴，财务会计才能确认收入；如果需要上缴财政，财务会计不能确认收入，只能在产生应收账款时，作为单位的一项负债来确认。

2. 请你继续回答：承上，如果应收账款产生时，未来收回时需要上缴财政。是不是财务会计不能确认收入，预算会计在将来收回款项时也不得确认收入？

答案提示：正确。

第三节　政府会计信息质量要求

会计最重要的目标就是为会计信息使用者提供有用的会计信息。有用的会计信息才是高质量的会计信息。什么是高质量的会计信息？按照我国政府会计基本准则的规定，有用的、高质量会计信息应当具备以下七个特征（即会计信息质量要求）。

1. 可靠性

所谓可靠性，就是要求政府会计主体应当以实际发生的经济业务或者事项为依据进行会计核算，如实反映各项会计要素的情况和结果，保证会计信息真实可靠。

如果政府会计主体的会计核算不是以实际发生的交易或事项为依据，没有如实地反映其财务状况、运行成果和现金流量，会计工作就失去了存在的意义，甚至会误导会计信息使用者，导致决策的失误。但是可靠性并不意味着会计信息绝对真实、数字绝对精确，因为经济活动中，存在许多内在的不确定性，它需要会计人员进行相应的职业判断，如坏账损失的估计，固定资产使用年限的估计等，所以，绝对真实地反映某个政府会计主体的财务状况和运行成果的会计数据是不可能存在的。

2. 全面性

所谓全面性（又称完整性），就是要求政府会计主体应当将发生的各项经济业务或者事项统一纳入会计核算，确保会计信息能够反映政府会计主体预算执行情况和财务状况、运行情况、现金流量等。

1. 请你回答：行政（事业）单位财务规则规定，当月增加的固定资产，从次月开始计提折旧（当月不提）；当月减少的固定资产，次月开始不再计提折旧（当月照提折旧）。而新执行的《政府会计准则第3号——固定资产》应用指南中明文规定："固定资产应当按月计提折旧，当月增加的固定资产，当月开始计提折旧；当月减少的固定资产，当月不再计提折旧。"这一规定，是出于什么原因发生了本质变化？

答案提示：这一规定是出于可靠性的信息质量要求而发生了本质变化。因为计提折旧都是单位每个月月末的会计处理事项。月末计提折旧时，单位账上已经存在当月增加的该项固定资产，而可靠性的本质就是要如实反映会计要素的实际情况和结果，所以应对已经存在的固定资产计提折旧顺理成章。当月减少的固定资产，如果再按财务规则的规定当月照提折旧，就会出现虚假的折旧信息，因为月末计提折旧时，该固定资产信息早已不在单位会计账簿中，所以再计提折旧就违背了可靠性的信息质量要求。

2. 请你回答：某一单位在接受会计大检查时，被查出以下资产尚未记账。

（1）接受某企业捐赠的一项设备，因没有取得相关单据，类似资产的市场价值也无从得知，所以没有登记在单位会计账簿中。

（2）无偿调入一台八成新的设备，同样因为没有取得相关单据，类似资产的市场价值也无从得知，所以没有登记在单位会计账簿中。

要求：指出以上会计行为是否正确？如果不正确，请说明理由。

答案提示：以上会计行为不正确，违背了会计信息质量要求的全面性。全面性就是要求政府会计主体应当将发生的各项经济业务或者事项统一纳入会计核算。以上事项没有入账，造成了单位的账外财产，这是会计制度规则所不允许的。

3. 相关性

所谓相关性，就是要求政府会计主体提供的会计信息，应当与反映政府会计主体公共受托责任履行情况以及报告使用者决策或者监督、管理的需要相关，有助于报告使用者对政府会计主体过去、现在或者未来的情况做出评价或者预测。

通常情况下，提供的会计信息应当与政府会计主体是否履行公共受托责任情况有关，与会计报告使用者的经济决策需要相关，有助于他们对相关单位过去、现在或者未来的情况做出评价或者预测。如果会计信息提供以后，没有满足会计信息使用者的需要，对会计信息使用者的决策没有什么作用，就不具有相关性。可见，会计信息质量的相关性要求，需要政府会计主体在提供会计信息过程中，充分考虑会计信息使用者进行决策或者对其进行监督和管理的信息需要。

在正常情况下，会计信息可以达到相关性和可靠性的统一，但两者有时也可能出现矛盾。例如，历史成本计量可以验证实际交易的会计信息数据，具有高度的可靠性，然而在价格变动情况下却不能反映当前的财务状况和运行活动的现行价值，而这样就与信息使用者的具体决策需要不相关。这时，相关性和可靠性就存在着矛盾。所以为了提高会计信息的质量，就需要通过综合分析，实现相关性和可靠性的最佳结合。

4. 可理解性

所谓可理解性，就是要求政府会计主体提供的会计信息应当清晰明了，便于报告使用者理解和使用。

单位提供的会计信息应当清晰明了，便于会计报告使用者理解和使用。只有这样才能提高会计信息的有用性，实现会计报告的目标，满足向会计报告使用者提供决策有用信息的要求，便于信息使用者进行监督和管理。

5. 可比性

所谓可比性，就是要求政府会计主体提供的会计信息应当具有可比性。同一政府会计主体不同时期发生的相同或者相似的经济业务或者事项，应当采用一致的会计政策，不得随意变更。确需变更的，应当将变更的内容、理由及其影响在附注中予以说明。不同政府会计主体发生的相同或者相似的经济业务或者事项，应当采用一致的会计政策，确保政府会计信息口径一致，相互可比。

为了确保会计信息具有可比性，需要不同的政府会计主体在同一会计期间发生的相同交易或事项采用一致的会计政策，或者同一政府会计主体在不同会计期间发生的相同交易或事项采用一致的会计政策，采用的会计政策不得随意变更。

6. 实质重于形式

所谓实质重于形式，就是要求政府会计主体应当按照经济业务或者事项的经济实质进行会计核算，不限于以经济业务或者事项的法律形式为依据。

一般情况下，单位发生的交易或事项，其经济实质和法律形式是一致的。但有些时候两者也会存在差异。在这种情况下，会计更加强调以经济实质为重。例如，同样是租赁合同，就需要判断是经营租赁还是融资租赁，因为不同性质的租赁，哪一方对租赁资产进行核算具有明显的区别。

7. 及时性

所谓及时性，就是要求政府会计主体对已经发生的经济业务或者事项，应当及时进行会计核算，不得提前或者延后。

（1）请你判断：20×8 年年末，甲单位对应收账款按其年末余额的 10% 计提了坏账准备 10 万元。20×9 年，甲单位应收账款余额为 200 万元。鉴于 20×9 年运行情况良好，回款率高，为分散以后年度财务风险，甲单位领导层集体决定将坏账准备提取比例由上年的 10% 提高到 50%。请你分析判断一下甲单位的做法合理吗？为什么？

答案提示：显然，甲单位的做法是不正确的，属于滥用会计估计。坏账准备提取比例由上年的 10% 提高到 50% 的前提必须是有证据表明甲单位 20×9 年及以后应收账款确实存在回款率不高的实际情况。而甲单位出于“分散以后年度财务风险”之目的提高提取比例显然是错误的，属于对会计估计的滥用。

（2）请你思考：根据会计信息质量的可比性要求，某一会计主体前后各期使用的会计处理方法必须一致，不得变更。请问这句话正确吗？为什么？

答案提示：不正确。同一会计主体不同时期发生的相同或者相似的交易或事项，应当采用一致的会计政策，不得随意变更。但是确需变更的（变更可能会提高会计信息质量），应当在会计报表附注中说明。

第四节 政府会计要素的计量属性

每一个被确认的项目要成为会计上的某一项要素，必须符合会计要素质与量两个方面的要求。量，即被确认的项目应具有可计量的属性。可计量性主要是指用货币计量。对确认来说，计量是政府会计整个核算中的一个重要程序，而计量又是确认的基本标准之一，即使一个项目符合会计要素的定义，但如果不能可靠计量，也不应予以确认。例如，单位自创的商誉、人力资源等就不能确认为资产，因为它不能满足可计量性、可靠性和相关性的要求。

就政府的财务会计来说，资产的计量属性主要包括历史成本、重置成本、现值、公允价值和名义金额。负债的计量属性主要包括历史成本、现值和公允价值。净资产计量的金额取决于资产和负债的计量。

就政府的预算会计来说，预算收入一般是以实际收到的金额计量。预算支出一般是以实际支付的金额计量。

1. 历史成本（又称实际成本）

在历史成本计量下，资产按照取得时支付的现金金额或者支付对价的公允价值计量。负债按照因承担现时义务而实际收到的款项或者资产的金额，或者承担现时义务的合同金额，或者按照为偿还负债预期需要支付的现金计量。

对价，原本是英美合同法中的重要概念，其内涵是指一方为取得一定的合同权利，而向对方当事人所做的给付，或是当事人一方在获得某种利益时，必须给付对方相应的代价。

【例1-4】 20×8年6月3日，某预算单位从大地公司处购买了一台设备，该设备买价3 000元，发生税金510元、运费300元；该预算单位发现，如果该设备从别处购买需要花费4 000元。针对此项购买，该预算单位计量该设备的实际成本应该是多少？

例题分析

按照实际成本计量的原则要求，该预算单位购买设备的实际成本为：

3 000 + 510 + 300 = 3 810（元）

至于“如果该设备从别处购买需要花费 4 000 元”，这里没有产生真实的业务交易，故不作为计量依据。

请你回答：某单位从供应商处购买一批材料，该材料在当时的市场条件下，市价为 30 000 元。但由于该单位与供应商是长期客户关系，故支付 28 000 元便拥有了该批材料。请问：该批材料的实际成本（历史成本）是多少？

答案提示：历史成本计量下，资产应按照取得时支付的现金金额计价。所以，该单位取得资产支付的现金金额 28 000 元，决定了该资产的历史成本（实际成本）为 28 000 元。

在会计计量属性中，单位日常核算一般应当采用的计量属性是历史成本。所以，历史成本是基本的、首要的计量属性。

2. 重置成本

在重置成本计量下，资产按照现在购买相同或者相似资产所需支付的现金金额计量。

【例 1－5】 20×8 年年末，某预算单位在对财产进行全面盘点时，发现了一台账外设备。该同类设备的市场价格为 40 000 元。针对此项盘盈，该单位采用重置成本应如何计量该盘盈设备的价值？

例题分析

按照重置成本计量的原则要求，该单位对这台设备按重置成本计价应为 40 000 元。

3. 现值

在现值计量下，资产按照预计从其持续使用和最终处置中所产生的未来净现金流入量的折现金额计量。负债按照预计期限内需要偿还的未来净现金流出量的折现金额计量。

【例 1－6】 20×8 年 10 月 9 日，某预算单位采用延期付款方式购入一台不需要安装设备，该设备无现款价格约定每年年末付款 100 000 元，分 10 年付清，共付 1 000 000 元。针对此项购买行为，该预算单位购买该设备的现值价值应该如何计量？（假设购置该设备时的市场利率为 10%）。

例题分析

按照现值计量的原则要求，该单位购买该设备的现值计算如下：

100 000 × 6. 1446 = 614 460 （元）

注：查普通年金 10 年 10% 的现值系数为 6. 1 446，所以该项设备的入账成本即为现值 614 460 元。

4. 公允价值

在公允价值计量下，资产按照市场参与者在计量日发生的有序交易中，出售资产所能收到的价格计量。负债按照市场参与者在计量日发生的有序交易中，转移负债所需支付的价格计量。

5. 名义金额

如果一个政府会计主体，对其取得的资产无法采用上述计量属性的，可以采用名义金额（即人民币 1 元）计量。但是对于哪些资产可以按照名义金额计价，什么情况下可以按照名义金额计价，应当遵守相应的会计标准或规则，避免滥用名义金额（以后章节详细阐述）。

在各种会计要素计量属性中，历史成本通常反映的是资产或者负债过去的价值，而重置成本、现值以及公允价值通常反映的是资产或负债的现时成本或现时价值。当前环境下某项资产或负债的历史成本可能是过去环境下该项资产或负债的公允价值，而当前环境下某项资产或负债的公允价值也许就是未来环境下该项资产或负债的历史成本。一项交易在交易时点通常是按公允价值交易的，随后就变成了历史成本，资产或者负债的历史成本许多就是根据交易时有关资产或者负债的公允价值确定的。

至于如何选择计量属性要视具体主体、具体要素项目经过具体分析后才能确定。一般来说，单位应当采用历史成本。如果要采用重置成本、现值、公允价值计量，必须应当保证所确定的资产金额能够持续、可靠计量。

请你判断：甲单位拥有以下资产，根据所学知识，判断该单位是以何种属性进行的计量。

（1）甲单位上月购买一办公房屋，支付的价款中包括：买价款 90 万元，增值税款 15. 3 万元，其他杂费 3 万元。

（2）甲单位欲购买一块土地，经与卖方（乙公司）讨价还价，甲单位开始出价 4 000 万元，乙公司还价 4 800 万元，最终甲单位以 4 600 万元支付了款项。

答案提示：对于（1），甲单位应按历史成本计量，即为取得该房屋（固定资产）所付出的全部代价共计108.3万元；对于（2），该块土地价值应以历史成本计量，即为4 600万元。

第五节 政府会计核算基础知识

一、会计科目与会计账户

（一）会计科目

1. 会计科目的概念

资产、负债以及净资产等会计要素是对会计对象的基本分类，但是这些项会计要素仍显得过于粗略，难以满足各有关方面对会计信息的需要，为此就需要对会计要素作进一步分类，会计科目恰恰满足了这一需求。

会计科目是指按照经济业务的内容和经济管理的要求，对会计要素的具体内容进行分类核算的项目。会计科目的设置可以把各项会计要素的增减变化分门别类地归集起来，使之一目了然，以便为单位内部管理和向有关方面提供一系列具体分类核算指标。

在我国，由于不同的单位性质不同，所设置的会计科目也不完全一样，有些相同，有些则差别较大。比如不管是行政事业单位还是企业，对于单位的库存现金，均设置“库存现金”会计科目；对于单位存入银行或者其他金融机构的各种存款，也均设置“银行存款”会计科目。但是由于企业会计与行政事业单位会计具有本质的区别，即行政事业单位都是一个一个的预算单位，其会计所面对的也大都是以纳入预算管理的各项财政性资金作为核算对象，所以，这些预算单位都执行统一政府会计制度下所规范的会计科目。就新颁布的《政府会计制度》来讲，行政事业单位常用的会计科目按照财务会计和预算会计两大分支下的不同会计要素进行分类，具体情况如表

1-2所示。

表1-2　　行政事业单位常用会计科目（局部）

序号	科目编号	科目名称
一、财务会计科目		
（一）资产类	1001	库存现金
	1002	银行存款
	1011	零余额账户用款额度
	1212	应收账款
	1214	预付账款
	1218	其他应收款
	1302	库存物品
	1401	待摊费用
	1601	固定资产
	1602	固定资产累计折旧
	1902	待处理财产损溢
（二）负债类	2103	应缴财政款
	2201	应付职工薪酬
	2307	其他应付款
	2601	预计负债
（三）净资产类	3001	累计盈余
	3101	专用基金　（事业单位）
	3301	本期盈余
	3501	以前年度盈余调整
（四）收入类	4001	财政拨款收入
	4101	事业收入　（事业单位）
	4601	非同级财政拨款收入
	4603	捐赠收入
	4605	租金收入
	4609	其他收入
（五）费用类	5001	业务活动费用
	5101	单位管理费用　（事业单位）
	5301	资产处置费用
	5901	其他费用

续表

序号	科目编号	科目名称
二、预算会计科目		
（一）预算收入类	6001	财政拨款预算收入
	6101	事业预算收入
	6201	上级补助预算收入（事业单位）
	6501	债务预算收入（事业单位）
	6601	非同级财政拨款预算收入
	6609	其他预算收入
（二）预算支出类	7101	行政支出（行政单位）
	7201	事业支出（事业单位）
	7701	债务还本支出（事业单位）
	7901	其他支出
（三）预算结余类	8001	资金结存
	8101	财政拨款结转
	8102	财政拨款结余
	8201	非财政拨款结转
	8202	非财政拨款结余
	8301	专用结余（事业单位）
	8501	其他结余
	8701	非财政拨款结余分配（事业单位）

表1－2中常用的会计科目，既有行政事业单位通用的会计科目，也有行政或事业单位专用的会计科目（括号特别标注处）。

【例1－7】 20×8年5月31日，某预算单位拥有如下资产。指出该单位拥有的有关资产所使用的会计科目。

（1）存放在仓库的价值为20 000元的办公用品。

（2）行政部门使用中的电脑设备，价值共计98 000元。

（3）单位自创一项先进专利技术，价值为20 000元。

（4）单位一年前购买的价值为10 000 000元的土地。

（5）截至月末单位拥有的一批家具，总价值2 300 000元。

（6）单位因业务需要有一笔存在外地银行存款户的存款，共计100 000元。

（7）为外单位代管一笔存款，共计1 200 000元。

（8）出纳员保险箱中保管的现金 5 000 元。

例题分析

（1）存放在仓库的价值为 20 000 元的办公用品为“库存物品”。

（2）行政部门使用中的电脑设备为“固定资产”。

（3）单位自创一项先进专利技术为“无形资产”。

（4）单位一年前购买的价值为 10 000 000 元的土地为“无形资产”。

（5）截至月末单位拥有的一批家具，总价值 2 300 000 元为“固定资产”。

（6）单位因业务需要存在外地银行存款户的存款为“其他货币资金”。

（7）为外单位代管一笔存款，共计 1 200 000 元应为“银行存款——受托代管存款”。

（8）出纳员保险箱中保管的现金应使用的会计科目是“库存现金”。

---

1. 请你分析：请阐述【例 1－7】中第（4）项和第（5）项的理由。

答案提示：第（4）项，一般单位购买土地实际是购买了一项土地使用权（因为土地是国家的）；第（5）项，之所以属于“固定资产”，是因为这些家具，符合固定资产特殊的标准，即：单价虽然不高但特别耐用（使用期限超过一年），并且是单位拥有的大批同类物资。

2. 请你回答：为什么第（6）项单位因业务需要存在外地银行存款户的存款为“其他货币资金”？

答案提示：根据《政府会计制度》的规定，外埠存款应当在新增的一个会计科目“其他货币资金”中核算，这个科目核算内容包括核算单位的外埠存款、银行本票存款、银行汇票存款、信用卡存款等各种其他货币资金。

【例 1－8】 20×8 年 5 月 31 日，某预算单位存在如下负债。指出该单位有关负债所使用的会计科目。

（1）向银行借入的期限为 5 年的借款，本金共计 1 000 000 元。

（2）购买一批材料，价值 40 000 元，经与对方协商，款项下月支付。

（3）向某单位提供服务，按规定收取押金共计 23 000 元。

（4）期末，应向职工结算本期工资共计 860 000 元，拟下月初发放。

（5）本期收到下期的预算款共计 1 200 000 元。

例题分析

（1）向银行借入款项应使用的会计科目为“长期借款”。

（2）购买材料的欠款应使用的会计科目为“应付账款”。

（3）向某单位提供服务，按规定收取押金应使用的会计科目为“其他应付款”。

（4）月末所欠职工的工资应使用的会计科目为“应付职工薪酬”。

（5）本期收到下期的预算款应使用的会计科目为“其他应付款”。

2. 会计科目的分类

会计科目按提供信息的详细程度及其统驭关系分类，可以分为两类。

（1）总分类（会计）科目。总分类（会计）科目又称一级科目或总账科目，它是对会计要素具体内容进行总括分类、提供总括信息的会计科目（如表 1－2 所示）；总分类科目反映各种经济业务的概括情况，是进行总分类核算的依据。我国行政事业单位会计主体所使用的总分类科目在财政部发布的《政府会计制度》中做了统一规定。例如，表 1－2 中所示的财务会计和预算会计两大类，分别是资产、负债、净资产、收入和费用类，以及预算收入、预算支出和预算结余类共计八个方面的会计科目即为总分类会计科目，如“固定资产”“业务活动费用”“行政支出”“事业支出”“财政拨款收入”“财政拨款预算收入”“其他收入”和“其他预算收入”等。

（2）明细分类（会计）科目。明细分类（会计）科目又称明细科目，是对总分类科目作进一步分类、提供更详细和更具体会计信息的科目。明细分类科目可以是一个级次，也可以是二至三个级次，视需要而定。明细科目的设置有较大的灵活性，除国家统一规定外，各单位可根据具体情况和经济管理的需要自行设置。在实际工作中，除少数科目不必设置明细分类科目外，大多数都要设置明细分类科目。例如，根据《政府会计制度》规定，“行政支出”和“事业支出”应按以下标准设置明细科目：

行政支出/事业支出——财政拨款支出——基本支出或项目支出
——非财政专项资金支出
——其他资金支出

（二）会计账户

1. 设置会计账户的意义

众所周知，一个单位的会计信息主要是通过编制会计报表的方式提供给信息使用者。但是会计报表中的信息从何而来？为了给会计报表提供可靠的信息来源，确保会计报表的信息质量，就有必要将单位在进行资金运行过程中所发生的经济业务所引起会计要素的增减变动，借助一定的会计核算方法进行记录、汇总直至报告，为此，设置会计账户便应运而生。

会计账户，简称为账户。它是依据会计科目设置的，用来分类、连续地记录经济交易或事项及其所引起的会计要素具体内容变动情况的一种工具或载体。

2. 账户的结构

账户最简单的形式为T型账户，其名称源自T型会计账户的外观如同大写的英文字母T，故称为T型账户，T型账户格式如图1－1所示。

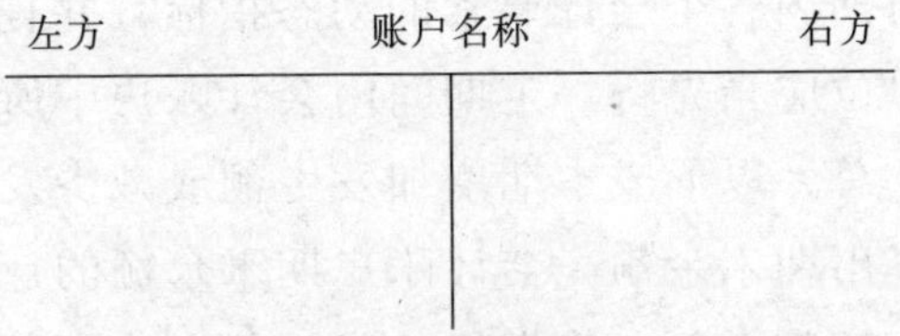

图1－1 T型账户

但是这种账户形式并不是静止的。由于单位经济业务的发生所引起的资产、负债、净资产、收入和结余等的变动，从数量上看，不外乎“增加”和“减少”两种情况。因此，每个账户起码要划分出两个方位：即一方登记增加额，另一方登记减少额，这就是账户的基本结构。

对于会计账户来说，究竟左方与右方各自记载增加还是减少？这需要根据账户的性质以及在会计等式中的位置来判断（会计等式见前）。例如银行存款账户属于资产类，其账户的左方反映银行存款的增加，右方反映银行存款的减少。

【例1－9】2018年5月份，某事业单位发生与银行存款相关的经济业务如下（该单位5月初银行存款的余额为500 000元）：

（1）5月6日，收到甲单位上月欠款1 000元。

（2）5月12日，取得一年期的银行借款，借款20 000元已经转入本单位存款户。

（3）5 月 18 日，自永信公司购进办公用品，存款转账支付货款 3 000 元。

（4）5 月 20 日，因提供专业服务转账收到存款 5 000 元。

根据上述业务资料，如果将其所发生的经济业务登记至银行存款 T 型账户，其记录后的结果如图 1－2 所示。

银行存款

期初余额 500 000	（3）3 000
（1） 1 000	
（2） 20 000	
（4） 5 000	

图 1－2 银行存款 T 型账户

在单位的经济业务被记录到账户后，就需要计算每个账户的期末余额。由于会计要素在一定会计期间内会经常不断地发生若干次增加或减少的变化，为了提供一定时期内各个会计要素的动态指标，并且为了便于计算本期期末余额等需要，单位应当先将一定期间内会计账户中所登记的增加或减少金额分别予以加计汇总，以形成本期增加发生额或减少发生额，然后再考虑期初余额因素后计算出期末余额。会计账户期末余额的计算公式如下：

期末余额＝期初余额＋本期增加发生额－本期减少发生额

由期末余额的算式可以看出，会计账户的正常余额应当在增加方。据此，【例 1－9】中银行存款账户的期末余额计算为：52 3 000（元）＝500 000＋26 000－3 000

承【例 1－9】，该事业单位本期银行存款账户的 T 型账户经过登记并汇总之后的全貌如图 1－3 所示。

银行存款

期初余额 500 000	（3）3 000
（1） 1 000	
（2） 20 000	
（4） 5 000	
本期增加发生额：26 000	本期减少发生额：3 000
期末余额： 523 000	

图 1－3 银行存款 T 型账户

但是，简化的T型会计账户只是一种非正式的账户形式。【例1－9】所记录的会计账户在实际会计核算工作中的具体形式如表1－3所示。

表1－3 **账户名称（会计科目）：银行存款** 单位：元

2018年		凭证		摘要	增加金额	减少金额	余额方向	余额
月	日	字	号					
5	1			期初余额			借	500 000
	6			收到欠款	1 000		借	501 000
	12			取得借款	20 000		借	521 000
	18			购买公用品付款		3 000	借	518 000
	20			提供服务收款	5 000		借	523 000

可见，账户的结构一般包括以下内容：

（1）账户的名称，即会计科目。

（2）日期和摘要，即经济业务发生的时间和内容。

（3）凭证号数，即账户记录的来源和依据。

（4）摘要，即对经济业务或事项的简明扼要说明。

（5）增加金额、减少金额和余额。

3. 会计账户与会计科目的关系

对于会计账户和会计科目，日常工作中通常将它们等同起来使用。这说明两者之间存在着密切的联系，有相同的一面；但是，它们又形成两个不同的概念，说明两者存在着差别。所以，账户与会计科目是既有联系，又有区别的两个不同概念。

（1）会计账户和会计科目的联系。会计科目和账户所反映的会计对象的具体内容是相同的，两者口径一致，性质相同，都是体现对会计要素具体内容的分类。会计科目是账户的名称，也是设置账户的依据；账户则是根据会计科目来设置的，账户是会计科目的具体运用。因此，会计科目的性质决定了账户的性质，账户的分类和会计科目的分类一样，按其归属的会计要素分类，财务会计可以分为资产类账户、负债类账户、净资产类账户、收入类账户以及费用类账户的五大类；预算会计可以分为预算收入账户、预算支出账户和预算结余账户三大类；按会计科目提供核算资料的详细程度分类，相应地分为总分类账户和明细分类账户等。会计科目和账户对会计对象的经济内容分类的方法和分类的用途及分类的结果是完全相同的。没有会计科目，账户便失去了设置的依据；没有账户，会计科目就无法发挥作用。

（2）会计科目与账户的区别。会计科目仅是账户的名称，不存在结构；账户则具有一定的格式和结构。会计科目仅是说明会计要素的经济内容项目，而账户不仅说明反映的经济内容是什么，而且是系统反映和控制其增减变化及结余情况的工具。会计科目的作用主要是为了开设账户，填制记账凭证；而账户的作用主要是提供某一具体会计对象的会计资料，为编制会计报表所运用。

在实际工作中，账户和会计科目这两个概念一般不加严格区别，往往是互相通用。当然这种做法并不十分严谨。

二、借贷记账法及其基本内容

借贷记账法是以“借”“贷”为记账符号，记录和反映经济业务所引起的会计要素增减变化情况及结果的一种复式记账法。借贷记账法的基本内容包括记账符号、账户结构及账户的设置、记账规则和试算平衡。

借贷记账法的基本内容如下：

（一）借贷记账法的记账符号

借贷记账法下是以“借”和“贷”作为记账符号，反映经济业务所引起的会计要素的增减变化。在会计上“借”和“贷”只是纯粹的记账符号，既不能按其本来的含义去理解，也不能直接当作增加或减少。它只是表示在账户中的两个对立的记账部位和记账方向。每个账户都分为借、贷两方，分别记录会计要素的增加额或减少额。

（二）借贷记账法的账户结构及账户的设置

在借贷记账法下，由于以“借”“贷”作为记账符号，长期以来人们在会计核算中习惯将左方定为借方，右方定为贷方（见图1－4）。借贷记账法账户的一般格式如表1－4所示。

账户的简化格式是T型账户，其表现形式如图1－4所示。

表 1－4　　　　借贷记账法账户的一般格式

账户名称：（会计科目）

年		凭证		摘要	借方金额	贷方金额	借或贷	余额
月	日	字	号					

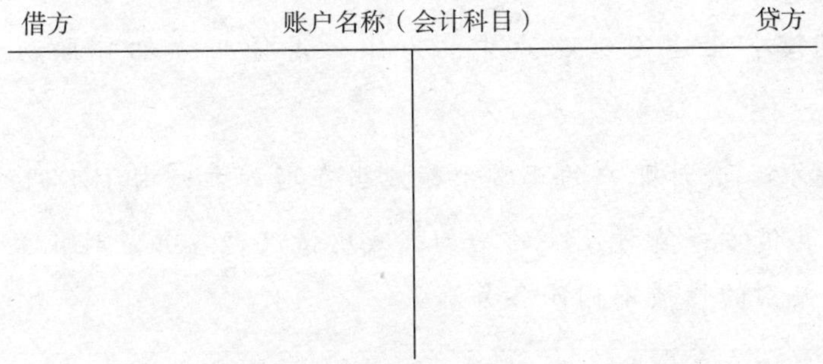

图 1－4　借贷记账法下 T 型账户

在借贷记账法下，账户的借方和贷方都要按相反的方向记录经济业务的增减变动。即如果规定某账户的借方用来登记增加额，则贷方一定登记减少额；相反，如果规定某账户的借方登记减少额，则贷方一定登记增加额。也就是说，在借贷记账法下，“借”“贷”二字作为记账符号，它所表示的增加、减少含义并不固定，究竟账户的哪一方登记增加额，哪一方登记减少额，取决于会计等式、账户的性质以及账户所反映的经济内容，也就是账户的性质以及该账户在会计等式中所处的位置。账户的性质不同，其结构也不相同。一般来说，账户的期初、期末余额在账户登记增加金额的一方。在借贷记账法下，账户按照反映的经济业务的内容，设置了财务会计要素类的账户（资产类账户、负债类账户、净资产类账户、收入类账户和费用类账户）以及预算会计要素类的账户（预算收入类账户、预算支出类账户和预算结余类账户），由于这些要素的性质不同，其增减计入“借”或“贷”的方向就不一样。具体地，各类不同性质账户的借贷结构如图 1－5 所示。

借	各类账户	贷
期初余额：		期初余额：
资产增加额/费用发生额 负债减少额/净资产减少额 支出发生/结余减少额 收入转销/预算收入转销		资产减少/净资产增加/负债增加额 费用转销/支出转销 收入发生/预算收入发生 结余增加额
本期借方发生额： 期末余额：		本期贷方发生额： 期末余额：

图 1-5 各类账户 T 型账户

请你回答：上述 T 型账户中，为什么借贷两方都有期初余额和期末余额？

答案提示：会计账户的正常余额应当在增加方；由于不同的会计要素，性质不同，其借方或贷方反映的增加或减少情况也各异。故，最终余额方向也就因会计要素的性质不同而各异。

【例 1-10】 承【例 1-9】，在借贷记账法下，简化的账户 T 型账户如图 1-6 所示：

借	银行存款	贷
期初余额 500 000		（3）3 000
（1） 1 000		
（2） 20 000		
（4） 5 000		
本期借方发生额：26 000		本期贷方发生额：3 000
期末余额： 523 000		

图 1-6 银行存款 T 型账户

可见，借贷记账法下，账户的结构只是左右两方分别以“借”或“贷”为符号表达。

（三）借贷记账法的记账规则

记账规则是指采用某种记账方法登记具体经济业务时应当遵循的规律。

借贷记账法的记账规则是“有借必有贷，借贷必相等”，它适用于对每一项经济业务的会计记录。现举例说明借贷记账法记账规则应用。

【例 1－11】 某单位用银行存款购买一台机器设备，价值 200 000 元，已投入使用。

这一经济业务发生，使资产——固定资产增加了 200 000 元，同时使资产——银行存款减少了 200 000 元。因此，应分别记入“固定资产”账户的借方和“银行存款”账户的贷方。如图 1－7 所示。

借　银行存款	贷
	200 000

借　固定资产	贷
200 000	

图 1－7　T 型账户

（四）借贷记账法下的账户对应关系与会计分录

1. 账户的对应关系

按照借贷记账法的记账规则登记每一项经济业务时，在有关账户之间就发生了应借、应贷的相互关系。这种反映经济业务相互联系的有关账户之间的依存关系，叫作账户的对应关系；存在对应关系的账户，叫作对应账户。通过账户的对应关系，可以了解经济业务的内容及其内在联系。同时，还可以发现对经济业务的处理以及经济业务本身是否合理、合法。

2. 会计分录

在实际工作中，经济业务发生后，先要根据经济业务的内容及性质，按照借贷记账法的记账规则，在会计凭证中编制会计分录，然后根据会计分录登记入账。会计分录，简称分录，是对每项经济业务列示出应借、应贷的账户名称及其金额的一种记录。会计分录由应借应贷方向、相互对应的账户及其金额三个要素构成。在我国，会计分录记载于记账凭证中。

会计分录按照其涉及对应账户的多少，分为简单会计分录和复合会计分录。简单会计分录，是指借贷双方各涉及一个账户的分录。即“一借一贷”（见【例 1－11】）的分录。复合会计分录是指借贷一方或双方涉及若干账户的分录（见【例 1－12】中第四笔业务的会计分录），包括“一借多贷”分录和“多借一贷”分录。上述【例 1－11】经济业务编制会计分录如下：

借：固定资产　　200 000

　　贷：银行存款　　200 000

【例1-12】20×8年12月某事业单位发生经济业务如下：

（1）通过授权支付方式购入一批办公用品，价值20 000元，已经入库。

（2）通过财政直接支付方式购入一项设备，价值100 000元，同时支付有关税费50 000元。该设备验收合格。

（3）为某单位提供专业服务活动，预收230 000元，存入本单位存款账户。

（4）通过财政直接支付方式购入一项设备，价值160 000元，该设备验收合格；根据协议规定，先期支付100 000元，60 000元作为质保金半年后符合条件时再支付。

（5）当月末，本单位固定资产计提折旧总数为45 000元。

要求：根据以上业务编制相应的会计分录，并指出哪些是复合会计分录。

例题分析

以上业务，应当先区分是否存在纳入预算管理的现金收支活动，以判断出是否需要平行核算平行记账。即：以上业务除了最后一笔计提折旧没有涉及现金增减变化，无须进行预算会计处理，其他均涉及财务会计与预算会计平行核算平行记账。

（1）财务会计分录如下：

借：库存物品　　20 000

　　贷：零余额账户用款额度　　20 000

预算会计分录如下：

借：事业支出　　20 000

　　贷：资金结存——零余额账户用款额度　　20 000

（2）财务会计分录如下：

借：固定资产　　150 000

　　贷：财政拨款收入　　150 000

预算会计分录如下：

借：事业支出　　150 000

　　贷：财政拨款预算收入　　150 000

（3）财务会计分录如下：

借：银行存款　　230 000

　　贷：预收账款　　230 000

预算会计分录如下：

借：资金结存——货币资金　　230 000

　　贷：事业收入　　230 000

（4）财务会计分录如下：

借：固定资产　　160 000

　　贷：财政拨款收入　　100 000

　　　　其他应付款　　60 000

预算会计分录如下：

借：事业支出　　100 000

　　贷：财政拨款预算收入　　100 000

（5）财务会计分录如下：

借：业务活动费用　　45 000

　　贷：固定资产累计折旧　　45 000

以上会计分录中，只有第（4）项业务中的财务会计分录涉及两个以上会计科目，所以只有它是复合会计分录，其他均为简单会计分录（一借一贷）。

（五）借贷记账法的试算平衡

1. 试算平衡的含义

在一定的会计期间或会计期末，为了检查单位所编制的会计分录和登记的账簿是否正确无误，需要利用会计等式的基本原理进行试算平衡。

所谓试算平衡，是指根据借贷记账法的记账规则和资产与权益的恒等关系，通过对所有账户的发生额和余额的汇总计算和比较，来检查记录是否正确的一种方法。

2. 试算平衡的分类

（1）发生额试算平衡，是指全部账户本期借方发生额合计与全部账户本期贷方发生额合计保持平衡，即：全部账户本期借方发生额合计等于全部账户本期贷方发生额合计，发生额试算平衡的直接依据是借贷记账法的记账规则。

（2）余额试算平衡，是指全部账户借方期末（初）余额合计与全部账户贷方期末（初）余额合计保持平衡，即：全部账户借方期末（初）余额合计等于全部账户贷方期末（初）余额合计，余额试算平衡的直接依据是财务状况等式。

3. 试算平衡表的编制

在实际工作中，试算平衡是通过编制试算平衡表进行的。试算平衡表通常是在期末结出各账户的本期发生额合计和期末余额后编制的，试算平衡表中一般应设置“期初余额”“本期发生额”和“期末余额”三大栏目，其下分设“借方”和“贷方”两个小栏。各大栏中的借方合计与贷方合计应该平衡相等，否则，便存在记账错误。总分类账户本期发生额和期末余额试算平衡表的格式见表1－5所示。

表1－5　　总分类账户本期发生额和余额试算平衡表

年　月　日　　　　单位：元

账户名称	期初余额		本期发生额		期末余额	
	借方	贷方	借方	贷方	借方	贷方
合计						

为了简化表格，试算平衡表也可只根据各个账户的本期发生额编制，不填列各账户的期初余额和期末余额。总分类账户本期发生额试算平衡表的格式见表1－6所示。

表1－6　　总分类账户本期发生额试算平衡表

年　月　日　　　　单位：元

账户名称	借方发生额	贷方发生额
合计		

如果月末编制试算平衡表，试算结果不平衡的话，说明编制会计分录或记账等有误，须及时查明原因。但是如果试算平衡，也不能肯定编制会计分录或记账没有错误，因为有些错误并不影响借贷双方平衡，例如，在有关账户中重记或漏记某些经济业务，或者将借贷记账方向弄反等。可见，试算平衡并不是检查账簿记录正误的绝对性标准。

1. 请你选择

“有借必有贷，借贷必相等”记账规则指（　　）。

A. 记入一个账户的借方，必须同时记入该账户的贷方

B. 记入一个账户的贷方，必须同时记入另一个或几个账户的借方

C. 记入一个账户的借方，必须同时记入另一个或几个账户的贷方

D. 记入几个账户的贷方，必须同时记入另几个账户的贷方

答案提示：BC 正确。D 不可能存在，A 不是必然（必须），只是有可能性。

2. 请你选择

借：银行存款　　50 000

　　贷：短期借款　　50 000

该会计分录体现的经济业务内容是（　　）。

A. 以银行存款 50 000 元偿还短期借款

B. 收到某企业前欠货款 50 000 元

C. 从银行取得短期借款 50 000 元

D. 收到财政拨款经费 50 000 元

答案提示：C 正确。A 选项应该借贷方向相反；B 选项应该注销应收款，增加存款；D 选项应该有收入。故，只有 C 是正确的。

3. 请你判断：以下说法正确吗？

月末编制试算平衡表，如果期初余额、本期发生额和期末余额的借贷方均平衡的话，说明记账没有错误。

答案提示：不对，有可能使用的会计科目是错的，比如应该使用“固定资产”科目，错用了“库存物品”科目，这种错误靠试算平衡表是无法发现的。

三、会计凭证

（一）会计凭证的概念和种类

会计凭证是记录经济业务、明确经济责任，据以登记账簿并具有一定格

式的书面证明。经济业务发生时，相关的业务信息（如数量、金额等）一般都要反映到相关会计凭证中。填制和审核会计凭证，既是会计核算工作的开始，也是对经济业务进行监督的依据和手段。

会计凭证按其编制程序和用途的不同，分为原始凭证和记账凭证。

1. 原始凭证

原始凭证又称单据，它是在经济业务发生时取得或填制的，用以记录或证明经济业务发生或完成情况的书面证明。原始凭证是会计核算的重要基础，可以准确、全面地反映经济业务基本情况。

2. 记账凭证

记账凭证是会计人员根据审核无误的原始凭证编制的，记录经济业务基本信息，用以确定会计分录，作为记账依据的会计凭证。记账凭证是连接原始凭证和会计账簿的过渡环节，是登记账簿的直接依据，有利于及时、准确、完整地形成会计信息。

（二）会计凭证的作用

1. 记录经济业务，提供记账依据

有关部门和人员在经济业务发生时，必须按照规定及时获取或填制会计凭证，经过有关人员审核无误后作为登记账簿的依据。会计凭证记载了关于经济业务的主要信息，保证了会计信息的真实性、可靠性和全面性。

2. 明确经济责任，强化内部控制

为保证会计凭证记录的会计信息真实完整，在会计凭证上必须有相关部门和人员的签章，这样可以明确经济责任，保证经济业务的真实合法，有利于起到内部控制的牵制作用。

3. 监督经济活动，控制经济运行

会计的基本职能就是核算与监督，会计凭证记录的相关信息一方面是经济业务的真实写照，另一方面也便于相关部门和人员对经济业务进行查证，并根据单位运行目标、预算安排等掌握控制单位经济运行情况。

（三）原始凭证

1. 原始凭证的种类

（1）按照取得来源分类。

①自制原始凭证，是指本单位内部具体经办部门或人员，在完成单位内部经济业务时所取得或填制的原始凭证。如单位内部的领料单、入库单、费

用报销单等，如表 1-7 所示。

表 1-7　　领料单

领料部门：　　　　　　　　　　　　　　　　领料编号：

领料用途：　　　　　　年　月　日　　　　　领料仓库：　　号

材料编号	材料名称及规格	计量单位	数量		单价	金额
			请领	实领		
备注					合计	

发料人：　　　审批人：　　　领料人：　　　记账：

②外来原始凭证，是指本单位业务经办部门或人员，在经济业务发生时从其他单位或个人直接获取的原始凭证。如职工出差的车票、住宿发票，购买材料开具的增值税专用发票等，如表 1-8 所示。

表 1-8　　××省增值税专用发票

开票日期：　　　　　年　月　日　　　　　No

购货单位	名称				纳税人登记号		
	地址、电话				开户银行及账号		
货物或应税劳务名称		计量单位	数量	单价	金额	税率（%）	税额
						%	
合计							
价税合计（大写）							
销货单位	名称				纳税人登记号		
	地址、电话				开户银行及账号		

销售单位：（章）　　　收款人：　　　复核：　　　开票人：

（2）按照格式分类。

①通用凭证，是指由有关部门统一印制，具有统一格式和使用方法的，仅在一定范围内使用的原始凭证。通用凭证的标准化格式和使用方法，规范

了经济业务活动，降低了经济业务成本，其适用范围可以是某一区域或某一行业。如在全国通用的人民银行制作的银行转账结算凭证。

②专用凭证，是指单位自行印制的，仅在单位内部使用的原始凭证。如领料单、差旅费报销单等。专用凭证对规范单位内部经济业务具有重要作用。

（3）按照填制的手续和内容分类。原始凭证按照填制的手续和内容可分为一次凭证、累计凭证和汇总凭证。

①一次凭证，是指一次填制完成，只记录一笔经济业务且仅一次有效的原始凭证。如外来凭证、现金收据、领料单、发货票等都属于一次凭证。

②累计凭证，是指在一定时期内多次记录发生的同类型经济业务且多次有效的原始凭证。累计凭证的填制手续不是一天完成的，而是随经济业务的发生进行的。在一张凭证内可以连续登记相同性质的经济业务，随时结出累计数及结余数，以便与计划或定额数进行比较，达到费用控制等目的，同时又可以简化凭证填制手续和减少凭证数量。它主要适用于某些经常重复发生的经济业务。最具有代表性的是限额领料单（如表1－9所示）。

表1－9　限额领料单

领料部门：　　　　　　　　　　　　　　　　领料编号：

领料用途：　　　　　　年　月　　　　　　　发料仓库：

材料类别	材料编号	材料名称及规格	计量单位	领用限额	实际领用	单价	金额	备注
供应部门负责人：				计划生产部门负责人：				
日期	请领数量	实发数量	发料人签章	领料人签章	退料数量	退料人签章	收料人签章	限额结余
合计								

③汇总凭证，是指对一定时期内反映经济业务内容相同的若干张原始凭证，按照一定标准综合填制的原始凭证。对于一些经常重复发生的同类经济

业务，可以编制汇总原始凭证。汇总原始凭证不仅可以提供管理所需要的总量指标，而且可以简化会计核算手续。常见的有发出材料汇总表、工资结算汇总表、差旅费报销单等（如表1-10所示）。

表1-10 **发出材料汇总表**

年 月 日

会计科目（用途）	领料部门	甲材料	乙材料	合计
生产成本	A产品生产			
	B产品生产			
	合计			
制造费用	车间一般耗用			
管理费用	管理部门耗用			
合计				

2. 原始凭证的基本内容

由于经济业务复杂，原始凭证种类繁多，原始凭证的格式与内容也不尽相同。但是原始凭证作为经济业务的真实记录，必须具备以下基本内容：原始凭证的名称和编号、填制原始凭证的日期、接受原始凭证的单位名称、经济业务内容（含数量、单价、金额等）、填制单位签章、有关人员（部门负责人、经办人员）签章、填制凭证单位名称或者填制人姓名等。

3. 原始凭证填制的基本要求

（1）各单位办理经济业务事项时，必须取得或填制原始凭证，并及时送交会计机构，所填列的经济业务内容和数字，必须真实可靠。

（2）原始凭证的内容要完整。原始凭证所要求填列的项目必须逐项填列齐全，不可遗漏和省略。需要注意的是，年、月、日要按照填制原始凭证的实际日期填写；名称要齐全，不能简化；品名或用途要填写明确，不能含糊不清；有关人员的签章必须齐全。

（3）原始凭证的手续要完备。从外部单位取得的原始凭证，必须盖有填制单位的公章；从个人取得的原始凭证，必须有填制人员的签名盖章。单位自制的原始凭证必须有经办单位领导人或者其他指定的人员签名盖章；对外开出的原始凭证必须加盖本单位公章等。这样，原始凭证记录信息完整，可以明确经济责任，确保凭证的合法性、真实性。

（4）原始凭证的书写要清楚、规范。原始凭证的字迹要清晰，易于辨认，大小写金额必须相符，且填写规范应符合以下要求：

①阿拉伯数字应当一个一个地写，不得连笔写。阿拉伯数字金额前面应当书写货币币种符号或者货币名称简写和币种符号。币种符号与阿拉伯数字金额之间不得留有空白。凡阿拉伯数字前写有币种符号的，数字后面不再写货币单位。

②所有以元为单位（其他货币种类为货币基本单位，下同）的阿拉伯数字，除表示 单价等情况外，一律填写到角分；无角分的，角位和分位可写“00”，或者符号“－”；有角无分的，分位应当写“0”，不得用符号“－”代替。

③汉字大写数字金额如零、壹、贰、叁、肆、伍、陆、柒、捌、玖、拾、佰、仟、万、亿等，一律用正楷或者行书体书写，不得用0、一、二、三、四、五、六、七、八、九 、十等简化字代替，不得任意自造简化字。大写金额数字到元或者角为止的，在“元”或者“角”字之后应当写“整”字或者“正”字；大写金额数字有分的，分字后面不写“整”或者“正”字。

④大写金额数字前未印有货币名称的，应当加填货币名称，货币名称与数字金额之间不得留有空白。

⑤阿拉伯数字金额中间有“0”时，汉字大写金额要写“零”字；阿拉伯数字金额中间连续有几个“0”时，汉字大写金额中可以只写一个“零”字；阿拉伯数字金额元位是“0”，或者数字中间连续有几个“0”、元位也是“0”但角位不是“0”时，汉字大写金额可以只写一个“零”字，也可以不写“零”字。

（5）原始凭证编号要连续。一式几联的发票和收据，必须用双面复写纸（发票和收据本身具备复写纸功能的除外）套写，并连续编号。

（6）原始凭证不得涂改、刮擦、挖补。原始凭证有错误的，应当由出具单位重开或更正，更正处应当加盖出具单位印章。原始凭证金额有错误的，应当由出具单位重开，不得在原始凭证上更正。

（7）原始凭证的填制要及时。单位要及时填写各种原始凭证，及时反映经济业务状况。

不同的自制原始凭证，填制要求也有所不同。其中：

（1）一次凭证的填制。一次凭证应在经济业务发生或完成时，由相关业务人员一次填制完成。该凭证往往只能反映一项经济业务，或者同时反映若干项同一性质的经济业务。

（2）累计凭证的填制。累计凭证应在每次经济业务完成后，由相关人员在同一张凭证上重复填制完成。该凭证能在一定时期内不断重复地反映同类经济业务的完成情况。

（3）汇总凭证的填制。汇总凭证应由相关人员在汇总一定时期内反映同类经济业务的原始凭证后填制完成。该凭证只能将类型相同的经济业务进行汇总，不能汇总两类或两类以上的经济业务。

对于外来原始凭证，应在同外单位发生经济业务时，由外单位的相关人员填制完成。外来原始凭证一般由税务局等部门统一印制，或经税务部门批准由经营单位印制，在填制时加盖出具凭证单位公章方为有效。对于一式多联的原始凭证必须用复写纸套写或打印机套打。

4. 原始凭证的审核

（1）审核原始凭证的真实性。主要是针对原始凭证记录的各项经济业务信息的真实性进行审核，如对经济业务事项、时间、金额、交易单位或个人等信息的审核。

（2）审核原始凭证的合法性。主要审核原始凭证本身是否合法合规，及其所记录的相关经济业务是否符合相关法律、法规和有关政策要求等。

（3）审核原始凭证的合理性。主要审核原始凭证记录的经济业务是否符合本单位运行目标，是否符合单位预算、计划要求等。

（4）审核原始凭证的完整性。主要审核原始凭证对经济业务记录的相关基本信息是否完整，是否符合相关要求，是否能反映经济业务真实情况。

（5）审核原始凭证的正确性。主要审核原始凭证填制是否规范，时间、金额计算等信息是否正确等。

（6）审核原始凭证的及时性。主要审核原始凭证的填制和传递是否及时，确保能够及时生成相关会计信息。

【例1-13】 20×8年5月10日，某甲预算单位与大地公司签订了一份购销合同，双方约定甲预算单位将于当年6月5日向大地公司购进一批A材料，货款总计35 100元（其中增值税为5 100元），双方约定以支票结算并由甲预算单位提货。20×8年6月5日，甲预算单位如期提货并将甲材料交付本单位仓库，由库管员验收入库。甲预算单位以支票支付价款并取得大地公司所开的销货专用发票。

要求：根据资料做出以下分析：

（1）20×8 年 5 月 10 日，甲预算单位与大地公司签订的购销合同是原始凭证吗？为什么？

（2）甲预算单位在采购甲材料过程中，会产生哪些必要的原始凭证？

例题分析

（1）20×8 年 5 月 10 日，甲预算单位与大地公司签订的购销合同不是原始凭证，因为购销合同还未履行，经济业务还未实际发生，会计记录是针对已经发生的经济业务。

（2）甲预算单位在采购甲材料过程中，会产生的必要原始凭证包括：销货发票、支票存根、验收单（或收货单）。

（四）记账凭证

1. 记账凭证的种类

记账凭证按凭证的用途分类，分为专用记账凭证和通用记账凭证。

（1）专用记账凭证，是指专门用于某一类经济业务的记账凭证。根据单位业务发生内容不同，专用记账凭证又分为收款凭证、付款凭证和转账凭证三种。

①收款凭证是用以反映现金和银行存款等收款业务的会计凭证。收款凭证一般可以分为现金收款凭证和银行存款收款凭证。收款凭证的格式如表 1－11 所示。

表 1－11　　收款凭证

借方科目：　　　　年　月　日　　　　收字第　号

摘要	贷方科目		金额										记账	
	一级科目	明细科目	千	百	十	万	千	百	十	元	角	分		
														附件
														张
合计														

会计主管　　记账　　审核　　出纳　　制单

②付款凭证是用以反映现金和银行存款等付款业务的会计凭证。付款凭证一般可以分为现金付款凭证和银行存款付款凭证。付款凭证的格式如表

1－12 所示。

表 1－12 付款凭证

贷方科目： 年 月 日 付字第 号

摘要	借方科目		金额										记账
	一级科目	明细科目	千	百	十	万	千	百	十	元	角	分	
合计													

附件 张

会计主管 记账 审核 出纳 制单

③转账凭证是用以反映不涉及现金和银行存款等业务，只反映转账业务的会计凭证。转账凭证格式如表 1－13 所示。

表 1－13 转账凭证

年 月 日 转字第 号

摘要	会计科目		借方金额	贷方金额	记账
	一级科目	明细科目			
合计					

附件 张

会计主管 记账 审核 制单

（2）通用记账凭证是指用来反映所有经济业务的记账凭证，为各类经济业务所共同使用，其格式与转账凭证基本相同。

2. 记账凭证的基本内容

记账凭证必须具备以下基本内容：（1）记账凭证的名称；（2）记账凭证的日期；（3）记账凭证的编号；（4）经济业务事项的内容摘要；（5）经济业务事项所涉及的会计科目及其记账方向；（6）经济业务事项的金额；（7）记账标记；（8）所附原始凭证的张数；（9）制证、审核、记账、会计主管等有关人员的签章，收款凭证和付款凭证还应由出纳人员签名或盖章。

3. 记账凭证的填制要求

（1）基本要求。

①单位应在审核无误的原始凭证基础上填制记账凭证。

②记账凭证应该具有的基本内容要完整。

③记账凭证的填制要清晰、工整。

④填制记账凭证时，应当对记账凭证进行连续编号。一笔经济业务需要填制两张以上记账凭证的，可以采用分数编号法编号。

⑤不得将不同内容和类别的原始凭证汇总填制在一张记账凭证上。

⑥除结账和更正错误的记账凭证可以不附原始凭证外，其他记账凭证必须附有原始凭证。具体分以下两种情况处理：

第一，如果一张原始凭证涉及几张记账凭证，可以把原始凭证附在一张主要的记账凭证后面，并在其他记账凭证上注明附有该原始凭证的记账凭证的编号或者附原始凭证复印件。

第二，如果一张原始凭证所列支出需要几个单位共同负担的，应当将其他单位负担的部分，开给对方原始凭证分割单进行结算。原始凭证分割单必须具备原始凭证的基本内容：填制凭证名称、填制凭证日期、填制凭证单位名称或者填制人姓名、经办人的签名或者盖章、接受凭证单位名称、经济业务内容、数量、单价、金额和费用分摊情况等。

⑦如果在填制记账凭证时发生错误，应当重新填制。已经登记入账的记账凭证，在当年内发现填写错误时，可以用红字填写一张与原内容相同的记账凭证（会计电算化下可以用蓝字，但数字应标注“-”号），在摘要栏注明“注销某月某日某号凭证”字样，同时再用蓝字重新填制一张正确的记账凭证，注明“修正某月某日某号凭证”字样。如果会计科目没有错误，只是金额错误，也可以将正确数字与错误数字之间的差额，另编一张调整的记账凭证，调增金额用蓝字，调减金额用红字（会计电算化下可以用蓝字，但数字应标注“-”号）。发现以前年度记账凭证有错误的，应当用蓝字填制一张更正的记账凭证。

⑧记账凭证填制完经济业务事项后，如有空行，应当自金额栏最后一笔金额数字下的空行处至合计数上的空行处划线注销。

（2）收款凭证的填制要求。

收款凭证左上角的“借方科目”按收款的性质填写“库存现金”或“银行存款”；日期要填写编制本凭证的日期；右上角填写编制收款凭证的顺序号；“摘要”填写关于所记录经济业务的简要说明；“贷方科目”填写与收到现金或银行存款所对应的会计科目；“记账”是指该凭证已登记账簿

的标记，填写已记入总账或日记账、明细账的页码。“金额”是指该项经济业务的发生额；该凭证右边“附件 张”是指本记账凭证所附原始凭证的张数；最下边分别由有关人员签章，以明确经济责任。

【例1－14】2018年1月15日，某单位从银行借入9个月期限的短期借款1 500 000元。根据银行借款凭据填制收款凭证，如表1－14所示。

表1－14 **收款凭证**

借方科目：银行存款 2018年1月15日 收字第6号

摘要	贷方科目		金额										记账
	一级科目	明细科目	千	百	十	万	千	百	十	元	角	分	
取得银行借款	短期借款	周转借款		1	5	0	0	0	0	0	0	0	√
合计			¥	1	5	0	0	0	0	0	0	0	√

附件2张

会计主管 ×× 记账 ×× 出纳 ×× 审核 ×× 制单 ××

（3）付款凭证的填制要求。

付款凭证的编制方法与收款凭证基本相同，只是左上角由“借方科目”换为“贷方科目”，应填列“库存现金”或“银行存款”。凭证中间的“贷方科目”换为“借方科目”，并填列对应科目。其余各项目填制方法与收款凭证基本相同。

【例1－15】2018年2月10日，某单位以现金支付行政管理办公室电费600元。根据供电部门提供的发票编制付款凭证，如表1－15所示。

表1－15 **付款凭证**

贷方科目：库存现金 2018年2月10日 付字第25号

摘要	借方科目		金额										记账
	一级科目	明细科目	千	百	十	万	千	百	十	元	角	分	
支付行政办公室电费	单位管理费用	办公室电费						6	0	0	0	0	√
合计							¥	6	0	0	0	0	√

附件1张

会计主管 ×× 记账 ×× 出纳 ×× 审核 ×× 制单 ××

（4）转账凭证的填制要求。

转账凭证将经济业务中涉及的全部会计科目，按照先借后贷的顺序记入“会计科目”栏中的“一级科目”和“二级及明细科目”，并按应借、应贷方向分别记入“借方金额”或“贷方金额”栏。其他项目的填列与收、付款凭证相同。

【例1－16】2018年3月15日，某单位从丙企业赊购A材料一批15 000元，已验收入库，假设不考虑增值税。根据购货发票和材料入库单编制转账凭证。如表1－16所示。

表1－16 **转账凭证**

2018年3月15日 转字第8号

摘要	会计科目		借方金额	贷方金额	记账
	一级科目	明细科目			
赊购A材料	库存物品	A材料	15 000		√
	应付账款	丙企业		15 000	√
合计			¥15 000	¥15 000	

附件2张

会计主管 ×× 记账 ×× 审核 ×× 制单 ××

【例1－17】请根据【例1－13】资料中所产生的原始凭证，为甲预算单位编制一张完整的记账凭证。

表1－17 **转账凭证**

2018年6月5日 转字第9号

摘要	会计科目		借方金额	贷方金额	记账
	一级科目	明细科目			
从大地公司购进A材料	库存物品	A材料	35 100		√
	银行存款			35 100	
					√
合计			¥35 100	¥35 100	

附件3张

会计主管 ×× 记账 ×× 审核 ×× 制单 ××

1. 请你判断：以下阐述是否正确？即：记账凭证和其所附的原始凭证

都是面对同一笔经济业务。但是两者发挥作用不同：一般来说原始凭证是填制记账凭证的依据，记账凭证是登记会计账簿的依据。

答案提示：正确。

2. 请你回答：记账凭证一定要附原始凭证吗?

答案提示：单位如果结账和更正错误的记账凭证可以不附原始凭证。除此之外，均需要附有原始凭证。结账是一项将账簿记录定期结算清楚的账务工作。

4. 记账凭证的审核

在记账之前，记账凭证须经过相关稽核人员审核，以保证会计信息质量。记账凭证审核的主要内容有：

(1) 真实性审核。主要审核记账凭证内容是否真实，所记录的相关信息是否与原始凭证内容一致。

(2) 完整性审核。主要审核记账凭证中项目填列是否齐全，相关人员是否已经签章等。

(3) 规范性审核。主要审核会计科目使用是否正确，金额填列是否正确，书写是否正确等。

(五) 会计凭证的传递和保管

1. 会计凭证的传递

会计凭证的传递是指会计凭证从取得或填制时起至归档保管过程中，在单位内部各有关部门和人员之间的传送程序。会计凭证传递过程中，要做到以下三个方面。

(1) 制定科学合理的传递程序。各单位应根据本单位经济业务特征，相关机构与岗位设置状况，以及其他管理要求，制定科学合理的传递程序。既要保证会计凭证传递的及时到位，又要体现会计处理程序的流程化和制衡性，起到内部控制的有效作用，以保证生成高质量的会计信息。

(2) 明确界定会计凭证的传递时间。为确保会计凭证传递程序能够得到严格执行，要明确界定会计凭证在各环节的传递时间，以保证会计信息的及时有效。

(3) 建立会计凭证传递的交接制度。为落实会计凭证传递程序，明确传递责任，要建立会计凭证传递的交接制度，做到每个传递环节有专门岗位负责凭证交接，责任明确，手续简便易行。

2. 会计凭证的保管

（1）归档保管的会计档案内容。

会计凭证的保管是指会计凭证记账后的整理、装订、和归档存查工作。根据《会计档案管理办法》的规定，下列会计资料应当进行归档：①会计凭证，包括原始凭证、记账凭证；②会计账簿，包括总账、明细账、日记账、固定资产卡片及其他辅助性账簿；③会计报告，包括月度、季度、半年度、年度会计报告；④其他会计资料，包括银行存款余额调节表、银行对账单、纳税申报表、会计档案移交清册、会计档案保管清册、会计档案销毁清册、会计档案鉴定意见书及其他具有保存价值的会计资料。

另外，同时满足下列条件的，单位内部形成的属于归档范围的电子会计资料可仅以电子形式保存，以形成电子会计档案：①形成的电子会计资料来源真实有效，由计算机等电子设备形成和传输；②使用的会计核算系统能够准确、完整、有效接收和读取电子会计资料，能够输出符合国家标准归档格式的会计凭证、会计账簿、财务会计报表等会计资料，设定了经办、审核、审批等必要的审签程序；③使用的电子档案管理系统能够有效接收、管理、利用电子会计档案，符合电子档案的长期保管要求，并建立了电子会计档案与相关联的其他纸质会计档案的检索关系；④采取有效措施，防止电子会计档案被篡改；⑤建立电子会计档案备份制度，能够有效防范自然灾害、意外事故和人为破坏的影响；⑥形成的电子会计资料不属于具有永久保存价值或者其他重要保存价值的会计档案。

（2）会计凭证的保管要求主要有八个方面。

①会计凭证应定期装订成册，防止散失。会计部门在依据会计凭证记账以后，应定期（每天、每旬或每月）对各种会计凭证进行分类整理，将各种记账凭证按照编号顺序，连同所附的原始凭证一起加具封面和封底，装订成册，并在装订线上加贴封签，由装订人员在装订线封签处签名或盖章。

从外单位取得的原始凭证遗失时，应取得原签发单位盖有公章的证明，并注明原始凭证的号码、金额、内容等，由经办单位会计机构负责人（会计主管人员）和单位负责人批准后，才能代作原始凭证。若确实无法取得证明的，如车票丢失，则应由当事人写明详细情况，由经办单位会计机构负责人

（会计主管人员）和单位负责人批准后，代作原始凭证。

②会计凭证封面应注明单位名称、凭证种类、凭证张数、起止号数、年度、月份、会计主管人员和装订人员等有关事项，会计主管人员和保管人员应在封面上签章。

③会计凭证应加贴封条，防止抽换凭证。原始凭证不得外借，其他单位如有特殊原因确实需要使用时，经本单位会计机构负责人（会计主管人员）批准，可以复制。向外单位提供的原始凭证复制件，应在专设的登记簿上登记，并由提供人员和收取人员共同签名、盖章。

④原始凭证较多时，可单独装订，但应在凭证封面注明所属记账凭证的日期、编号和种类，同时在所属的记账凭证上应注明“附件另订”及原始凭证的名称和编号，以便查阅。

对各种重要的原始凭证，如押金收据、提货单等，以及各种需要随时查阅和退回的单据，应另编目录，单独保管，并在有关的记账凭证和原始凭证上分别注明日期和编号。

⑤每年装订成册的会计凭证，在年度终了时可暂由单位会计机构保管一年，期满后应当移交本单位档案机构统一保管；出纳人员不得兼管会计档案。因工作需要确需推迟移交的，应当经单位档案管理机构同意。

单位会计管理机构临时保管会计档案最长不超过三年。临时保管期间，会计档案的保管应当符合国家档案管理的有关规定。

⑥单位应当严格按照相关制度利用会计档案，在进行会计档案查阅、复制、借出时履行登记手续，严禁篡改和损坏。单位保存的会计档案一般不得对外借出。确因工作需要且根据国家有关规定必须借出的，应当严格按照规定办理相关手续。

会计档案借用单位应当妥善保管和利用借入的会计档案，确保借入会计档案的安全完整，并在规定时间内归还。

⑦会计档案的保管期限分为永久、定期两类。定期保管期限一般分为10年和30年。会计档案的保管期限，从会计年度终了后的第一天算起。

⑧严格遵守会计凭证的保管期限要求，期满前不得任意销毁。单位应当定期对已到保管期限的会计档案进行鉴定，并形成会计档案鉴定意见书。经鉴定，仍需继续保存的会计档案，应当重新划定保管期限；对保管期满，确无保存价值的会计档案，可以销毁。但是对于保管期满但未结清的债权债务

会计凭证和涉及其他未了事项的会计凭证不得销毁，纸质会计档案应当单独抽出立卷，电子会计档案单独转存，保管到未了事项完结时为止。

---

1. 请你判断：行政事业单位与企业共同遵守《会计档案管理办法》规定，那么行政事业单位会计档案与企业会计档案的保管期限是否应该一致？

答案提示：尽管行政事业单位与企业共同遵守《会计档案管理办法》规定，但是其会计档案的保管期限却有差异，即各有各的规定。

2. 请你回答：指出行政事业单位永久保存的会计档案内容。

答案提示：行政事业单位永久保存的会计档案主要包括部门财务报告（所属单位报送的保管 2 年），以及财政部门编制的政府综合财务报告（下级财政、本级部门和单位报送的保管 2 年）。

3. 请你回答：行政事业单位的日记账、总账和固定资产卡片，这些会计档案的保管期限有多长？

答案提示：行政事业单位的日记账、总账保管期限为 30 年；行政事业单位的固定资产卡片在固定资产报废清理后保管 5 年。

4. 请你回答：银行对账单和银行存款余额调节表属于会计档案资料吗？

答案提示：属于。

四、会计账簿

（一）会计账簿的概念与作用

1. 会计账簿的概念

会计账簿是指由具有一定格式的账页组成的，以经过审核的会计凭证为依据，全面、系统、连续地记录各项经济业务的簿籍。设置和登记会计账簿，是编制会计报表的基础，是连接会计凭证和会计报表的中间环节。各单位应当根据国家统一的会计制度规定，并结合本单位会计业务的实际需求，设置会计账簿。

2. 会计账簿的作用

设置和登记会计账簿的主要作用有：

（1）记载和存储会计信息。将会计凭证所记录的经济业务对应记入有关账簿，可以全面反映会计主体在一定时期内所发生的经济业务。

（2）分类和汇总会计信息。会计账簿是根据会计账户设置的，会计账簿之间具有一定的逻辑关系。通过登记账簿，可以分类汇总各类会计信息，反映不同方面的经济业务活动和预算资金变化状况。

（3）检查和校正会计信息。根据会计账簿记录信息，会计人员可以通过财产清查、账目核对等方法，发现问题，加强财产物资的核算与保管。

（4）编报和输出会计信息。通过设置和登记会计账簿，记录经济业务状况，并根据记录结果定期编制会计报表，向利益相关者提供所需会计信息，有助于会计信息使用者对本单位进行监督和管理。

账簿与账户的关系是形式和内容的关系。账簿是由若干账页组成的一个整体，账簿中的每一账页就是账户的具体存在形式和载体，没有账簿，账户就无法存在；账簿序时、分类地记录经济业务，是在各个具体的账户中完成的。因此，账簿只是一个外在形式，账户才是它的实质内容。

（二）会计账簿的种类

会计账簿按用途分类，可以分为序时账簿、分类账簿和备查账簿。

1. 序时账簿

序时账簿，又称日记账，是按照经济业务发生或完成时间的先后顺序逐日逐笔进行登记的账簿。在我国，大多数单位一般只设库存现金日记账和银行存款日记账。

根据记录内容的不同，序时账簿可以分为普通日记账和特种日记账。普通日记账，要求将每天发生的所有经济业务按照发生的先后顺序登记入账。普通日记账可以较为全面地反映经济业务，但是工作量较大，并且对业务没有进行分类管理。特种日记账，只记录某一类型经济业务，如库存现金日记账记录现金的收付和结存情况，银行存款日记账记录银行存款的收付和结存情况。

---

1. 请你回答：按照规定，每一个政府会计部门单位应当设置“库存现金日记账”。请问该账簿应由谁负责登记？如何登记？

答案提示：“库存现金日记账”应由出纳人员根据收付款凭证，按照业务发生顺序逐笔登记。每日终了，应当计算当日的现金收入合计数、现金支出合计数和结余数，并将结余数与实际库存数相核对，做到账款相符。

2. 请你回答：请鉴别以下表达是否正确？即：单位应当按照开户银行或其他金融机构、存款种类及币种等，分别设置“银行存款日记账”。

答案提示：正确。

3. 请你回答：单位的“银行存款日记账”是否也是由出纳人员负责登记？依据什么凭证登记？

答案提示：单位的“银行存款日记账”应当由出纳人员根据收付款凭证，按照业务的发生顺序逐笔登记，每日终了应结出余额。

4. 请你分析：单位的“银行存款日记账”应定期与什么进行核对？什么时候核对？如果核对不符该如何处理？

答案提示：单位的“银行存款日记账”应定期与“银行对账单”核对，至少每月核对一次。月度终了，单位银行存款日记账账面余额与银行对账单余额之间如有差额，应当逐笔查明原因并进行处理，按月编制“银行存款余额调节表”，调节相符。

---

2. 分类账簿

分类账簿，是对全部经济业务进行分类登记的账簿。按照所反映内容详细程度的不同，又可以分为总分类账和明细分类账。

总分类账，简称总账，是按照一级会计科目设置的，从总体上分类记录经济业务的账簿。明细分类账，简称明细账，是根据明细科目设置的，详细分类记录经济业务的账簿。总分类账和明细分类账相辅相成，既能提供关于经济业务的总括信息，又能分辨经济业务过程中的详细情况，从不同角度记录经济业务，为编制会计报告提供完整、全面的会计信息。

3. 备查账簿

备查账簿，又称辅助登记簿或补充登记簿，是指对某些在序时账簿和分类账簿中未能记载或记载不全的经济业务进行补充登记的账簿。备查账簿只是对其他账簿记录的一种补充，与其他账簿之间不存在严密的依存和勾稽关系。备查账簿根据单位的实际需要设置，没有固定的格式要求。

账簿如果按账页格式分类，可分为：(1) 两栏式账簿。即只有借方和贷方两个基本栏目的账簿。(2) 三栏式账簿。三栏式账簿是设有借方、贷方和余额三个基本栏目的账簿，只需要记录经济业务的金额。一般适用于各种总分类账、日记账，以及资本、债权、债务明细账等。(3) 多栏式账簿。多栏式账簿，是在账簿的两个基本栏目借方和贷方，按需要分设若干专栏的账簿。如收入、成本、费用明细账等。(4) 数量金额式账簿。数量金额式账簿，是指在借方、贷方和余额三个栏目内，都分设数量、单价和金额三小栏，以反映实物数量和价值量的账簿。如固定资产、库存物品明细账等。(5) 横线登记式账簿。横线登记式账簿，又称平行式账簿，是指将前后密切相关的经济业务登记在同一行上，以便检查每笔业务的发生和完成情况的账簿。

请你判断：以下说法是否正确，如有错误，请说明理由。

(1) 总账只反映货币计量指标，不反映实物计量指标。因此总账的账页格式一般为三栏式。

(2) 任何单位都必须设置总分类账。

(3) 无论分类账簿还是序时账簿，都需要以记账凭证作为记账依据。

(4) 会计账簿是连接会计凭证与会计报表的中间环节，在会计核算中具有承前启后的作用，是编制会计报表的基础。

答案提示：以上说法均正确。

(三) 会计的平行记账

会计的平行记账包括两方面内容：一是总分类账户与明细分类账户平行记账；二是财务会计与预算会计的平行记账。

1. 总分类账户与明细分类账户平行记账

总分类账户是所属明细分类账户的统驭账户，对所属明细分类账户起着控制作用；明细分类账户则是总分类账户的从属账户，对其所隶属的总分类账户起着辅助作用。总分类账户及其所属明细分类账户的核算对象是相同的，它们所提供的核算资料互相补充，只有把两者结合起来，才能既总括又详细地反映同一核算内容。因此，总分类账户和明细分类账户必须平行登记。

总分类账与明细分类账的平行记账（登记）是指对发生的各项经济业务，以会计凭证为依据，一方面记入总分类账户，另一方面记入所属明细分类账户的方法。平行登记要注意以下几点：

(1) 登记的账户方向相同。总分类账和明细分类账是统驭关系，因此登记方向相同，即登记的借贷方向必须一致。

(2) 登记的会计期间相同。每项经济业务，都要在同一会计期间，既登记入总分类账户又要登记入明细分类账户。

(3) 登记的金额相同。即登记入总分类账户的金额与其所属的明细分类账户金额合计数必须相等。

(4) 登记依据相同。即对于需要提供详细资料的每一项经济业务，应根据审核无误的记账凭证及其所附的原始凭证，一方面登记有关的总分类账户，另一方面登记总分类账所属的各明细分类账户。而不能根据总账登记明细账，也不能根据明细账登记总账。

2. 财务会计与预算会计的平行记账

所谓财务会计与预算会计的平行记账，就是根据我国政府会计改革的规划与思路，为了准确反映每一个政府会计主体中有关政府预算执行情况和政府的财务状况、运行情况（含运行成本）和预算收支等信息，单位在进行日常核算时，面对纳入预算管理的现金收支业务，应当在一个会计信息系统中既进行权责发生制下的财务会计核算，又进行收付实现制下的预算会计核算。具体来说，财务会计面对单位所有的经济业务或事项都要进行会计处理的信息提供，而预算会计则一般只针对纳入预算管理的现金收支业务进行会计处理。

请你判断：以下发生的业务，预算单位是否需要财务会计和预算会计的平行记账？

(1) 财政授权支付购买一批物资。

(2) 接受捐赠一批设备，在其过程中，本单位支付运费 1 000 元。

(3) 无偿调出一设备，调拨中支付有关税费 2 000 元。

(4) 因提供专业服务，预收 100 万元款项。

(5) 上期财政授权支付购买的办公用品，今日收到并验收入库。

答案提示：以上(1)～(4)项业务均涉及财务会计和预算会计平行记账；但第（5）项则只需要财务会计处理即可，因为该笔业务至涉及“库存物品”与“在途物品”科目的转换，没有现金的增减变化。

（四）错账更正方法

单位在记账过程中，尤其是记账之后，如果发现原来所登记的账簿数据存在差错需要进行更正。必须按下列方法更正：

1. 红字更正法

红字更正法，又称红字冲销法，是指用红字记账的方式冲销错账的更正方法。记账后，在当年内发现记账凭证所记的会计科目错误，或者会计科目无误而所记金额大于应记金额产生的记账错误，应当采用红字更正法。以红字记录表明对原记录的冲减，主要适用于以下两种情况：

（1）对于记账凭证中的会计科目或记账方向错误的情况。

记账后，发现记账凭证中的会计科目或记账方向错误，首先用红字填写一张与原记账凭证完全相同的记账凭证，并据以登记入账，以冲销账簿中原有的错误记录，然后用蓝字填写一张正确的记账凭证，并据以登记入账。

【例1-18】 2018年1月10日，某单位2017年预付10 000元给某供应商，要求其生产某工具，但由于对方一再拖延，迟迟未履行交货义务。对此，该单位填制记账凭证，并据以登记入账。记账凭证中的会计分录如下：

借：应收账款	10 000	
贷：预付账款		10 000

在该例中，借方余额应为其他应收款，属于会计科目登记错误，根据红字更正法，应做如下更正。

第一步：用红字填制一张与原错误记账凭证相同的一张记账凭证，在摘要栏内注明“更正×月×日第×号凭证”，并据以登记入账，以冲销原有错误的账簿记录。

借：应收账款	[10 000]	
贷：预付账款		[10 000]

需要说明的是，在会计电算化下，上述红字填制可以用蓝字数额的

“-”号表达，或以蓝字的反方向显示（下同）。

第二步：用蓝字填制一张正确的记账凭证，并据以登记入账。

借：其他应收款　　　　10 000

　　贷：预付账款　　　　10 000

上述账户的更正记录，如图 1-8 所示。

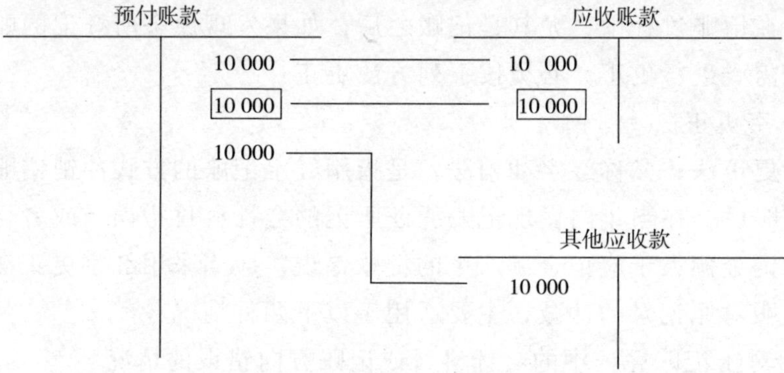

图 1-8　【例 1-18】账户更正记录

（2）对于记账凭证会计科目无误而所记金额大于应记金额的情况。

记账后，发现记账凭证中借、贷方的会计科目正确，只是所记金额大于应记金额，造成账簿登记错误，也应当采用红字更正法予以更正。应当按多记的金额，用红字填制一张与原记账凭证借、贷科目完全相同的记账凭证，以冲销多记的金额，并据以记账。

【例 1-19】如【例 1-18】中，假如该单位在记账凭证中误记“其他应收款”11 000 元，并已登记入账。

借：其他应收款　　　　11 000

　　贷：预付账款　　　　11 000

在该例中，借贷双方均多记金额 1 000 元，用红字编制一张相应的记账凭证，在摘要栏内注明“冲销×月×日第×号凭证多记金额”，并据以登记入账。更正如下：

借：其他应收款　　　　1 000

　　贷：预付账款　　　　1 000

上述账户的更正记录，如图 1-9 所示。

图 1－9　【例 1－19】账户更正记录

2. 补充登记法

记账后，发现记账凭证填写的会计科目无误，只是所记金额小于应记金额时，应当采用补充登记法。更正方法是：根据少记的金额用蓝字编制一张与原记账凭证借、贷科目完全相同的记账凭证，并据以登记入账，补足少记金额。

【例 1－20】 在【例 1－19】中，假如该单位编制的记账凭证如下，并据以记账。

借：其他应收款　　8 000
　　贷：预付账款　　8 000

上述错误的更正，只需将少记金额 2 000 元用蓝字填制一张记账凭证，在摘要栏注明"补充×月×日第×号凭证少记金额"，并据以登记入账。更正如下：

借：其他应收款　　2 000
　　贷：预付账款　　2 000

上述账户的更正记录，如图 1－10 所示。

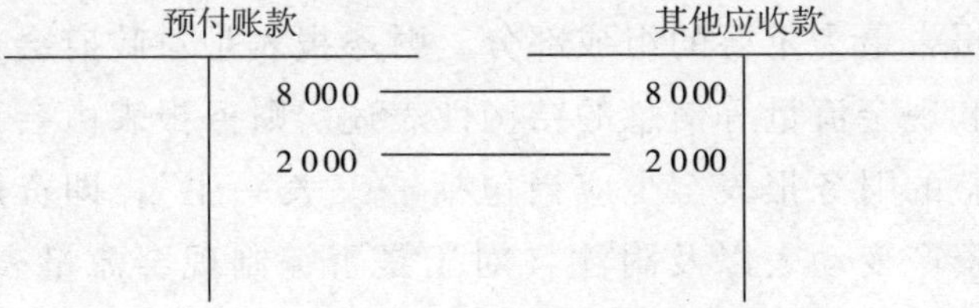

图 1－10　【例 1－20】账户更正记录

请你判断：以下说法是否正确，并说明理由。

（1）记账以后，发现记账凭证中应借应贷科目错误，应采用红字更正法更正。

(2) 记账凭证中会计账户（科目）名称、记账方向正确，但所记金额大于应记金额而导致账簿登记金额增加的情况，可采用补充登记法进行更正。

答案提示：(1) 正确，(2) 错误。因为实际记载金额大于应记金额，应冲销多计数额，所以适合采用红字更正法，补充登记法无法实现。

五、会计报告

1. 政府会计报告

会计报告是指政府会计主体对外提供的反映单位某一特定日期的财务状况和某一会计期间的运行情况、预算执行情况、现金流量等会计信息的文件。

政府会计报告包括财务报告和决算报告。政府决算报告应当包括决算报表和其他应当在决算报告中反映的相关信息和资料。政府财务报告应当包括财务报表和其他应当在财务报告中披露的相关信息和资料。

2. 政府财务报告

政府财务报告包括政府综合财务报告和政府部门财务报告。政府综合财务报告是指由政府财政部门编制的，反映各级政府整体财务状况、运行情况和财政中长期可持续性的报告。政府部门财务报告是指政府各部门、各单位按规定编制的财务报告。

作为财务报告最为重要的组成部分，财务报表是对政府会计主体财务状况、运行情况和现金流量等信息的结构性表述。财务报表由会计报表和附注构成。一套完整的财务报表至少应当包括“三表一注”，即资产负债表、收入费用表、净资产变动表以及附注（对于是否编制现金流量表，根据规定，政府会计部门有选择权，即不属于必编的会计报表）。政府会计主体应当根据相关规定编制合并财务报表。

附注是财务报表不可或缺的组成部分，是对在资产负债表、收入费用表和净资产变动表等报表中列示项目的文字描述或明细资料，以及未能在这些报表中列示项目的说明等。

六、账务处理程序

任何一个政府会计主体，都应当对其发生的经济业务或事项，采用借贷记账法，借助会计凭证、会计账簿以及会计报告这些最基本的会计处理方法(或手段)，进行正确的会计处理。而会计凭证、会计账簿与会计报表三者之间存在以下基本关系：

会计凭证⇨会计账簿⇨会计报表

账务处理程序，又称会计核算组织程序或会计核算形式，是指会计凭证、会计账簿、会计报表相结合的方式，包括账簿组织和记账程序。账簿组织是指会计凭证和会计账簿的种类、格式，会计凭证与账簿之间的联系方法；记账程序是指由填制、审核原始凭证到填制、审核记账凭证，登记日记账、明细分类账和总分类账，编制财务报表的工作程序和方法等。

目前各单位采用的账务处理程序主要有记账凭证账务处理程序、科目汇总表账务处理程序和汇总记账凭证账务处理程序等。它们的主要区别是登记总账的依据和方法不同。

(一) 记账凭证账务处理程序

记账凭证账务处理程序是指对发生的经济业务，先根据原始凭证或汇总原始凭证填制记账凭证，再直接根据记账凭证登记总分类账的一种账务处理程序。记账凭证账务处理程序的一般步骤如下：

第一，根据原始凭证编制汇总原始凭证（注：有些情况下，也可能不编制汇总原始凭证，下同)。

第二，根据原始凭证或汇总原始凭证编制记账凭证，即收款凭证、付款凭证和转账凭证。

第三，根据收款凭证、付款凭证，逐笔登记库存现金日记账和银行存款日记账。

第四，根据原始凭证、汇总原始凭证和记账凭证，登记各种明细分类账。

第五，根据记账凭证逐笔登记总分类账。

第六，期末将库存现金日记账、银行存款日记账和明细分类账的余额同有关总分类账的余额核对相符。

第七，期末根据总分类账和明细分类账的记录，编制会计报表。

记账凭证会计核算程序的步骤如图 1－11 所示。

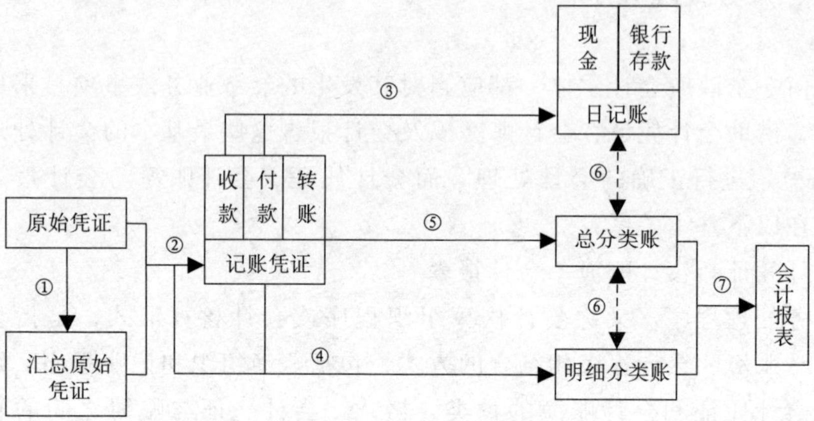

图 1－11 记账凭证账务处理程序

记账凭证账务处理程序，无须对记账凭证进行汇总，直接根据记账凭证登记总分类账。

记账凭证账务处理程序的优点是会计核算程序简单明了，能够清晰呈现会计核算的基本原理，便于理解和掌握，并且总分类账是根据记账凭证逐笔登记，内容详细，便于查账。但是这种账务处理程序的工作量比较大，尤其是登记总账的工作量较大。

记账凭证账务处理程序一般适用于规模较小、经济业务较少的单位。如果一个单位经济业务较多，可以采用科目汇总表账务处理程序。

（二）科目汇总表账务处理程序

科目汇总表账务处理程序，又称记账凭证汇总表账务处理程序，是先根据记账凭证定期（每隔 5 天或 10 天等）编制科目汇总表，然后根据科目汇总表登记总分类账的一种账务处理程序。科目汇总表的一般编制步骤如下：

第一，根据原始凭证编制汇总原始凭证。

第二，根据原始凭证或汇总原始凭证，编制记账凭证。

第三，根据收款凭证、付款凭证逐笔登记库存现金日记账和银行存款日记账。

第四，根据原始凭证、汇总原始凭证和记账凭证，登记各种明细分类账。

第五，根据各种记账凭证定期编制科目汇总表。

第六，根据科目汇总表登记总分类账。

第七，期末将库存现金日记账、银行存款日记账和明细分类账与总分类账核对相符。

第八，期末根据总分类账和明细分类账的记录，编制会计报表。

科目汇总表账务处理程序如图 1－12 所示。

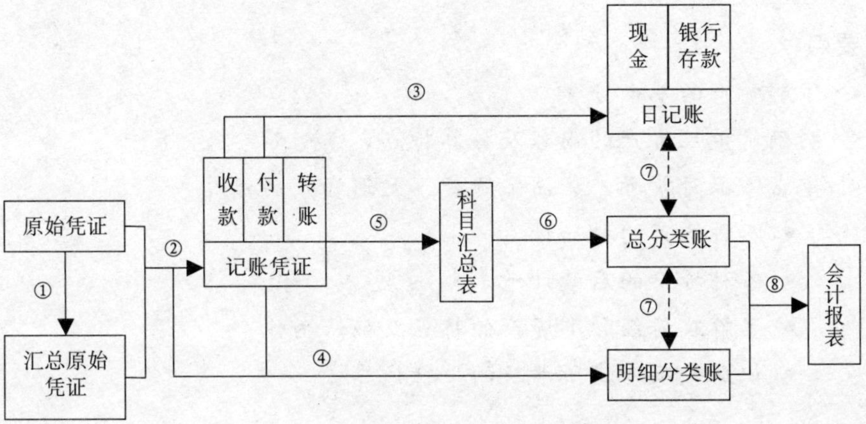

图 1－12 科目汇总表账务处理程序

第二章
政府会计资产

本章要点

◇ 了解资产的基本分类

◇ 明确货币性资产的内容及核算特点

◇ 重点掌握存货资产、固定资产、无形资产的核算

- 各种资产的初始计量
- 各种资产的后续计量
- 了解政府经管类资产的特点及确认主体
- 识别每项资产所涉及的平行核算

第一节　资产概述

一、资产的分类

资产是指政府会计主体过去的经济业务或者事项形成的，由政府会计主体控制的，预期能够产生服务潜力或者带来经济利益流入的经济资源。

服务潜力是指政府会计主体利用资产提供公共产品和服务以履行政府职能的潜在能力。经济利益流入表现为现金及现金等价物的增加。

政府会计主体的资产按照流动性，分为流动资产和非流动资产。

流动资产是指预计在1年内（含1年）耗用或者可以变现的资产，包括货币资金、短期投资、应收及预付款项、存货等。

非流动资产是指流动资产以外的资产，包括固定资产、在建工程、无形

资产、长期投资、公共基础设施、政府储备资产、文物文化资产、保障性住房和自然资源资产等。

二、资产的确认

根据规定，政府会计主体除了符合资产定义的经济资源，在同时满足以下条件时，应确认为资产：

（1）与该经济资源相关的服务潜力很可能实现或者经济利益很可能流入政府会计主体；

（2）该经济资源的成本或者价值能够可靠地计量。

通常情况下，拥有或控制资产的所有权是资产所含的经济利益很可能流入本单位或服务潜力很可能实现的一个重要标志；虽然该资产有可能尚未运至本单位。单位在判断资产所含经济利益能否流入或服务潜力是否实现时，还必须能够对其成本进行可靠的计量，这也是资产确认的基本前提。资产的成本能够可靠地计量必须以取得确凿、可靠的证据为依据，并且能够合理估计，具有可验证性。如果资产成本不能可靠地计量，则不能确认为单位的资产。

第二节　货币资金

货币资金是指处于货币形态的资产。单位的货币资金是交易的媒介和会计计量的基础，货币资金可以直接用于交换各种形态的其他资产和偿还有关负债，它在整个流动资产中流动性最强。

根据货币资金的存放地点或表现形式不同，货币资金一般分为四个部分：库存现金、银行存款、零余额账户用款额度和其他货币资金。

一、库存现金与银行存款

（一）库存现金

库存现金是指存放于单位财会部门、由出纳人员经管的货币。库存现金是政府会计部门流动性最强的资产，单位应当严格遵守国家有关库存现金管理制度，正确进行库存现金收支的核算，监督库存现金使用的合法性与合理性。

为了总括地反映库存现金的收入、支出和结存情况，单位应当设置“库存现金”账户，该账户属于资产类账户，其借方登记现金的增加，贷方登记现金的减少，期末余额在借方，反映单位实际持有的库存现金的金额。单位内部各部门周转使用的备用金，可以单独设置“其他应收款”科目进行核算。

特别注意的是，对于单位受托代理、代管的现金，应当在“库存现金”科目下设置“受托代理现金”明细科目进行核算，该明细科目的期末余额于期末在资产负债表中的“受托代理资产”项目列报。

单位应当设置“库存现金日记账”，由出纳人员根据收付款凭证，按照业务发生顺序逐笔登记。每日终了，应当计算当日的现金收入合计数、现金支出合计数和结余数，并将结余数与实际库存数相核对，做到账款相符。月度终了，库存现金日记账的余额应当与库存现金总账的余额核对，做到账账相符。

现金收入业务繁多、单独设有收款部门的单位，收款部门的收款员应当将每天所收现金连同收款凭据一并交财务部门核收记账，或者将每天所收现金直接送存开户银行后，将收款凭据及向银行送存现金的凭证等一并交财务部门核收记账。

单位每日账款核对中发现有待查明原因的现金短缺或溢余的，应当通过“待处理财产损溢”科目核算。属于现金溢余，应当按照实际溢余的金额，借记“库存现金”科目，贷记“待处理财产损溢”科目；属于现金短缺，应当按照实际短缺的金额，借记“待处理财产损溢”科目，贷记“库存现金”科目。待查明原因后及时进行账务处理。

【例 2－1】20×9 年 2 月 3 日，某行政（事业）单位的会计人员在核对当日的现金日记账时，发现账户结余数比实际库存数多计 270 元。后于 20×9 年 2 月 26 日查清，现金短缺是因为出纳员工作责任心不强原因造成的丢失，故，责其照价赔偿。对此，该单位的相关会计处理如下：

（1）20×9 年 2 月 3 日，记录发现的现金短缺，进行财务会计与预算会计平行核算编制会计分录如下：

①财务会计分录如下：

借：待处理财产损溢——待处理流动资产损溢 270

贷：库存现金 270

②预算会计分录如下：

借：其他支出 270

贷：资金结存——货币资金 270

（2）20×9年2月26日，记录查明现金短缺原因及处理决定，编制会计分录如下：

①财务会计分录如下：

借：其他应收款（或：库存现金） 270

贷：待处理财产损溢——待处理流动资产损溢 270

②预算会计分录如下：

借：资金结存——货币资金 270

贷：其他支出 270

需要说明的是，“资金结存”科目属于预算会计科目，核算单位纳入部门预算管理的资金的流入、流出、调整和滚存等情况。该科目是为了满足预算会计编制会计分录时有“借必有贷，借贷必相等”而设置的会计科目，它归属于预算会计结余类科目。“资金结存”科日下设有三个明细科目：

（1）“零余额账户用款额度”：核算实行国库集中支付的单位根据财政部门批复的用款计划收到和支用的零余额账户用款额度。年末结账后，本明细科目应无余额。

（2）“货币资金”：核算单位以库存现金、银行存款、其他货币资金形态存在的资金。本明细科目年末借方余额，反映单位尚未使用的货币资金。

（3）“财政应返还额度”：核算实行国库集中支付的单位可以使用的以前年度财政直接支付资金额度和财政应返还的财政授权支付资金额度。本明细科目下可设置“财政直接支付”“财政授权支付”两个明细科目进行明细核算。本明细科目年末借方余额，反映单位应收财政返还的资金额度。

1. 请你思考：你了解“待处理财产损溢”账户（科目）吗？

答案提示：“待处理财产损溢”科目核算单位在资产清查过程中查明的各种资产盘盈、盘亏和报废、毁损的价值。属于现金短缺或其他资产盘亏记借方，属于现金溢余或其他资产盘盈记贷方；待发生的上述事项处理后，以反方向予以注销。该科目归类为资产类科目。

2. 请你判断：承【例2-1】，如果短缺数额经批准，作为本单位损失处理，你能编制什么样的会计分录？需要平行记账吗？

答案提示：如果短缺数额经批准，作为本单位损失处理，正确的会计分录如下：

借：资产处置费用　　270

　　贷：待处理财产损溢——待处理流动资产损溢　　270

不能平行记账，因为在最初发现短缺时预算会计已经列支。

3. 请你判断：承【例2-1】，如果短缺数额经查，实属清查人员粗心，即：漏点了270元库存现金（实际账实相符）。对此，你该如何编制正确的会计分录？

答案提示：正确的财务会计分录如下：

借：库存现金　　270

　　贷：待处理财产损溢——待处理流动资产损溢　　270

同时进行预算会计处理如下：

借：资金结存——货币资金　　270

　　贷：其他支出　　270

4. 请你分析：承【例2-1】，如果该单位发现账户结余数比实际库存数少计270元，那么会计处理又该怎样？

答案提示：该单位应当进行财务会计和预算会计平行核算，分别编制会计分录如下：

（1）财务会计分录：

借：库存现金　　270

　　贷：待处理财产损溢——待处理流动资产损溢　　270

（2）预算会计分录：

借：资金结存——货币资金　　270

　　贷：其他预算收入　　270

（二）银行存款

银行存款是指单位存入银行或其他金融机构的各种款项。单位应当严格按照国家有关支付结算办法的规定办理银行存款收支业务，并按照政府会计制度规定核算银行存款的各项收支业务。每一个预算单位根据需要应当设置“银行存款”科目，用来核算单位存入银行或者其他金融机构的各种存款。

为了详细反映银行存款的收付及结存情况，单位除了设置“银行存款”账户进行总分类核算外，还必须设置银行存款日记账，按照业务发生顺序逐日逐笔连续记录银行存款的收付情况，并随时结出余额。银行存款应按银行和其他金融机构的名称和存款种类进行明细核算，有外币存款的单位，还应分别按人民币和外币进行明细核算。

银行存款日记账一般由出纳人员根据收付款凭证进行登记，定期与银行存款总账科目相核对。单位每月至少应将银行存款日记账与银行对账单核对一次，以检查银行存款收付及结存情况。月度终了，单位银行存款日记账账面余额与银行对账单余额之间如有差额，应当逐笔查明原因并进行处理，按月编制“银行存款余额调节表”，调节相符。

特别注意的是，对于单位受托代理、代管的现金，应当在“银行存款”科目下设置“受托代理存款”明细科目进行核算，该明细科目的期末余额于期末在资产负债表中的“受托代理资产”项目列报。

【例2-2】 20×9年8月3日，某行政（事业）单位从银行存款户中提取5 000元现金备用。由于该笔业务属于“资金结存”明细科目下货币资金此增彼减，不存在预算会计的信息处理，所以只编制财务会计分录如下：

借：库存现金　　5 000

　　贷：银行存款　　5 000

【例2-3】 20×9年8月3日，某行政（事业）单位通过银行转账收到为某组织代管的1 500 000元。为此编制财务会计分录如下：

借：银行存款——受托代管存款　　1 500 000

　　贷：受托代管负债　　1 500 000

由于该款项属于代管性质，不需要进行预算会计处理。

二、其他货币资金

其他货币资金是指除现金、银行存款以外的其他各种货币资金。其他货币资金同库存现金和银行存款一样，是预算单位可以作为直接支付手段的货币。其他货币资金同库存现金和银行存款相比，有其特殊的存在形式和支付方式，在管理上有别于库存现金和银行存款，应单独进行会计核算。

其他货币资金主要包括外埠存款、银行汇票存款、银行本票存款、信用卡存款等。其中，外埠存款是指根据业务或工作需要在外地银行开立存款专户的款项；银行汇票存款是指单位为取得银行汇票，按规定用于银行汇票结算而存入银行的款项；银行本票存款是指单位为取得银行本票，按规定用于银行本票结算而存入银行的款项；信用卡存款是指单位为取得信用卡以办理信用卡结算而按规定存入银行的款项。

为了全面反映和监督其他货币资金收、支和结存情况，应设置“其他货币资金”账户进行核算。“其他货币资金”账户属资产类。其借方登记其他货币资金的增加数额，贷方登记其他货币资金的减少数额，期末借方余额为单位实际持有的其他货币资金数额。

为了反映和监督其他货币资金增减变动和结存的详细情况，还应当设置“外埠存款”“银行本票存款”“银行汇票存款”“信用卡存款”等明细科目进行明细核算。

按照规定，单位应当加强对其他货币资金的管理，及时办理结算，对于逾期尚未办理结算的银行汇票、银行本票等，应当按照规定及时转回，并按照有关规定进行相应账务处理。

【例 2－4】 20×9 年 8 月 3 日，某行政（事业）单位根据业务需要，在异地开立了一个银行账户，将 500 000 元款项委托本地银行汇往异地开立账户时，应进行如下会计处理：

借：其他货币资金——外埠存款	500 000	
贷：银行存款		500 000

由于其他货币资金和银行存款同属于“资金结存——货币资金”的核算内容，故，不需要预算会计处理。

三、零余额账户用款额度

财政集中支付的目的是有效地管好财政支出的最后环节，从制度上保证支出按预算的要求进行支付。零余额账户是指财政部门为本部门和预算单位在商业银行开设的账户，用于财政直接支付和财政授权支付及清算。预算单位零余额账户用于财政授权支出。预算单位零余额账户在我国行政单位会计和事业单位会计中使用。

为了全面反映和监督零余额账户用款额度资金收、支和结存情况，应设置"零余额账户用款额度"账户。该账户属于资产类，核算实行国库集中支付的单位根据财政部门批复的用款计划收到和支用的零余额账户用款额度。其借方登记零余额账户用款额度的增加数额，贷方登记其减少数额，期末借方余额为反映单位尚未支用的零余额账户用款额度，年末注销单位零余额账户用款额度后，本科目应无余额。

【例2-5】 20×9年3月2日，某行政（或事业）单位收到A商业银行（财政授权支付代理银行）转来的授权支付额度到账通知书，当月授权支付额度30万元。由于该业务属于纳入预算管理的现金收入业务，属于需要财务会计和预算会计的平行记账。编制会计分录如下：

（1）财务会计分录：

借：零余额账户用款额度　　300 000

　　贷：财政拨款收入　　300 000

（2）预算会计分录：

借：资金结存——零余额账户用款额度　　300 000

　　贷：财政拨款预算收入　　300 000

【例2-6】 20×9年12月31日某行政（或事业）单位经与代理银行提供的对账单核对无误后，将80万元零余额账户用款额度注销，另外20×9年财政授权支付额度预算数大于下达数，未下达的用款额度为210万元。20×0年初，该单位收到代理银行提出的授权支付额度恢复到账通知书和财政部门批复的上年末未下达零余额账户用款额度。

对于这种纳入预算管理的现金收付业务，需要进行预算会计和财务会计的平行核算与记账。相关会计处理如下：

（1）20×9年12月31日注销额度时：

①财务会计分录：

借：财政应返还额度——财政授权支付　　800 000

　　贷：零余额账户用款额度　　800 000

②预算会计分录：

借：资金结存——财政应返还额度　　800 000

　　贷：资金结存——零余额账户用款额度　　800 000

（2）20×9年12月31日补记指标数时：

①财务会计分录：

借：财政应返还额度——财政授权支付　　2 100 000

　　贷：财政拨款收入　　2 100 000

②预算会计分录：

借：资金结存——财政应返还额度　　2 100 000

　　贷：财政拨款预算收入　　2 100 000

（3）20×0年初，恢复额度时：

财务会计分录：

借：零余额账户用款额度　　800 000

　　贷：财政应返还额度　　800 000

预算会计分录：

借：资金结存——零余额账户用款额度　　800 000

　　贷：资金结存——财政应返还额度　　800 000

（4）年初收到财政部门批复的上年末下达数时：

财务会计分录：

借：零余额账户用款额度　　2 100 000

　　贷：财政应返还额度——财政授权支付　　2 100 000

预算会计分录：

借：资金结存——零余额账户用款额度　　2 100 000

　　贷：资金结存——财政应返还额度　　2 100 000

第三节　应收款项

应收款项是指预算单位在日常提供服务或履行职责过程中发生的各项债权。应收款项包括财政应返还款项、应收票据、应收账款、预付账款、其他应收款和应收股利、应收利息等。

一、应收账款

应收账款是伴随着有关单位产品或商品的赊销或者劳务的提供而产生的一项流动资产。它核算事业单位提供服务、销售产品等应收取的款项，以及单位因出租资产、出售物资等应收取的款项。

为了反映应收账款的增减变动及其结存情况，单位应设置“应收账款”账户，该账户属于资产类账户。单位发生应收账款时，该账户登记借方；待以后款项收回时或确认单位发生坏账损失时，该账户登记贷方；期末余额一般在借方，反映单位尚未收回的应收账款。

（一）应收账款收回后需上缴财政的核算

单位对于收回后不需上缴财政的应收账款，在发生应收账款时，应作为相关收入进行会计处理。

【例 2－7】甲单位将其闲置资产出租给乙事业单位，协议规定，租赁期 1 年，每月租金 5 000 元；租金待租赁到期时一次结算付清（假设收到的租金无须上缴）。

（1）甲单位按照权责发生制需要每月末确认单位应有的租金收入，编制会计分录如下：

借：应收账款　　5 000

　　贷：租金收入　　5 000

由于每月无任何现金的取得，故无须进行预算会计处理。

（2）日后待租赁到期甲单位收到全部租金时，应编制财务会计分录如下：

借：银行存款　　60 000

　　贷：应收账款　　60 000

同时，编制预算会计分录如下：

借：资金结存——货币资金　　60 000

　　贷：其他预算收入——租金收入　　60 000

（二）应收账款收回后需上缴财政的核算

单位对于收回后需上缴财政的应收账款，在发生应收账款时，应作为负债进行会计处理。

【例2－8】承【例2－7】资料，假设该款项需要上缴财政，其他资料不变。

（1）甲单位每月末确认单位应收款项债权时，只确认单位负债，即编制会计分录如下：

借：应收账款　　5 000

　　贷：应缴财政款　　5 000

由于甲单位收到的租金需要上缴财政，则无须进行预算会计处理。

（2）日后待租赁到期甲单位收到全部租金时，应编制财务会计分录如下：

借：银行存款　　60 000

　　贷：应收账款　　60 000

尽管甲单位收到了全部租金款项，但由于最终需要上缴财政，则无须进行预算会计处理。

二、预付账款

预付账款核算单位按照购货、服务合同或协议规定预付给供应单位（或个人）的款项，以及按照合同规定向承包工程的施工企业预付的备料款和工程款。

虽然预付账款和应收账款同属于一个单位的应收款项，但是两者却具有明显的区别。应收账款主要体现为单位的应收现金资产，而预付账款则付款在先，应收的是服务或货物。

为了全面反映预付账款的增减变动及其结存情况，单位应设置“预付账款”账户，该账户属于资产类账户。单位发生预付账款时（即根据购货、服务合同或协议规定预付款项时，按照预付金额），该账户登记借方；待以后收到所购资产或服务时，按照相关预付账款的账面余额，该账户登记贷方；期末借方余额，反映单位实际预付但尚未结算的款项。

【例2－9】某行政单位与乙公司签订合同，定制一项专用设备，价款共计300 000元，双方约定，由该行政单位先期支付20%的款项（使用财政授权支付方式），乙公司两个月以后交货，该行政单位验货合格后支付剩余80%的价款（使用财政直接支付方式）。

（1）行政单位先期支付20%的款项时，需要财务会计和预算会计平行核算，编制会计分录如下：

借：预付账款——乙公司　60 000

　　贷：零余额账户用款额度　60 000

借：行政支出　60 000

　　贷：资金结存——零余额账户用款额度　60 000

（2）两个月以后单位验货合格支付剩余80%的价款时，对于80%的价款仍需进行财务会计和预算会计平行核算，编制会计分录如下：

借：固定资产　300 000

　　贷：预付账款——乙公司　60 000

　　　　财政拨款收入　240 000

借：行政支出　240 000

　　贷：财政拨款预算收入　240 000

三、其他应收款

其他应收款核算单位除财政应返还额度、应收票据、应收账款、预付账款、应收股利、应收利息以外的其他各项应收及暂付款项，如职工预借的差旅费、已经偿还银行尚未报销的本单位公务卡欠款、拨付给内部有关部门的备用金、应向职工收取的各种垫付款项、支付的以收回的订金或押金、应收的上级补助和附属单位上缴款项等。

单位应设置“其他应收款”账户对其他应收款的收付业务进行核算，并应按其他应收款的项目分类以及债务人进行明细核算。

（一）备用金的核算

备用金是指预付给单位内部各部门或个人的用于日常零星开支的款项的核算。单位备用金的使用方法是先领后用，用后报销，即由会计部门根据各部门或个人零星开支的需要，预先支给一定数额的现金，使用后各部门或个人凭费用原始凭证报销。

为了正确反映备用金的领用和报销情况，应在“其他应收款”账户下设立“备用金”明细账户进行核算。其基本会计处理环节如下：

（1）财务部门核定并发放备用金时，按照实际发放金额：

借：其他应收款——备用金

　　贷：库存现金（等）

（2）根据报销金额用现金补足备用金定额时：

借：业务活动费用、单位管理费用（等）

　　贷：库存现金（等）

需要说明的是，由于发放备用金属于预付款性质，故只有财务会计核算；待报销时，根据实际报销数再进行财务会计和预算会计的平行核算。另外，单位对于备用金的报销数和拨补数都不再通过“其他应收款”科目核算。

（二）单位公务卡的核算

所谓公务卡，是指财政预算单位工作人员持有的、主要用于日常公务支出和财务报销业务的贷记卡。公务卡消费的资金范围主要包括差旅费、会议费、招待费和零星购买支出等费用。公务卡具有一般银行卡所具有的授信消费等共同属性，同时又具有财政财务管理的独特属性，能够将财政财务管理的有关要求与银行卡的独特优势相结合，是一种财政财务管理工具和手段。

（1）偿还尚未报销的本单位公务卡欠款时，按照偿还的款项：

借：其他应收款

　　贷：零余额账户用款额度、银行存款

（2）持卡人报销时，按照报销金额：

借：业务活动费用、单位管理费用（等）

　　贷：其他应收款

1. 请你分析：上述会计处理只是财务会计核算吗？是否涉及平行记账问题？为什么？

答案提示：上述会计处理只是财务会计核算；在报销环节才涉及财务会计和预算会计平行记账问题。因为偿还尚未报销的本单位公务卡欠款属于一种暂付款性质，所以待日后实际报销时再进行财务会计与预算会计同步核算。

2. 请你回答：上述单位公务卡，如果偿还款与报销同步（即同一个时点），其会计处理如何？

答案提示：如果单位公务卡偿还款与报销同步（即同一个时点），则无须再使用“其他应收款”科目。

3. 请你回答：如果一个单位公务卡，持卡人先行报销，后偿还，其会计处理与上面有何不同？

答案提示：将“其他应收款”改为“其他应付款”科目即可。

行政单位应当于每年年末，对其他应收款进行全面检查。对于超过规定年限、确认无法收回的其他应收款，应当按照有关规定报经批准后予以核销。核销的其他应收款应在备查簿中保留登记。

四、坏账准备

根据规定，事业单位应当于每年年末，对收回后不需上缴财政的应收账款和其他应收款进行全面检查，分析其可收回性，如发生不能收回的迹象，应对预计可能产生的坏账损失计提坏账准备、确认坏账损失。

坏账准备核算事业单位对收回后不需上缴财政的应收账款和其他应收款，应在会计期末采用备抵法，计提坏账准备，确认为单位一项费用。

备抵法，是指事先按照一定比例估计应收款项可能发生的坏账，确认减值损失、计提减值准备，同时设置一个备抵账户——“坏账准备”账户，作为应收款项的抵减项目列入资产负债表。采用备抵法，单位应设置“坏账准备”账户，该账户是资产的备抵调整账户，属于资产类，其贷方登记当期计提的坏账准备金额，借方登记实际发生的坏账损失金额和冲减的坏账准备数额；期末余额一般在贷方，反映单位已计提但尚未转销的坏账准备。

事业单位可以采用应收款项余额百分比法、账龄分析法、个别认定法等方法计提坏账准备。坏账准备计提方法一经确定，不得随意变更。如需变更，应当按照规定报经批准，并在财务报表附注中予以说明。

（一）应收款项余额百分比法

应收款项余额百分比法，是指将应收账款或其他应收款的整个余额乘以一个预计的综合坏账比率，以此来确定坏账准备余额的一种方法。采用余额百分比法计提坏账准备的计算公式如下。

（1）首次计提坏账准备的计算公式：

当期应计提的坏账准备＝期末应收款项余额×坏账准备计提百分比

（2）以后计提坏账准备的计算公式：

当期应计提的坏账准备＝当期按应收款项余额计算应计提的坏账准备金额＋(或－)坏账准备账户借方余额(或贷方余额)

【例2－10】甲事业单位按应收账款余额百分比法计提坏账准备，估计坏账比率为应收账款总余额的5%，根据发生的有关经济业务，编制会计分录：

（1）第一年首次计提坏账准备时，假设应收账款的年末余额为200 000元：

估计坏账损失＝200 000×5%＝10 000（元）

借：其他费用　　10 000

　　贷：坏账准备　　10 000

（2）第二年实际发生坏账6 000元（债务方无法偿还的价款已经报批）：

借：坏账准备　　6 000

　　贷：应收账款　　6 000

（3）承上，已经确认为坏账的6 000元又收回了4 000元：

借：应收账款　　4 000

　　贷：坏账准备　　4 000

同时：

借：银行存款　　4 000

　　贷：应收账款　　4 000

请你思考：承【例2-10】，以上会计处理是否均为甲事业单位的财务会计处理？是否需要预算会计处理？什么时点？为什么？

答案提示：以上会计处理确实属于甲事业单位的财务会计处理；对于【例2-10】(3) 已经确认为坏账的6 000元又收回了4 000元的业务，还应当进行预算会计的信息处理。即：

借：资金结存——货币资金　　4 000

　　贷：非财政拨款结余（等）　　4 000

之所以进行财务会计核算同时也进行预算会计核算，是因为计提坏账准备（或使用“坏账准备”科目）意味着该业务所涉及的是针对不需上缴财政的应收款而言，既然不需要上缴，则收到现金资产时需要进行财务会计和预算会计的平行核算。否则，对于需要上缴财政的应收款项，收到已经确认为坏账又收回了的业务，只需要作为一笔负债核算就可以了。即：

借：银行存款　　4 000

　　贷：应缴财政款　　4 000

(4) 第二年末，应收账款余额为60 000元，调整“坏账准备”科目余额。

第二年末估计的坏账损失为3 000元（即60 000×5%），此时“坏账准备”账户余额为8 000元（即10 000-6 000+4 000），故应冲销多余的坏账准备5 000元（即8 000-3 000）。

借：坏账准备　　5 000

　　贷：其他费用　　5 000

调整后“坏账准备”账户余额为3 000元。

可见，应收款项余额百分比法具有简化工作量的优点；但是由于使用的是综合坏账比率，所以，估计的坏账损失误差较大。

(二) 账龄分析法

账龄分析法，就是单位根据客户所欠账款时间长短将应收款项划分若干账龄组，以每个账龄组的坏账比率为基础，结合现实情况确定本期各账龄组计提坏账准备的比例，据此计算本期应计提的坏账准备。

（1）首次计提坏账准备的计算公式：

当期应计提的坏账准备 = Σ（期末各账龄组应收款项余额 × 各账龄组坏账准备计提百分比）

（2）以后计提坏账准备的计算公式：

当期应计提的坏账准备 = 当期按应收款项计算应计提的坏账准备金额 +（或 -）坏账准备账户借方余额（或贷方余额）

【例 2 - 11】甲事业单位 20 × 8 年 12 月 31 日应收账款余额及估计坏账损失情况如表 2 - 1 所示。

表 2 - 1　　坏账损失估计计算表

20 × 8 年 12 月 31 日　　单位：元

账龄	应收账款金额	估计损失百分比（%）	估计损失金额
未到期	25 000	1	250
过期 1 个月	20 000	3	600
过期 2 个月	15 000	5	750
过期 3 个月	10 000	7	700
过期 4 个月	8 000	20	1 600
过期 5 个月	5 000	50	2 500
过期 6 个月	2 000	80	1 600
合　计	85 000		8 000

根据表 2 - 1，甲单位 20 × 8 年 12 月 31 日“坏账准备”余额为 8 000 元，假设调整前“坏账准备”余额为 6 000 元，则甲单位将估计的坏账损失数（8 000 元）与“坏账准备”账户余额（6 000 元）进行比较，编制会计分录，并调整“坏账准备”科目余额，使之与估计坏账损失数额一致。所以，根据以上数据分析，甲单位 20 × 8 年 12 月 31 日编制会计分录如下：

借：其他费用　　2 000

　　贷：坏账准备　　2 000

可见，不管什么样的计提坏账准备方法，其当期应补提或应冲减的坏账准备金额的计算是相同的，只是在计算期末应拥有的坏账准备金额时，由于方法不同，计算的金额不一致。

1. 请你思考：承【例 2－11】，假设甲事业单位 20×8 年 12 月 31 日调整前“坏账准备”余额为 8 500 元，那么应如何编制会计分录？

答案提示：应将估计的坏账损失数（8 000 元）与“坏账准备”账户余额（8 500 元）进行比较，编制会计分录，并调整“坏账准备”科目余额，使之与估计坏账损失数额一致。所以，根据以上数据分析，甲单位 20×8 年 12 月 31 日编制会计分录如下：

借：坏账准备　　500

　　贷：其他费用　　500

2. 请你思考：通过以上举例与思考，你能够发现什么规律吗？

答案提示：当期坏账准备的计提数额应当等于当期估计的坏账损失（期末坏账准备应存在数额）减去截至本期计提坏账准备前“坏账准备”的账户余额。具体地，余额为正，为计提或补提；余额为负，则为冲销前期多计提的坏账准备。

3. 请你计算：根据【例 2－11】资料，请计算填列 20×8 年 12 月 31 日甲单位资产负债表中的“应收账款净额”项目数据。

答案提示：甲单位资产负债表中的“应收账款净额”项目数据应为当年年末“应收账款”账面借方余额 85 000 元减当年末“坏账准备”账户的贷方账面余额 8 000 元，其差 77 000 元就是表中的“应收账款净额”项目的填报数，77 000 元又称应收账款的账面价值。

4. 请你回答：以上是以应收账款为例说明的坏账准备的相关会计处理，是不是“其他应收款”类似于以上应收账款引发的坏账准备核算？

答案提示：是的。

个别认定法，就是计提坏账准备的单位根据客户和每笔应收款为依据，分别确认坏账损失率，以此来确定坏账准备余额的一种方法。这种方法在客户较多，应收款业务较多的情况下，核算工作量较大。

五、其他应收款项

（一）财政应返还额度（即为会计科目名称）

财政应返还额度核算实行国库集中支付的单位应收财政返还的资金额度，包括可以使用的以前年度财政直接支付资金额度和财政应返还的财政授权支付资金额度。

通常情况下，财政应返还额度的特性决定了其核算通常会涉及财务会计和预算会计的平行核算。

（二）应收票据（即为会计科目名称）

应收票据核算事业单位因开展经营活动销售产品、提供有偿服务等而收到的商业汇票，包括银行承兑汇票和商业承兑汇票。商业汇票方式下，如果因付款人无力支付票款，收到银行退回的商业承兑汇票、委托收款凭证、未付票款通知书或拒付款证明等，按照商业汇票的票面金额，应将应收票据的票面金额转入“应收账款”科目。

（三）应收股利（即为会计科目名称）

应收股利核算事业单位持有长期股权投资应当收取的现金股利或应当分得的利润。

（四）应收利息（即为会计科目名称）

应收利息核算事业单位长期债券投资应当收取的利息。事业单位购入的到期一次还本付息的长期债券投资持有期间的利息，应当通过“长期债券投资——应计利息”科目核算，不通过应收利息核算。

第四节　存货资产

存货，是指政府会计主体在开展业务活动及其他活动中为耗用或出售而储存的资产，如材料、产品、包装物和低值易耗品等，以及未达到固定资产标准的用具、装具、动植物等。

一、库存物品

库存物品是指单位在开展业务活动及其他活动中为耗用或出售而储存的各种材料、产品、包装物、低值易耗品，以及达不到固定资产标准的用具、装具、动植物等的成本。已完成的测绘、地质勘查、设计成果等的成本，也归属于库存物品。

为了核算单位库存物品的增减业务，应设置“库存物品”科目进行核算，该科目属于资产类科目。如果单位已经拥有该库存物品但尚未验收入库，则先通过“在途物品”科目核算，“在途物品”科目也属于资产类，核算单位采购材料等物资时货款已付或已开出商业汇票但尚未验收入库的在途物品的采购成本；如果已经验收入库，则将其转入“库存物品”科目核算。对于单位随买随用的零星办公用品，可以在购进时直接列作费用，不需要通过“库存物品”科目核算。

（一）库存物品的取得

1. 库存物品的初始计量原则

所谓初始计量，是指取得资产时最原始（最初）的入账成本。政府会计主体取得库存物品的渠道有很多，不同渠道取得的库存物品，其初始计量也不同。根据《政府会计准则第1号——存货》的规定，以下渠道取得的库存物品应当按照以下原则进行初始计量：

（1）购入的存货，其成本包括购买价款、相关税费、运输费、装卸费、保险费以及使得存货达到目前场所和状态所发生的归属于存货成本的其他支出。

（2）政府会计主体自行加工的存货，其成本包括耗用的直接材料费用、发生的直接人工费用和按照一定方法分配的与存货加工有关的间接费用。

（3）政府会计主体委托加工的存货，其成本包括委托加工前存货成本、委托加工的成本（如委托加工费以及按规定应计入委托加工存货成本的相关税费等）以及使存货达到目前场所和状态所发生的归属于存货成本的其他支出。

（4）通过置换取得的存货，其成本按照换出资产的评估价值，加上支付的补价或减去收到的补价，加上为换入存货发生的其他相关支出确定。

（5）政府会计主体接受捐赠的存货，其成本按照有关凭据注明的金额加上相关税费、运输费等确定；没有相关凭据可供取得，但按规定经过资产评估的，其成本按照评估价值加上相关税费、运输费等确定；没有相关凭据可供取得、也未经资产评估的，其成本比照同类或类似资产的市场价格加上相关税费、运输费等确定；没有相关凭据且未经资产评估、同类或类似资产的市场价格也无法可靠取得的，按照名义金额入账，相关税费、运输费等计入当期费用。

（6）政府会计主体无偿调入的存货，其成本按照调出方账面价值加上相关税费、运输费等确定。

2. 库存物品取得的会计处理要点

（1）外购的库存物品验收入库，应当按照其取得时的成本入账：

借：库存物品

　　贷：财政拨款收入、零余额账户用款额度、银行存款、应付账款、在途物品（等）

如果涉及增值税业务的，相关账务处理参见负债之“应交增值税”部分。

（2）自制的库存物品加工完成并验收入库，按照确定的成本：

借：库存物品

　　贷：加工物品——自制物品

（3）委托外单位加工收回的库存物品验收入库，按照确定的成本：

借：库存物品

　　贷：加工物品——委托加工物品

（4）接受捐赠的库存物品验收入库：

借：库存物品　　　　（按照确定的成本）

　　贷：银行存款　　　　（本单位承担的相关税费、运输费等）

　　　　捐赠收入　　　　（差额）

注：如果库存物品以名义金额计量，单位承担的相关税费、运输费等计入其他费用。

（5）无偿调入的库存物品验收入库：

借：库存物品　　　　　　（按照确定的成本）

　　贷：银行存款　　　　　　（本单位承担的相关税费、运输费等）

　　　　无偿调拨净资产　（差额）

（6）置换换入的库存物品验收入库：

借：库存物品　　　　　　（按照确定的成本）
　　资产处置费用　　　　（借差）
　　贷：相关资产　　　　（按照换出资产的账面价值）
　　　　银行存款　　　　（本单位承担的其他相关支出）
　　　　其他收入　　　　（贷差）

---

1. 请你回答：找出上述（4）（5）（6）项里面带有共性的地方。

答案提示：上述（4）（5）（6）项里面带有共性的地方是：取得库存物品的计价成本均包含为之负担的有关税费等相关的支出。

2. 请你回答：第（6）项中，贷记相关资产记载的是换出资产的账面价值。请问：账面价值是何意？根据已经学过的会计知识，能举例说明吗？

答案提示：就政府会计来说，账面价值（账面净值）是指某一个会计账户（通常是资产类科目）的账面余额减去其账户的备抵调整科目（账户）之后的差额。

举例：应收账款的账面价值＝应收账款的借方账面余额－应收账款计提的坏账准备余额

其他应收款的账面价值＝其他应收款的借方账面余额－其他应收款计提的坏账准备余额

3. 请你回答：承第二个问题。如此说来，资产置换贷记的相关资产，不一定代表只是一个会计科目（账户），比如固定资产。这样理解对吗？

答案提示：对！如同“应收账款”和“其他应收款”各自有“坏账准备”这个备抵调整账户一样，“固定资产”也有自己的备抵调整账户，即“固定资产累计折旧”。这个问题在固定资产那一部分会详细展示。

4. 请你回答：第（6）项资产置换中，最后确认的会计科目是不是“资产处置费用”或“其他收入”？

答案提示：对！究竟是哪一个科目，这要看整个会计分录差哪一方余额来决定。即差贷方就计入“其他收入”，反之，如果差借方则计入“资产处置费用”。

---

3. 库存物品取得的应用举例

【例2-12】甲事业单位通过财政直接支付方式购进专业活动所需A材料100 000元，取得增值税额专用发票（买价100 000元、增值税16 000元）。

（1）如果A材料尚未验收入库，编制会计分录如下：

财务会计分录：

借：在途物品——A材料　　116 000

　　贷：财政拨款收入　　116 000

预算会计分录：

借：事业支出　　116 000

　　贷：财政拨款预算收入　　116 000

（2）待A材料验收入库时：

财务会计分录：

借：库存物品—A材料　　116 000

　　贷：在途物品——A材料　　116 000

请你思考：承【例2-12】，假设该单位涉及增值税业务。其购进的正确会计处理如何？

答案提示：如果涉及增值税业务。其正确的会计处理如下：

（1）尚未入库时：

财务会计分录：

借：在途物品——A材料　　100 000

　　应交增值税——应交税金（进项税额）　　16 000

　　贷：财政拨款收入　　116 000

预算会计分录：

借：事业支出　　116 000

　　贷：财政拨款预算收入　　116 000

（2）待A材料验收入库时：

财务会计分录：

借：库存物品——A材料　　100 000

　　贷：在途物品——A材料　　100 000

【例 2－13】某行政单位接受某事业单位无偿调入一批物资，根据调出单位提供的相关凭证证明，该物资在调出方的账面价值为 200 万元，该行政单位将物资验收入库，单位在调入时以银行存款支付运输费 20 万元。根据该业务，应进行财务会计和预算会计平行核算，编制会计分录如下：

借：库存物品	2 200 000	
贷：银行存款		200 000
无偿调拨净资产		2 000 000
借：其他支出	200 000	
贷：资金结存——货币资金		200 000

（二）库存物品的发出

1. 库存物品发出的会计处理要点

（1）单位开展业务活动等领用、按照规定自主出售发出或加工发出库存物品时，一般应当将其成本结转为当期费用。其基本会计分录如下：

借：业务活动费用、单位管理费用、经营费用（等）

　　贷：库存物品

注："业务活动费用"属于通用会计科目；"单位管理费用"和"经营费用"属于事业单位专用会计科目。

（2）经批准对外出售的库存物品（不含可自主出售的库存物品）发出时，按照库存物品的账面余额：

借：资产处置费用

　　贷：库存物品

同时：

借：银行存款（等）　（按照收到的价款）

　　贷：银行存款　（按照处置过程中发生的相关费用）

　　　　应缴财政款　（差额）

（3）经批准对外捐赠的库存物品发出时，按照库存物品的账面余额和对外捐赠过程中发生的归属于捐出方的相关费用合计数，计入"资产处置费用"科目，分录如下：

借：资产处置费用

　　贷：库存物品　（按照库存物品账面余额）

　　　　银行存款　（归属于捐出方的相关费用）

（4）经批准无偿调出的库存物品发出时，按照库存物品的账面余额：

借：无偿调拨净资产

　　贷：库存物品

同时，按照无偿调出过程中发生的归属于调出方的相关费用：

借：资产处置费用

　　贷：银行存款

（5）经批准置换换出的库存物品，参照前述有关置换换入库存物品的规定进行账务处理。

请你鉴别：从（3）（4）中，找出带有共性的地方。

答案提示：（3）（4）带有共性的地方是，发出库存物品时产生的相关费用，均列入单位的“资产处置费用”账户（科目），并且均会涉及预算会计平行核算问题。

---

2. 库存物品发出的计价方法

一个单位的库存物品，由于购买时间不同，或购买时间相同但供货商不同，都会造成同一种存货，其单价存在差异。根据存货会计准则的规定，政府会计主体应当根据实际情况采用先进先出法、加权平均法或者个别计价法确定发出存货的实际成本。计价方法一经确定，不得随意变更。

（1）先进先出法。

先进先出法是以先收到的库存物品应先发出这样一种材料实物流转假设为前提，对发出库存物品进行计价的方法。采用这种方法，先购入的材料成本先转出，后购入材料成本后转出，逐笔登记存货材料的发出和结存金额，据此确定发出库存材料和期末结存库存材料的成本。

【例 2-14】某预算单位 2018 年 4 月份 A 材料明细分类账如表 2-2 所示：

根据 A 材料明细账可以得出，本月发出库存材料的成本为：

$800 \times 10 + (700 \times 10 + 500 \times 11) + (500 \times 11 + 500 \times 12) = 8\ 000 + 12\ 500 + 11\ 500 = 32\ 000$（元）

为此，每次发出存货的会计分录如下：

借：业务活动费用或单位管理费用（等）

　　　　　　　　　　　　　8 000，12 500，11 500

贷：库存物品 8 000，12 500，11 500

本月库存材料的成本为：1 000×12 = 12 000（元）或 15 000 + 29 000 - 32 000 = 12 000（元）

采用先进先出法，便于日常计算库存材料成本，但当材料收发业务频繁，单价经常变动时，计算工作量较大，使用这种计价方法期末库存材料的库存成本最接近现行的市场价格。

表 2-2 **材料明细分类账**

名称：A 材料 单位：元

2018 年		凭证字号	摘要	收入			发出			结存		
月	日			数量	单价	金额	数量	单价	金额	数量	单价	金额
4	1	1	月初结存							1 500	10	15 000
	2	8	发出				800	10	8 000	700	10	7 000
	8	10	购入	1 000	11	11 000				700 1 000	10 11	7 000 11 000
	10	15	发出				700 500	10 11	7 000 5 500	500	11	5 500
	18	17	购入	1 500	12	18 000				500 1 500	11 12	5 500 18 000
	25	20	发出				500 500	11 12	5 500 6 000	1 000	12	12 000
	31		本月合计	2 500		29 000	3 000		32 000	1 000	12	12 000

（2）加权平均法。

加权平均法，亦称全月一次加权平均法，是指以本月全部进货成本加上月初库存材料成本除以本月全部进货数量加上月初库存材料数量作为权数，计算出库存材料的加权平均单位成本，以此为基础计算当月发出库存材料的成本和期末库存材料的成本的一种方法。计算库存材料的加权平均单位成本的公式如下：

①加权平均单位成本 = ［月初库存材料的实际成本 + Σ（本月各批进货的数量×本月各批进货的实际单位成本）］÷（月初库存材料数量 + 本月各批进货数量）

②本月发出存货的成本 = 本月发出存货的数量×材料加权平均单位成本

③本月月末库存材料成本 = 月末库存存货的数量×材料加权平均单位成本

【例2-15】承【例2-14】采用加权平均法计算A材料发出成本和期末结存成本（见表2-3）。

表2-3 材料明细分类账

名称：A材料 单位：元

2018年		凭证	摘要	收入			发出			结存		
月	日	字号		数量	单价	金额	数量	单价	金额	数量	单价	金额
4	1	1	月初结存							1 500	10	15 000
	2	8	发出				800			700		
	8	10	购入	1 000	11	11 000				1 700		
	10	15	发出				1 200			500		
	18	17	购入	1 500	12	18 000				2 000		
	25	20	发出				1 000			1 000		
	31		本月合计	2 500		29 000	3 000	11	33 000	1 000	11	11 000

根据A材料明细账可以得出：

A材料加权平均单价 =（15 000 + 29 000）÷（1 500 + 2 500）= 11（元）

本月发出库存材料的成本为：3 000 × 11 = 33 000（元）

为此，发出存货的会计分录如下：

借：业务活动费用或单位管理费用（等） 33 000

贷：库存物品 33 000

本月库存材料的成本为：1 000 × 11 = 11 000（元）

采用加权平均法，日常不计算库存材料成本，将全部工作集中在月底进行，不利于对库存材料进行管理，但可以简化核算工作。

（3）个别计价法。

个别计价法，亦称个别认定法、具体辨认法、分批实际法，采用这一方法是假定存货具体项目的实物流转与成本流转相一致，按照各种存货逐一辨认各批发出存货和期末存货所属的购进批次或生产批次，分别按其购入（等）时所确定的单位成本作为计算各批发出存货和期末存货的成本。采用这种方法，能准确计算发出存货和期末存货的成本，但是分批认定和记录存货的批次、数量、单价等，工作量较大，而且还容易造成单位随意选用较高或较低价格的存货来调整费用或盈余。因此，对于性质和用途相似的存货，应当采用相同的成本计价方法确定发出存货的成本。对于不能替代使用的存货、为特定项目专门购入或加工的存货，通常采用个别计价法确定发出存货的成本。

1. 请你思考：上述的计价方法是否意味着伴随材料存货的发出或领用业务，材料存货发出或领用的会计处理也随时进行结转？

答案提示：不是的。上述材料存货发出的计价虽然有多种，但并不意味着材料存货发出的会计处理也随时进行结转；其中加权平均法，亦称全月一次加权平均法，就是在期末才能结转材料存货发出的成本，因为采用加权平均法，只有到期末才能计算材料存货的加权平均单价，所以，材料发出的成本也只能期末计算结转；至于其他计价方法（个别计价法、先进先出法等），则可以伴随材料存货的发出或领用业务，材料存货发出或领用的会计处理也随时进行结转。

2. 请你思考：能详细介绍一下加权平均法吗？

答案提示：严格地说，加权平均（法）应该包含两个部分：移动加权平均法和月末一次加权平均法。其中：

移动平均法，亦称移动加权平均法，是指以本次进货的成本加上原有库存材料的成本，除以本次进货数量加上原有库存材料的数量，据以计算加权平均单位成本，作为计算发出材料成本依据的一种方法。计算材料加权平均单位成本的公式如下：

①加权平均单位成本 =（原有库存材料的实际成本 + 本次进货的实际成本）÷（原有库存材料数量 + 本次进货数量）

②本次发出材料的成本 = 本次发出材料的数量 × 加权平均单位成本（本次发出材料前）

③本月月末库存材料成本 = 月末库存材料的数量 × 本月月末材料的加权平均单位成本

采用移动加权平均法，能及时并客观地反映发出及结存存货的成本，因为每收到材料一次就要计算一次平均单位成本，但是，采用这种方法的计算工作量较大。行政事业单位不适宜采用。

3. 请你思考：上述的计价方法，是否是材料发出专用的计价方法？其他存货适用吗？

答案提示：根据我国企业会计准则的规定：先进先出法、加权平均法

（包括移动加权平均法和月末一次加权平均法）以及个别计价法是存货发出的计价方法。所以，上述的计价方法，不仅仅是材料发出专用的计价方法，相关的存货，如产品以及未达到固定资产标准的用具、装具、动植物等产成品、库存物品等存货也仍然适用。但是包装物和低值易耗品一般不适用。

【例 2－16】某事业单位某月“库存物品发出汇总表”显示：50 000 元的 A 材料用于开展专业业务活动，其中后勤部门耗用 10 000 元；100 000 元的 B 材料和 50 000 元 C 材料用于经营活动需要。

借：业务活动费用	40 000	
单位管理费用	10 000	
经营费用	150 000	
贷：库存物品——A 材料		50 000
——B 材料		100 000
——C 材料		50 000

（4）一次转销法和五五摊销法。

因为业务需要，有一些政府会计主体拥有许多包装物和低值易耗品的库存物品，由于这些包装物和低值易耗品，具有一经发出，可以多次周转使用的特点，所以根据政府会计准则的规定，行政事业单位应当采用一次转销法或者五五摊销法对低值易耗品、包装物进行摊销，将其成本计入当期费用或者相关资产成本。

采用一次转销法摊销低值易耗品、包装物的，在首次领用时将其账面余额一次性摊销计入有关成本费用。

采用五五摊销法摊销低值易耗品、包装物的，首次领用时，将其账面余额的 50% 摊销计入有关成本费用；使用完时（即报废时），将剩余的账面余额转销计入有关成本费用。

【例 2－17】某行政（事业单位）通过授权支付方式购进某批低值易耗品，价值 5 000 元；现由本单位某下属的业务部门领用。

（1）如果采用一次转销法摊销。则在领用时：

借：业务活动费用	5 000	
贷：库存物品——××易耗品		5 000

（2）如果采用五五摊销法摊销。则在领用时：

借：业务活动费用　　2 500
　　贷：库存物品——××易耗品　　2 500

另一半价值，待报废时再予以摊销计入费用。

五五摊销法下，如果单位储存的低值易耗品、包装物较多的，可以在“库存物品”科目（低值易耗品、包装物）下按照“在库”“在用”和“摊销”等进行明细核算。

【例 2-18】承上例资料，采用五五摊销法，其整个会计处理过程中，相关的会计分录如下。

（1）购进环节（财务会计和预算会计平行核算）：

借：库存物品——××易耗品——在库　　5 000
　　贷：零余额账户用款额度　　5 000
借：行政支出（事业支出）　　5 000
　　贷：资金结存——零余额账户用款额度　　5 000

（2）领用环节：

借：库存物品——××易耗品——在用　　5 000
　　贷：库存物品——××易耗品——在库　　5 000
借：业务活动费用　　2 500
　　贷：库存物品——××易耗品——摊销　　2 500

（3）报废环节：

借：业务活动费用　　2 500
　　贷：库存物品——××易耗品——摊销　　2 500
借：库存物品——××易耗品——摊销　　5 000
　　贷：库存物品——××易耗品——在用　　5 000

请你思考：承【例 2-18】，该单位报废该物品时，如果有 200 元的现金残值收入，如何进行会计处理？

答案提示：如果报废该物品时，有 200 元的现金残值收入，则扣除残值后再作为费用摊销。即：

借：业务活动费用　　2 300
　　库存现金　　200
　　贷：库存物品——××易耗品——摊销　　2 500

二、加工物品

加工物品（即为会计科目名称）核算单位自制或委托外单位加工的各种物品的实际成本。未完成的测绘、地质勘查、设计成果的实际成本，也通过“加工物品”核算。

（一）会计科目设置

“加工物品”科目下，单位还应当根据具体情况分别设置“自制物品”“委托加工物品”两个一级明细科目，并按照物品类别、品种、项目等设置明细账，进行明细核算。

“自制物品”一级明细科目下应当设置“直接材料”“直接人工”“其他直接费用”等二级明细科目归集自制物品发生的直接材料、直接人工（专门从事物品制造人员的人工费）等直接费用；对于自制物品发生的间接费用，应当在“自制物品”一级明细科目下单独设置“间接费用”二级明细科目予以归集，期末，再按照一定的分配标准和方法，分配计入有关物品的成本。

（二）自制物品会计处理要点

（1）为自制物品领用材料等，按照材料成本计入有关物品的成本。

借：加工物品——自制物品——直接材料

　　贷：库存物品

（2）专门从事物品制造的人员发生的直接人工费用，按照实际发生的金额计入有关物品的成本。

借：加工物品——自制物品——直接人工

　　贷：应付职工薪酬

（3）为自制物品发生的其他直接费用，按照实际发生的金额计入有关物品的成本。

借：加工物品——自制物品——其他直接费用

　　贷：零余额账户用款额度、银行存款（等）

（4）为自制物品发生的间接费用，按照实际发生的金额计入有关物品的成本。

借：加工物品——自制物品——间接费用

　　贷：零余额账户用款额度、银行存款、应付职工薪酬、固定资产累

计折旧（等）

间接费用一般按照生产人员工资、生产人员工时、机器工时、耗用材料的数量或成本、直接费用（直接材料和直接人工）或产品产量等进行分配。单位可根据具体情况自行选择间接费用的分配方法。分配方法一经确定，不得随意变更。

（5）已经制造完成并验收入库的物品，按照所发生的实际成本（包括耗用的直接材料费用、直接人工费用、其他直接费用和分配的间接费用），计入有关物品的成本。

借：库存物品

　　贷：加工物品——自制物品

---

1. 请你思考：以上自制物品的业务中，哪些步骤有可能存在预算会计处理？如果涉及，如何核算？

答案提示：在上述第（3）步骤为自制物品发生的其他直接费用和第（4）步骤为自制物品发生的间接费用有可能存在预算会计处理。

借：事业支出或经营支出

　　贷：资金结存

　　或：财政拨款预算收入（等）

2. 请你分析：上述最后一步，已经制造完成并验收入库的物品，其会计处理依据是什么？

答案提示：已经制造完成并验收入库的物品，其会计处理依据应该是该物品的成本计算单。因为整个物品有一个生产加工过程，这个过程中各种人力物料的消耗，均在有关的“直接材料”“直接人工”“其他直接费用”和“间接费用”明细科目下核算。所以最终生产完成，成品入库，需要提供入库成品的实际成本，才能进行会计处理。

（三）委托加工物品会计处理要点

行政事业单位在其履行基本职能过程中，有时会将一些原有的库存材料委托外单位加工制造成具有另一种性能和用途的物资。为了加强委托加工物资的核算，单位应在“加工物品”科目下，具体设置“委托加工物品”一级明细科目，用来核算单位委托外单位加工的各种物资的实际成本。委托加工物资的实际成本包括：实际耗用的原材料或者半成品、加工费、运输费、装卸费等费用以及按规定应计入成本的税金。委托加工物品所涉及的基本业务环节以及相应的会计处理如下：

（1）发给外单位加工的材料等，按照其实际成本：

借：加工物品——委托加工物品

　　贷：库存物品

（2）支付加工费、运输费等费用，按照实际支付的金额（假设不涉及增值税业务）：

借：加工物品——委托加工物品

　　贷：零余额账户用款额度、银行存款（等）

（3）委托加工完成的材料等验收入库，按照加工前发出材料的成本和加工费以及运输成本等：

借：库存物品（等）

　　贷：加工物品——委托加工物品

【例2-19】甲事业单位委托乙企业加工B种包装物一批。发出的A材料成本为190 000元，以银行存款支付的加工费为80 000元（假设不考虑增值税），材料加工完成验收入库。有关会计分录如下：

（1）发出委托加工材料：

借：加工物品——委托加工物品	190 000	
贷：库存物品——A材料		190 000

（2）支付加工费用（假设不考虑增值税）时：

借：加工物品——委托加工物品	80 000	
贷：银行存款		80 000

（3）甲事业单位收回加工后的材料时：

借：库存物品——B种包装物	270 000	
贷：加工物品——委托加工物品		270 000

1. 请你思考：【例2-19】中委托加工物品的业务中，哪些步骤有可能存在预算会计处理？如果涉及，应如何核算？

答案提示：在上述第（2）步骤为支付加工费用时有可能存在预算会

计处理，即：

借：事业支出或经营支出

贷：资金结存——货币资金（等）

2. 请你分析：如果以上考虑增值税因素，其会计处理的哪些地方会发生变化？会计处理又如何？

答案提示：如果以上考虑增值税因素，第（2）步骤支付加工费时的会计处理应为：

借：加工物品——委托加工物品委托加工物资（加工费）

应交增值税——应交税金（进项税额）（加工费×增值税率）

贷：银行存款（含税的加工费）

三、库存物品的清查

单位应当定期对库存物品进行清查盘点，每年至少盘点一次。对于发生的库存物品盘盈、盘亏或者报废、毁损，应当先计入“待处理财产损溢”科目，按照规定报经批准后及时进行后续账务处理。其会计处理原则如下。

（1）盘盈的库存物品，其成本按照有关凭据注明的金额确定；没有相关凭据、但按照规定经过资产评估的，其成本按照评估价值确定；没有相关凭据、也未经过评估的，其成本按照重置成本确定。如无法采用上述方法确定盘盈的库存物品成本的，按照名义金额入账。

盘盈的库存物品，按照确定的入账成本：

借：库存物品

贷：待处理财产损溢

（2）盘亏或者毁损、报废的库存物品，按照待处理库存物品的账面余额：

借：待处理财产损溢

贷：库存物品

属于增值税一般纳税人的单位，若因非正常原因导致的库存物品盘亏或毁损，还应当将与该库存物品相关的增值税进项税额转出，按照其增值税进项税额，借记“待处理财产损溢”科目，贷记“应交增值税——应交税金

（进项税额转出）”科目。

1. 请你回忆：“待处理财产损溢”科目属于哪一类性质的会计科目？该科目如何使用？月末会有余额吗？

答案提示：“待处理财产损溢”科目属于资产类会计科目。用来核算单位在资产清查过程中查明的各种资产盘盈、盘亏和报废、毁损的价值。如上，发生资产盘盈时（包括现金长款）记贷方，处理后记借方；反之，发生资产盘亏时（包括现金短款）记借方，处理后记贷方。

该科目期末如为借方余额，反映尚未处理完毕的各种资产的净损失；期末如为贷方余额，反映尚未处理完毕的各种资产净溢余。年末，经批准处理后，本科目一般应无余额。

2. 请你回忆：上述盘盈的库存物品，又一次提到了名义金额。还记得上面在哪里也曾经提到过吗？

答案提示：在前面库存物品接受捐赠时也有名义金额一説。但这并不意味着库存物品一定按照名义金额入账，它是指在不具备其他前述条件的基础上，才可以选择名义金额计价。

第五节　固定资产

一、固定资产概述

（一）固定资产标准

固定资产是指政府会计主体为满足自身开展业务活动或其他活动需要而控制的，使用年限超过1年（不含1年）、单位价值在规定标准以上，并在使用过程中基本保持原有物质形态的资产，一般包括房屋及构筑物、专用设备、通用设备等。

根据规定，如果单位价值虽未达到规定标准，但是使用年限超过 1 年（不含 1 年）的大批同类物资，如图书、家具、用具、装具等，也应当确认为固定资产。

（二）固定资产的确认条件

根据规定，固定资产同时满足下列条件的，应当予以确认：

第一，与该固定资产相关的服务潜力很可能实现或者经济利益很可能流入政府会计主体。

第二，该固定资产的成本或者价值能够可靠地计量。

请你一查：翻阅一下《政府会计——基本准则》以及《政府会计准则第 1 号——存货》，里面也都有相应的资产的确认条件。看看其规定相似吗？

答案提示：引用《政府会计——基本准则》第二十九条规定，原文如下：符合本准则第二十七条规定的资产定义的经济资源，在同时满足以下条件时，确认为资产：（一）与该经济资源相关的服务潜力很可能实现或者经济利益很可能流入政府会计主体；（二）该经济资源的成本或者价值能够可靠地计量。

引用《政府会计准则第 1 号——存货》准则第四条规定，原文如下：存货同时满足下列条件的，应当予以确认：（一）与该存货相关的服务潜力很可能实现或者经济利益很可能流入政府会计主体；（二）该存货的成本或者价值能够可靠地计量。

可见，其确认条件一致。

通常情况下，购入、换入、接受捐赠、无偿调入不需安装的固定资产，在固定资产验收合格时确认；购入、换入、接受捐赠、无偿调入需要安装的固定资产，在固定资产安装完成交付使用时确认；自行建造、改建、扩建的固定资产，在建造完成交付使用时确认。

政府部门确认固定资产时，还应当考虑以下情况：

（1）固定资产的各组成部分具有不同使用年限或者以不同方式为政府会计主体实现服务潜力或提供经济利益，适用不同折旧率或折旧方法且可以分别确定各自原价的，应当分别将各组成部分确认为单项固定资产。

（2）应用软件构成相关硬件不可缺少的组成部分的，应当将该软件的价值包括在所属的硬件价值中，一并确认为固定资产；不构成相关硬件不可缺少的组成部分的，应当将该软件确认为无形资产。

（3）购建房屋及构筑物时，不能分清购建成本中的房屋及构筑物部分与土地使用权部分的，应当全部确认为固定资产；能够分清购建成本中的房屋及构筑物部分与土地使用权部分的，应当将其中的房屋及构筑物部分确认为固定资产，将其中的土地使用权部分确认为无形资产。

（三）会计科目的设置

为了全面反映和监督固定资产的增减变化以及增减变化后的结果，单位应当设置“固定资产”会计科目，该科目属于资产类。借方登记固定资产增加数，贷方登记其减少数；期末借方余额，反映单位固定资产的原值。

固定资产一般分为六类：房屋及构筑物；专用设备；通用设备；文物和陈列品；图书、档案；家具、用具、装具及动植物。

二、固定资产的初始计量

（一）固定资产初始计量原则

所谓初始计量，是指取得固定资产时最原始（最初）的入账成本。单位取得固定资产时应当按照成本进行初始计量。由于固定资产形成的渠道与来源不同，其初始成本的计量也各有所别，具体如下：

第一，政府会计主体外购的固定资产，其成本包括购买价款、相关税费以及固定资产交付使用前所发生的可归属于该项资产的运输费、装卸费、安装费和专业人员服务费等。

如果政府会计主体以一笔款项购入多项没有单独标价的固定资产，应当按照各项固定资产同类或类似资产市场价格的比例对总成本进行分配，分别确定各项固定资产的成本。

第二，政府会计主体自行建造的固定资产，其成本包括该项资产至交付使用前所发生的全部必要支出。为建造固定资产借入的专门借款的利息，属于建设期间发生的，计入在建工程成本；不属于建设期间发生的，计入当期费用。已交付使用但尚未办理竣工决算手续的固定资产，应当按照估计价值入账，待办理竣工决算后再按实际成本调整原来的暂估价值。

为了完整地反映单位固定资产建造的业务，需要专门设置“在建工程”科目。该科目属于资产类。用来核算单位在建的建设项目工程的实际成本。单位在建的信息系统项目工程、公共基础设施项目工程、保障性住房项目工程的实际成本，也通过本科目核算。

“在建工程”科目下应当设置“建筑安装工程投资”“设备投资”“待摊投资”“其他投资”“待核销基建支出”“基建转出投资”等明细科目，并按照具体项目进行明细核算。

（1）自行建造的固定资产的会计处理要点。

①自行建造固定资产购买专用物资时：

借：工程物资

　　贷：财政拨款收入、零余额账户用款额度、银行存款、应付账款（等）

②领用工程物资时：

借：在建工程

　　贷：工程物资

③工程建造过程中的其他成本支付：

借：在建工程

　　贷：应付职工薪酬、银行存款（等）

④建造完成，转入固定资产时：

借：固定资产

　　贷：在建工程

---

1. 请你回答：承上，如果工程建造完成，不符合固定资产标准，在建工程如何结转？

答案提示：如果建造完成，不符合固定资产标准，则转给其他相关资产。

借：有关资产

　　贷：在建工程

2. 请你回答：承上，如果工程建造完成，剩余的工程物资如何结转？

答案提示：一般转出，计入存货资产。

借：库存物品

　　贷：工程物资

3. 请你回答：承上，上述第（1）项①中，是否存在预算会计平行核算？为什么？

答案提示：是否存在平行核算，取决于贷方科目是否支付价款，如果贷方为负债（应付账款），则无须平行记账核算；如果贷方为付款科目（如财政拨款收入、零余额账户用款额度或银行存款），就需要平行核算。

（2）出包方式建造固定资产。

通常情况下，单位固定资产的建造，一般采用出包方式。出包方式下，单位通过招标方式将工程项目发包给承包商，由建造承包商（即施工方）组织工程项目施工。

出包方式建造固定资产的主要环节及其会计核算要点如下。

①预付给承包商工程款时：

借：预付账款——预付工程款

　　贷：财政拨款收入、零余额账户用款额度、银行存款（等）

同时，编制预算会计分录如下：

借：行政支出/事业支出

　　贷：财政拨款预算收入、资金结存

②按照工程进度办理工程价款结算时：

借：在建工程——建筑安装工程投资——A 项目

　　　　　　　　　　　　　　　　　——B 项目

　　　　　　——设备投资

　　贷：预付账款——预付工程款

　　　　财政拨款收入、零余额账户用款额度、银行存款（等）

同时，编制预算会计分录如下：

借：行政支出/事业支出

　　贷：财政拨款预算收入、资金结存

注：预算会计分录中的数额为实际支付工程款数。

③建设工程发生的构成建设项目实际支出的，按照规定应当分摊计入有关工程成本和设备成本的各项间接费用和税费支出时：

借：在建工程——待摊投资

贷：财政拨款收入、零余额账户用款额度、银行存款（等）

同时，编制预算会计分录如下：

借：行政支出/事业支出

贷：财政拨款预算收入、资金结存

④工程交付使用时，按照合理的分配方法分配待摊投资：

借：在建工程——建筑安装工程投资

——设备投资

贷：在建工程——待摊投资

借：固定资产

贷：在建工程——建筑安装工程投资

——设备投资

⑤对于建设项目发生的江河清障、航道清淤、飞播造林、补助群众造林、水土保持、城市绿化等不能形成资产的各类待核销基建支出，按照实际发生金额：

借：在建工程——待核销基建支出

贷：财政拨款收入、零余额账户用款额度、银行存款（等）

待建设项目竣工验收交付使用时，对发生的待核销基建支出进行冲销。

借：资产处置费用

贷：在建工程——待核销基建支出

1. 请你回答：对于取消的建设项目发生的可行性研究费，应该进行怎样的会计处理？

答案提示：取消的建设项目发生的可行性研究费，按照实际发生金额：

借：在建工程——待核销基建支出

贷：在建工程——待摊投资

2. 请你分析：为建设项目配套而建成的、产权不归属本单位的专用设施，应该进行怎样的会计处理？

答案提示：应在项目竣工验收交付使用时，按照转出的专用设施的成本：

借：在建工程——基建转出投资

　　贷：在建工程——建筑安装工程投资

同时：

借：无偿调拨净资产

　　贷：在建工程——基建转出投资

第三，政府会计主体通过置换取得的固定资产，其成本按照换出资产的评估价值加上支付的补价或减去收到的补价，加上换入固定资产发生的其他相关支出确定（其会计处理方法类似前述库存物品的资产置换）。

第四，政府会计主体接受捐赠的固定资产，其成本按照有关凭据注明的金额加上相关税费、运输费等确定；没有相关凭据可供取得，但按规定经过资产评估的，其成本按照评估价值加上相关税费、运输费等确定；没有相关凭据可供取得、也未经资产评估的，其成本比照同类或类似资产的市场价格加上相关税费、运输费等确定；没有相关凭据且未经资产评估、同类或类似资产的市场价格也无法可靠取得的，按照名义金额入账，相关税费、运输费等计入当期费用。如受赠的系旧的固定资产，在确定其初始入账成本时应当考虑该项资产的新旧程度（其会计处理方法类似上述库存物品的接受捐赠）。

第五，政府会计主体无偿调入的固定资产，其成本按照调出方账面价值加上相关税费、运输费等确定（其会计处理方法类似上述库存物品的无偿调入）。

第六，政府会计主体盘盈的固定资产，按规定经过资产评估的，其成本按照评估价值确定；未经资产评估的，其成本按照重置成本确定（其会计处理方法类似上述库存物品的盘盈）。

（二）固定资产初始计量应用举例

【例 2－20】某行政（事业）单位购入一台不需要安装的设备，取得的增值税专用发票上注明的设备价款为 200 万元，增值税进项税额为 32 万元，发生运杂费 2 万元，买价款通过财政直接支付方式支付，运杂费通过授权支付方式付清。该单位应编制会计分录如下：

借：固定资产　　　　　　　　　　　　　　　　2 340 000

　　贷：财政拨款收入　　　　　　　　　　　　　　2 320 000

零余额账户用款额度　　20 000

同时，编制预算会计分录如下：

借：行政支出（事业支出）　　2 340 000

贷：财政拨款预算收入　　2 320 000

资金结存——零余额账户用款额度　　20 000

甲公司购置设备的成本 = 2 000 000 + 320 000 + 20 000 = 2 340 000（元）

---

1. 请你回答：上述固定资产入账的时点是什么时候？是支付价款时吗？

答案提示：上述固定资产入账的时点是固定资产验收合格时，而不是支付价款时。

2. 请你分析：如果上述购入固定资产的买价款中有20%的扣留质量保证金（即46.4万元），并且约定在两年之后一次性支付。对此应该进行怎样的会计处理？

答案提示：应当在取得固定资产时，按照确定的固定资产成本，增加"固定资产"或"在建工程"，按照实际支付或应付的金额，贷记"财政拨款收入""零余额账户用款额度""银行存款""应付账款"（不含质量保证金）等科目。对于扣留的质量保证金数额，应当贷记"长期应付款"（扣留期超过1年）科目或"其他应付款"[扣留期在1年以内（含1年)]。

上述扣留质保金的业务，应编制财务会计分录如下：

借：固定资产　　2 340 000

贷：财政拨款收入　　1 856 000

零余额账户用款额度　　20 000

长期应付款　　464 000

同时，编制预算会计分录如下：

借：行政支出（事业支出）　　1 876 000

贷：财政拨款预算收入　　1 856 000

资金结存——零余额账户用款额度　　20 000

【例2-21】 某行政（事业）单位购入一台需要安装的设备，取得的增

值税专用发票上注明的设备款为600 000元，增值税进项税额为96 000元，买价款通过授权支付方式付清；各种费用10 000元以银行存款支付；安装设备时，领用本单位价值20 000元的A材料一批；支付安装工人的工资为8 000元。该单位应编制会计分录如下：

（1）支付设备价款时：

借：在建工程　　696 000

　　贷：零余额账户用款额度　　696 000

（2）支付各种费用时：

借：在建工程　　10 000

　　贷：银行存款　　10 000

（3）领用本单位A材料、支付安装工人工资等费用时：

借：在建工程　　28 000

　　贷：库存物品——A材料　　20 000

　　　　应付职工薪酬　　8 000

（4）设备安装完毕验收合格时：

借：固定资产　　734 000

　　贷：在建工程　　734 000

固定资产的成本＝696 000＋10 000＋28 000＝734 000（元）

---

1. 请你思考：以上业务中，哪些步骤有可能存在预算会计处理？如果涉及，如何核算？

答案提示：在上述第1步骤存在预算会计处理，第2步骤也有可能存在预算会计处理（如果纳入预算管理），如果是第1步骤，其会计分录如下：

借：行政支出（事业支出）　　696 000

　　贷：资金结存——零余额账户用款额度　　696 000

如果是第2步骤，其会计分录如下：

借：行政支出（事业支出）　　10 000

　　贷：资金结存——货币资金　　10 000

2. 请你分析：以上业务中，如果领用的是专门为安装所购进的材料时，其会计处理与上面有何不同？

答案提示：如果领用的是专门为安装所购进的材料时，应将“库存物品”科目改为“工程物资”会计科目。

3. 请你回答：以上业务中，“支付安装工人的工资为8 000元”为什么没有涉及支付工资款项的会计科目？

答案提示：因为“支付安装工人的工资为8 000元”业务中的支付工资业务并不涉及在建工程成本问题。而在计算在建工程成本时，需要将“支付安装工人的工资为8 000元”计算计入工程成本，为此需要计提该工资薪酬，以便正确计算固定资产的成本。

【例2－22】某预算单位一次性购入3套不同型号具有不同功效的设备A、B、C；为此共计支付总价款5 000 000元（财政直接支付），另外还支付保险费17 000元，装卸费3 000元（财政授权支付）；3套设备已经验收合格交付使用。假定A、B、C设备当时的市场价格分别为1 560 000元、2 340 000元和1 300 000元。相关会计处理如下：

（1）确定固定资产的成本金额，包括买价、保险费和装卸费。即：

5 000 000＋17 000＋3 000＝5 020 000（元）

（2）确定A、B、C设备的价值分配比例：

A设备应分配的固定资产价值比例为：

1 560 000÷（1 560 000＋2 340 000＋1 300 000）×100%＝30%

B设备应分配的固定资产价值比例为：

2 340 000÷（1 560 000＋2 340 000＋1 300 000）×100%＝45%

C设备应分配的固定资产价值比例为：

1 300 000÷（1 560 000＋2 340 000＋1 300 000）×100%＝25%

（3）确定A、B、C设备各自的成本：

A设备的成本＝5 020 000×30%＝1 506 000（元）

B设备的成本＝5 020 000×45%＝2 259 000（元）

C设备的成本＝5 020 000×25%＝1 255 000（元）

（4）会计分录（包括财务会计与预算会计）：

①借：固定资产——A设备　　1 506 000

　　　　　　——A设备　　2 259 000

——A 设备　　1 255 000

贷：财政拨款收入　　5 000 000

零余额账户用款额度　　20 000

②借：行政支出或事业支出　　5 020 000

贷：财政拨款预算收入　　5 000 000

资金结存——零余额账户用款额度　　20 000

【例 2－23】 某医院 2015 年购买一项康复设备，一直没有付款但却一直在使用，总价款 300 万元；双方在 2018 年 4 月份签了一份补充合同（见下），根据合同，医院于 2018 年分两次分别开了 100 万元和 80 万元的发票，并在付款当月入账固定资产 100 万元和 80 万元，最后支付完全部租赁款后设备产权归属于医院。

补充合同：

1. 自签订合同之日起（2018 年 4 月 24 日），首批支付甲方设备租赁款 180 万元。

2. 其余租赁款每月支付 5 万元，累计支付 24 期（月）。

3. 乙方支付完成全部租赁款后，甲方将租赁设备产权无偿转移给乙方。

问题：指出上述经济业务内容，并分析该医院上述会计处理是否存在问题。

例题分析：该医院这项康复设备属于融资租赁业务。但是该医院根据合同分两次分别入账固定资产 100 万元和 80 万元的会计处理是不合适的。固定资产应在 2018 年 4 月 24 日补充协议生效后，在第一次付款时，编制会计分录如下：

借：固定资产　　3 000 000

贷：银行存款（等）　　1 000 000

应付账款　　800 000

长期应付款　　1 200 000

待日后定期每月付 5 万元租金，再编制会计分录如下：

借：长期应付款　　50 000

贷：银行存款（等）　　50 000

注：如果上述业务纳入预算管理，同时需要进行预算会计核算。此略。

请你回答：单位如果以借入、经营租赁租入方式取得的固定资产，需要进行固定资产核算吗？说说其正确的会计处理。

答案提示：单位如果以借入、经营租赁租入方式取得的固定资产，不通过“固定资产”会计科目核算，但应当设置备查簿进行登记。

【例 2-24】 某事业单位 20×9 年初自行建造一简易用房。为此购入该工程所需物资共计 585 000 元，全部用于房屋建设。领用本单位库存的一般材料，实际成本 97 000 元，工程人员应计工资 100 000 元，支付的其他费用 30 000 元。20×9 年末工程完工，房屋交付使用。假设以上所涉及的付款均通过银行存款支付。

（1）购入工程物资时：

借：工程物资　585 000

　　贷：银行存款　585 000

（2）工程领用工程物资时：

借：在建工程　585 000

　　贷：工程物资　585 000

（3）工程领用本单位一般材料时：

借：在建工程　97 000

　　贷：库存物品　97 000

（4）分配工程人员工资时：

借：在建工程　100 000

　　贷：应付职工薪酬　100 000

（5）支付工程发生的其他费用时：

借：在建工程　30 000

　　贷：银行存款　30 000

（6）20×9 年末房屋建造工程完工，固定资产的实际成本计算如下：

房屋实际成本 = 585 000 + 97 000 + 100 000 + 30 000 = 812 000（元）

借：固定资产　812 000

　　贷：在建工程　812 000

请你分析：如果以上业务纳入单位预算管理，哪些步骤会涉及预算会计处理？

答案提示：只有（1）项和（5）项涉及预算会计处理，因为其他步骤均无货币资金的支付。

【例2－25】某预算单位购买一专项设备，价款100万元，由于该设备需要计算机进行控制才能正常运转；为此同时购买了配套使用的软件，价款20万元。以上款项均通过财政直接支付方式付款。购买该设备过程中，还以银行存款支付专业服务费3万元和运输费0.2万元。为此，有关会计处理如下：

财务会计分录：

借：固定资产	1 232 000	
贷：财政拨款收入		1 200 000
银行存款		32 000

预算会计分录：

借：行政支出（事业支出）	1 232 000	
贷：财政拨款预算收入		1 200 000
资金结存——货币资金		32 000

三、固定资产的后续计量

后续计量是指当有充分恰当的证据表明一项业已被记录的项目，其价值在初始计量后出现增加或减少的变动时进行的再计量，以确定该项目在资产负债表上的列示价值。固定资产的后续计量主要包括固定资产折旧的计提以及后续支出的计量。

（一）固定资产折旧

固定资产折旧是指固定资产在使用过程中逐渐损耗而转移到费用中去的那部分价值。政府会计主体计提固定资产折旧时不考虑预计净残值，即固定资产应计的折旧额为其成本。

根据规定，政府会计主体应当对固定资产计提折旧，但下列固定资产除外:(1)文物和陈列品;(2)动植物;(3)图书、档案;(4)单独计价入账的土地;(5)以名义金额计量的固定资产。

政府会计主体应当根据相关规定以及固定资产的性质和使用情况，合理确定固定资产的使用年限;固定资产的使用年限一经确定，不得随意变更。

政府会计主体确定固定资产使用年限，应当考虑下列因素:(1)预计实现服务潜力或提供经济利益的期限;(2)预计有形损耗和无形损耗;(3)法律或者类似规定对资产使用的限制。

政府会计主体一般应当采用年限平均法或者工作量法计提固定资产折旧。

1. 年限平均法

年限平均法又称直线法，是指将固定资产的应计折旧额均衡地分摊到固定资产预计使用寿命内的一种方法。采用这种方法计算的每期折旧额均相等。计算公式如下:

年折旧率 = 1/年限 × 100%

月折旧率 = 年折旧率 ÷ 12

月折旧额 = 固定资产原价 × 月折旧率

【例 2-26】 某行政事业单位于 2018 年 12 月 3 日购入一台不需安装通用设备，原价 360 万元，假设该设备预计使用寿命为 10 年。单位用年限平均法计提折旧。请计算该通用设备的年折旧额和月折旧额。

年折旧率 = 1 ÷ 10 = 10%

年折旧额 = 360 × 10% = 36(万元)

月折旧额 = 36 ÷ 12 = 3(万元)

2. 工作量法

工作量法，是将应计折旧额平均分摊到固定资产的单位工作量上，然后根据实际工作量计算每期应提折旧额的一种方法。计算公式如下:

单位工作量折旧额 = 固定资产总折旧(固定资产原价)÷ 预计总工作量

某项固定资产月折旧额 = 该项固定资产当月工作量 × 单位工作量折旧额

【例 2-27】 承【例 2-26】，假设该通用设备在其使用寿命内额定工作量为 10 万小时，单位采用工作量法计提折旧，其他条件不变，2018 年 12 月该设备工作时间为 850 小时。请计算当月折旧额。

单位工作量折旧额 = 360 ÷ 10 = 36(元/小时)

2018 年 12 月折旧额 = 36 × 850 = 30 600(元)

单位在确定固定资产的折旧方法时，应当考虑与固定资产相关的服务潜力或经济利益的预期实现方式。固定资产折旧方法一经确定，不得随意变更。

固定资产应当按月计提折旧，当月增加的固定资产，当月开始计提折旧；当月减少的固定资产，当月不再计提折旧。固定资产计提的折旧应通过"固定资产累计折旧"科目核算，并根据用途计入当期费用或者相关资产的成本。该科目属于"固定资产"的备抵调整账户。两者之差，即为固定资产的账面价值。

【例 2－28】 承【例 2－27】资料，根据上述计算结果，应编制计提折旧的会计分录如下：

借：业务活动费用（等）　　　　　　　　30 600

　　贷：固定资产累计折旧　　　　　　　　　30 600

固定资产提足折旧后，无论能否继续使用，均不再计提折旧；提前报废的固定资产，也不再补提折旧。已提足折旧的固定资产，可以继续使用的，应当继续使用，规范实物管理。固定资产因改建、扩建或修缮等原因而延长其使用年限的，应当按照重新确定的固定资产的成本以及重新确定的折旧年限计算折旧额。

（二）固定资产后续支出

固定资产后续支出是固定资产经初始计量并入账后又发生的与固定资产相关的支出。固定资产后续支出有可能形成两种不同的结果，一是固定资产资本性支出；二是固定资产费用化支出。

1. 后续支出资本化

后续支出资本化，就是发生的支出计入资产价值的过程。固定资产在使用过程中总会因为各种原因发生一些必要的后续支出。如果后续支出符合固定资产规定的确认条件的（前述固定资产的确认条件，此略），应当计入固定资产成本；相反，如果不符合固定资产规定的确认条件的，应当在发生时计入当期费用或者相关资产成本。

单位发生的某些固定资产后续支出可能涉及替换原固定资产的某组成部分，当发生的后续支出符合固定资产确认条件时，除了应将其后续支出计入固定资产成本外，还应当将被替换部分的账面价值予以扣除。这样可以避免将替换部分的成本和被替换部分的成本同时计入固定资产成本，导致固定资产成本高记或重记。

【例 2-29】20×9 年 1 月 30 日，某行政事业单位一台设备出现故障，经检修发现是一台电机严重磨损，需要更换。该设备购买于 20×5 年 1 月初（4 年前），原价 400 000 元（其中的电机在当时的市场价格为 85 000 元），预计使用年限为 10 年，年限平均法计提折旧。为了提高该设备的工作效率，单位决定对其进行改造，为此购买了一台功率更大的电机进行更换，新电机购置价款 82 000 元，增值税 13 120 元；款项已通过财政直接支付，改造过程中还发生其他辅助费用 15 000 元，零余额账户支付。设备于 20×9 年年末完成，20×0 年 1 月开始启用。对此，相关的会计处理如下：

（1）固定资产转入在建工程时：

借：在建工程　240 000

　　固定资产累计折旧（40 万/10×4）　160 000

　　贷：固定资产　400 000

借：待处理财产损溢　51 000

　　贷：在建工程　51 000

注：终止确认旧电机账面价值 = 85 000 -（85 000/10）×4 = 51 000（元）

（2）更新改造中发生相关支出时：

借：在建工程　95 120

　　贷：财政拨款收入　95 120

借：行政支出/事业支出等　95 120

　　贷：财政拨款预算收入　95 120

借：在建工程　15 000

　　贷：零余额账户用款额度　15 000

借：行政支出/事业支出等　15 000

　　贷：资金结存——零余额账户用款额度　15 000

（3）设备重新启用时：

借：固定资产（240 000 - 51 000 + 95 120 + 15 000）　299 120

　　贷：在建工程　299 120

通常情况下，一个预算单位在原有固定资产基础上进行改建、扩建、修缮后的固定资产所发生的后续支出，一般会支出资本化（即形成固定资产成本）。改建、扩建、修缮后的固定资产成本应按照原固定资产账面价值加上改建、扩建、修缮发生的支出，再扣除固定资产被替换部分的账面价值后的金额确定。

2. 后续支出费用化

一般情况下，固定资产投入使用之后，由于固定资产磨损、各组成部分耐用程度不同，可能导致固定资产的局部损坏，为了维护固定资产的正常运转和使用，充分发挥其使用效能，单位将对固定资产进行必要的维护。固定资产的日常维修应在发生时直接计入当期费用。

【例 2－30】 某行政（事业）单位对现有的一台专用设备进行日常维护，维护过程中领用材料一批，价值为 4 000 元，应支付专业维护人员的工资为 28 000 元；不考虑其他相关因素。

本例中，对专用设备的维护，仅是为了维护固定资产的正常使用而发生的，不产生未来的经济利益或实现新的服务潜力。因此应在其发生时确认为费用。编制会计分录如下：

借：业务活动费用	32 000	
贷：库存物品		4 000
应付职工薪酬		28 000

由于以上业务没有引起单位现金资产的增加变化，故无须编制预算会计分录。

（三）固定资产的处置和清查

1. 固定资产的处置

固定资产处置包括固定资产的出售、转让、报废或毁损、对外捐赠、无偿调出、对外投资、资产置换等。按照规定报经批准处置的固定资产，其会计核算的原则是：将资产的账面价值核销，并转入当期费用；处置净收入上缴财政。具体地，应当分情况处理。

（1）报经批准出售、转让固定资产，按照被出售、转让固定资产的账面价值，借记“资产处置费用”科目，按照固定资产已计提的折旧，借记“固定资产累计折旧”科目，按照固定资产账面余额，贷记“固定资产”科目；同时，按照收到的价款，借记“银行存款”等科目，按照处置过程中发生的相关费用，贷记“银行存款”等科目，按照其差额，贷记“应缴财政款”科目。

1. 请你回答：以上出售、转让固定资产的会计处理原则，是否需要编制预算会计分录？为什么？

答案提示：出售、转让固定资产的会计处理原则，不需要编制预算会计分录。因为固定资产处置净收入按照规定需要上缴财政，所以无须预算会计信息处理。

2. 请你总结：对于以上第（1）项的文字表达，你是否可以做一个小结？

答案提示：以上（1）项的文字表达所体现的会计处理原则即是：将固定资产的账面价值注销并转入当期费用，并将出售、转让固定资产的净收入上缴财政。

（2）报经批准对外捐赠固定资产，按照固定资产已计提的折旧，借记“固定资产累计折旧”科目，按照被处置固定资产账面余额，贷记“固定资产”科目，按照捐赠过程中发生的归属于捐出方的相关费用，贷记“银行存款”等科目，按照其差额，借记“资产处置费用”科目。

（3）报经批准无偿调出固定资产，按照固定资产已计提的折旧，借记“固定资产累计折旧”科目，按照被处置固定资产账面余额，贷记“固定资产”科目，按照其差额，借记“无偿调拨净资产”科目；同时，按照无偿调出过程中发生的归属于调出方的相关费用，借记“资产处置费用”科目，贷记“银行存款”等科目。

（4）报经批准置换换出固定资产，参照“库存物品”中置换换入库存物品的规定进行账务处理。

固定资产处置时涉及增值税业务的，相关账务处理参见负债的“应交增值税”部分。

请你回答：以上固定资产对外捐赠、对外调出以及资产置换，是不是均存在将固定资产账面余额注销的问题？这种说法对吗？为什么？

答案提示：固定资产对外捐赠、对外调出以及资产置换，均存在的不是将固定资产账面余额注销的问题。这种表达不准确甚至有误。尤其对非全新的固定资产更是如此。因为如果固定资产不是全新的，一般都会或多或少地计提了固定资产折旧，那么固定资产在处置之前，固定资产在会计账簿上存在的是一个账面价值概念，即“固定资产”借方账面余额（即固定资产原值）与“固定资产累计折旧”贷方账面余额，两者之差便是固定资产的账面价值。所以单位因对外捐赠、对外调出以及资产置换，注销的固定资产数额是账面价值（借记“固定资产累计折旧”，贷记“固定资产”科目），而不是账面余额。毕竟账面余额和账面价值不是一个概念。

【例2-31】某行政（事业）单位20×9年2月10日经过批准出售10台电脑，每台售价1 600元，该批电脑原价5 000元/台，预计使用5年，已使用3年。同时还出售一批电脑配件，购买时成本4 000元，售价4 600元。以现金支付电脑撤换、包装等费用800元。

由于该笔业务处置净收入上缴财政，所以只编制财务会计分录：

借：资产处置费用　　24 000
　　固定资产累计折旧　　30 000
　　贷：库存物品——电脑配件　　4 000
　　　　固定资产——电脑　　50 000
借：银行存款（16 000+4 600）　　20 600
　　贷：应缴财政款　　19 800
　　　　库存现金　　800

【例2-32】某事业单位与另一行政单位协议，将一台通用设备与该行政单位的一批A材料进行置换。该设备原值为150 000元，已计提折旧为52 500元，公允价值为120 000元（假设公允价值与评估价值相等）；另通过银行支付设备清理费1 500元。换入的材料已验收入库，其市场价格为120 000元。

由于该笔业务涉及有清理费用的发生，所以应进行财务会计和预算会计平行核算。

（1）编制财务会计分录如下：

借：资产处置费用　　1 500
　　贷：银行存款　　1 500
借：库存物品——A材料　　120 000
　　固定资产累计折旧　　52 500
　　贷：固定资产　　150 000

其他收入 22 500

（2）同时，编制预算会计分录如下：

借：其他支出 1 500

贷：资金结存 1 500

请你分析：如果上述业务由于换出换入资产价值不对等，存在差价款，应进行怎样的会计处理？例如某事业单位需要支付给某行政单位差价款 8 000 元。

答案提示：如果上述业务由于换出换入资产价值不对等，存在差价款，要区分是收到差价款方还是支付差价款方，因为双方会计处理原则是不一样的。

（1）对于某行政单位收到的差价款 8 000 元：

①先要看资产置换中是否存在其他款项支付？如果是净收入，则需要纳入“应缴财政款”核算，并不需要预算会计处理；如果是净支出，除了不需要使用“应缴财政款”科目核算外，应同时将多支付的款项进行预算会计处理。

②再确认换入资产的入账价值，即以换出资产评估价值为基础，加上置换中支付的有关其他相关支出，减去收到补价。

（2）对于某事业单位支付的差价款 8 000 元：

①由于存在净支付（起码有支付的补价），则应进行财务会计和预算会计平行核算。

②正确确认换入资产的入账价值，即以换出资产评估价值为基础，加上置换中支付的有关其他相关支出，加上支付的补价。

【例 2－33】 某事业单位向某行政单位无偿调出一辆专业用车，该事业单位资产在单位账簿中显示的数据如下：原值 310 万元，已经计提折旧 100 万元。该事业单位在调出时还以银行存款支付过户费、运输费等共计 10 万元。

例题分析：该业务应进行财务会计和预算会计平行核算，编制会计分录如下：

（1）财务会计分录：

借：无偿调拨净资产 2 100 000

固定资产累计折旧 1 000 000

贷：固定资产 3 100 000

借：资产处置费用 100 000

贷：银行存款 100 000

（2）预算会计分录：

借：其他支出 100 000

贷：资金结存——货币资金 100 000

2. 固定资产清查、报废和毁损

（1）“待处理财产损溢”会计科目的设置。

单位应当定期对固定资产进行清查盘点，每年至少盘点一次。对于发生的固定资产盘盈、盘亏或毁损、报废，应当先记入“待处理财产损溢”科目，按照规定报经批准后及时进行后续账务处理。

“待处理财产损溢”核算单位在资产清查过程中查明的各种资产盘盈、盘亏和报废、毁损的价值。该科目归属于资产类。单位资产清查中查明的资产盘盈、盘亏、报废和毁损，一般应当先记入本科目，按照规定报经批准后及时进行账务处理。年末结账前一般应处理完毕。

该科目应当按照待处理的资产项目进行明细核算；对于在资产处理过程中取得收入或发生相关费用的项目，还应当设置“待处理财产价值”“处理净收入”明细科目，进行明细核算。

（2）固定资产清查、报废和毁损的会计处理原则。

①盘盈的固定资产，其成本按照有关凭据注明的金额确定；没有相关凭据、但按照规定经过资产评估的，其成本按照评估价值确定；没有相关凭据、也未经过评估的，其成本按照重置成本确定。如无法采用上述方法确定盘盈固定资产成本的，按照名义金额（人民币1元）入账。

请你判断：盘盈A项设备一台，八成新。该A设备按照当前市场行情，全新的设备价格为50万元。请问该50万元是否属于重置成本？为什么？

答案提示：重置成本是指按照当前市场条件，重新取得同样一项资产所需支付的现金或现金等价物金额。显然，50万元是全新的A设备价格，而不是八成新的同样一项资产所需支付的现金或现金等价物金额。所以不属于重置成本。

如果按照当前市场行情，购买同样八成新的A设备所需支付的现金或现金等价物金额，才是其重置成本。

按照规定报经批准后处理时，对于盘盈的流动资产，借记“待处理财产损溢”科目，贷记“单位管理费用”（事业单位）或“业务活动费用”（行政单位）科目。对于盘盈的非流动资产，如属于本年度取得的，按照当年新取得相关资产进行账务处理；如属于以前年度取得的，按照前期差错处理，借记“待处理财产损溢”科目，贷记“以前年度盈余调整”科目。

请你回答：上述盘盈的流动资产，为什么行政单位与事业单位列入的费用不同？

答案提示：原则上，单位盘盈的流动资产，应该作为管理费用的冲销。但是由于“单位管理费用”属于事业单位专用的会计科目，行政单位不能使用，所以便使用“业务活动费用”科目。

---

②盘亏、毁损或报废的固定资产，按照待处理固定资产的账面价值，借记“待处理财产损溢”科目（待处理财产价值），按照已计提折旧，借记“固定资产累计折旧”科目，按照固定资产的账面余额，贷记“固定资产”科目。

报经批准处理时，借记“资产处置费用”科目，贷记“待处理财产损溢”科目（待处理财产价值）。

处理毁损、报废实物资产过程中取得的残值或残值变价收入、保险理赔和过失人赔偿等，借记“库存现金”“银行存款”“库存物品”“其他应收款”等科目，贷记“待处理财产损溢”科目（处理净收入）；处理毁损、报废实物资产过程中发生的相关费用，借记“待处理财产损溢”科目（处理净收入），贷记“库存现金”“银行存款”等科目。处理收支结清，如果处理收入大于相关费用的，按照处理收入减去相关费用后的净收入，借记“待处理财产损溢”科目（处理净收入），贷记“应缴财政款”等科目；如果处理收入小于相关费用的，按照相关费用减去处理收入后的净支出，借记“资产处置费用”科目，贷记“待处理财产损溢”科目（处理净收入）。

【例2-34】某事业（行政）单位有一台设备因使用期满经批准予以报废。该设备原价为180万元，累计已计提折旧175万元。在清理过程中，以银行存款支付清理费用2万元和相关税费0.1万元，转账收到残料变卖收入2.5万元。

根据上述资料，其会计处理的业务环节以及应编制会计分录如下：

（1）发生报废时，转入待处理账户：

借：待处理财产损溢——待处理财产价值　　50 000

　　固定资产累计折旧　　1 750 000

　　贷：固定资产　　1 800 000

（2）报经批准报废时：

借：资产处置费用　　50 000

　　贷：待处理财产损溢——待处理财产价值　　50 000

（3）处置中发生清理费用支付时：

借：待处理财产损溢——处理净收入　　21 000

　　贷：银行存款　　21 000

（4）处置中产生结转固定资产净损益：

借：银行存款　　25 000

　　贷：待处理财产损溢——处理净收入　　25 000

（5）处置完毕，转销待处理：

借：待处理财产损溢——处理净收入　　4 000

　　贷：应缴财政款　　4 000

1. 请你回答：【例2－34】，如果该单位处于报废状态的固定资产未经批准，是不是不能进行任何会计处理？

答案提示：不是。只要处于报废状态的固定资产即使未经批准，也应当将固定资产的账面价值转入“待处理财产损溢”账户，这样才能如实反映资产的真实价值。编制的会计分录见【例2－34】（1），此略。

2. 请你回答：一个单位资产处置的具体形式有哪些？它们有何共性？

答案提示：一个单位资产处置的具体形式主要有出售（转让、出让）、对外捐赠、无偿调出、资产置换、报废、毁损和货币性资产核销。它们的共性体现在资产均不在本单位了。

3. 请你选择：承【例2－34】资料，如果收支结清，处理收入小于相关费用，净损失应计入单位的其他费用还是资产处置费用？

答案提示：应计入资产处置费用，因报废和毁损属于资产处置具体表现形式。

4. 请你思考：资产处置一定要使用“待处理财产损溢”账户吗？

答案提示：通常一个单位资产处置不使用“待处理财产损溢”账户，比如出售（转让、出让）、对外捐赠、无偿调出、资产置换、货币性资产核销。只有报废、毁损（还有盘盈盘亏）才会使用“待处理财产损溢”账户。

第六节 无形资产

一、无形资产概述

（一）无形资产的特点

无形资产是指政府会计主体控制的没有实物形态的可辨认非货币性资产，如专利权、商标权、著作权、土地使用权、非专利技术等。

所谓货币性资产，是指持有的现金及将以固定或可确定金额的货币收取的资产，包括库存现金、应收账款和应收票据以及准备持有至到期的债券投资等。这里的现金包括库存现金、银行存款、零余额账户用款额度和其他货币资金。非货币性资产，指货币性资产以外的资产，包括存货、固定资产、无形资产、股权投资以及不准备持有至到期的债券投资等。非货币性资产有别于货币性资产的最基本特征是，其在将来为单位带来的经济利益，即货币金额是不固定的或不可确定的。

请你回答：一个单位的预付账款属于非货币性资产吗？

答案提示：不属于。因为它不符合“货币收取”，虽然金额可以确定。

由定义可知，无形资产主要有以下几个特征：

1. 由会计主体拥有或者控制并能为其带来未来经济利益的资源

资产的一个基本特征就是预计能为单位带来服务潜力或者带来未来经济利益，无形资产也不例外。通常情况下，单位拥有或者控制的无形资产应当拥有其所有权并且能够为单位带来未来的服务潜力或者经济利益。但在某些情况下并不需要单位拥有其所有权，如果单位有权获得某项无形资产产生的经济利益或能实现服务潜力，同时又能约束其他人获得这些经济利益，则说明单位控制了该无形资产，或者说控制了该无形资产产生的经济利益，具体表现为单位拥有该无形资产的法定所有权，或者使用权并受法律的保护。比如，单位自行研制的技术通过申请依法取得专利权后，在一定期限内拥有了该专利技术的法定所有权；又比如单位与其他单位签订合约转让商标权，由于合约的签订，使商标使用权转让方的相关权利受到法律的保护。

2. 无形资产不具有实物形态

无形资产通常表现为某种权利或某项技术，它们不具有实物形态，看不见，摸不着，比如，土地使用权、非专利技术等。无形资产为带来服务潜力或者带来经济利益的方式与固定资产不同，固定资产是通过实物价值的磨损和转移带来服务潜力的实现或者带来未来的经济利益，而无形资产很大程度上是通过自身所具有的技术等优势为单位带来服务潜力或者带来未来经济利益，不具有实物形态是无形资产区别于其他资产的特征之一。

3. 无形资产具有可辨认性

无形资产必须是能够区别于其他资产可单独辨认的，如单位持有的专利权、非专利技术、商标权、土地使用权、特许权等。根据规定，资产满足下列条件之一的，符合无形资产定义中的可辨认性标准：(1) 能够从政府会计主体中分离或者划分出来，并能单独或者与相关合同、资产或负债一起，用于出售、转移、授予许可、租赁或者交换。(2) 源自合同性权利或其他法定权利，无论这些权利是否可以从政府会计主体或其他权利和义务中转移或者分离。

（二）无形资产的确认

无形资产同时满足下列条件的，应当予以确认：

第一，与该无形资产相关的服务潜力很可能实现或者经济利益很可能流入政府会计主体；

第二，该无形资产的成本或者价值能够可靠地计量。

政府会计主体在判断无形资产的服务潜力或经济利益是否很可能实现或流入时，应当对无形资产在预计使用年限内可能存在的各种社会、经济、科技因素做出合理估计，并且应当有确凿的证据支持。

(三) 无形资产会计科目的设置

一个预算单位与无形资产核算密切相关的会计账户（科目）主要两个：一是“无形资产”，二是“研发支出”。

1.“无形资产”会计科目

为了全面反映和监督无形资产的增减变化以及增减变化后的结果，单位应当设置“无形资产”会计科目，该科目属于资产类。借方登记无形资产增加数，贷方登记其减少数；期末借方余额，反映单位无形资产的原值。如果单位非大批量购入、单价小于1 000元的无形资产，可以于购买的当期将其成本直接计入当期费用。

无形资产会计科目应当按照无形资产的类别、项目等进行明细核算。

2.“研发支出”会计科目

“研发支出”科目核算单位自行研究开发项目研究阶段和开发阶段发生的各项支出。本科目应当按照自行研究开发项目，分别“研究支出”“开发支出”进行明细核算。

(1) 自行研究开发项目研究阶段的支出，应当先在“研发支出”会计科目归集。期（月）末，应当将本科目归集的研究阶段的支出金额转入当期费用，借记“业务活动费用”等科目，贷记“研发支出——研究支出”科目。

(2) 自行研究开发项目开发阶段的支出，先通过“研发支出”科目进行归集。自行研究开发项目完成，达到预定用途形成无形资产的，按照本科目归集的开发阶段的支出金额，借记“无形资产”科目，贷记“研发支出——开发支出”科目。

二、无形资产的初始计量

(一) 无形资产初始计量的原则

根据《政府会计准则第4号——无形资产》的规定，无形资产在取得时应当按照成本进行初始计量。

（1）政府会计主体外购的无形资产，其成本包括购买价款、相关税费以及可归属于该项资产达到预定用途前所发生的其他支出。政府会计主体委托软件公司开发的软件，视同外购无形资产确定其成本。

（2）政府会计主体自行开发的无形资产，其成本包括自该项目进入开发阶段后至达到预定用途前所发生的支出总额。

（3）政府会计主体通过置换取得的无形资产，其成本按照换出资产的评估价值加上支付的补价或减去收到的补价，加上换入无形资产发生的其他相关支出确定。

（4）政府会计主体接受捐赠的无形资产，其成本按照有关凭据注明的金额加上相关税费确定；没有相关凭据可供取得，但按规定经过资产评估的，其成本按照评估价值加上相关税费确定；没有相关凭据可供取得、也未经资产评估的，其成本比照同类或类似资产的市场价格加上相关税费确定；没有相关凭据且未经资产评估、同类或类似资产的市场价格也无法可靠取得的，按照名义金额入账，相关税费计入当期费用。确定接受捐赠无形资产的初始入账成本时，应当考虑该项资产尚可为政府会计主体带来服务潜力或经济利益的能力。

（5）政府会计主体无偿调入的无形资产，其成本按照调出方账面价值加上相关税费确定。

请你回忆：截至目前，无形资产有关的规定与上述存货资产和固定资产相似之处都有哪些？

答案提示：截至目前，无形资产有关的规定与上述存货资产和固定资产相似之处有以下几方面：

（1）资产确认条件。

（2）资产初始计量。

例如，政府会计主体接受捐赠的无形资产，与存货和固定资产的捐赠，其计价的规定一模一样，均有名义金额一说，等等，均极为相似，其会计处理方法也基本一致。

(二) 无形资产初始计量会计处理要点

(1) 外购的无形资产，按照确定的成本：

借：无形资产

　　贷：财政拨款收入、零余额账户用款额度、应付账款、银行存款（等）

如果已经支付价款，还需编制预算会计分录：

借：行政支出或事业支出

　　贷：财政拨款预算收入

　　　　资金结存——零余额账户用款额度

　　　　　　　　——货币资金

(2) 委托软件公司开发软件，视同外购无形资产进行处理。合同中约定预付开发费用的，按照预付金额：

借：预付账款

　　贷：财政拨款收入、零余额账户用款额度、银行存款（等）

同时编制预算会计分录：

借：行政支出或事业支出

　　贷：财政拨款预算收入

　　　　资金结存——零余额账户用款额度

　　　　　　　　——货币资金

待软件开发完成交付使用并支付剩余或全部软件开发费用时，按照软件开发费用总额：

借：无形资产

　　贷：预付账款（已预付账款金额）

　　　　财政拨款收入、零余额账户用款额度、银行存款（支付的剩余金额）

同时，根据支付的剩余金额，编制预算会计分录：

借：行政支出或事业支出

　　贷：财政拨款预算收入

　　　　资金结存——零余额账户用款额度

　　　　　　　　——货币资金

(3) 自行研究开发形成的无形资产。政府会计主体自行研究开发项目的支出，应当区分研究阶段支出与开发阶段支出。研究是指为获取并理解新的科学或技术知识而进行的独创性的有计划调查。开发是指对潜在的资源，以一定的物质或技术为条件，通过特定的程序、方法，使其产生一定程度的社会效能，或达到利用的目的，该种行为即为开发。

①政府会计主体自行研究开发项目研究阶段的支出，应当于发生时计入当期费用。

②政府会计主体自行研究开发项目开发阶段的支出，先按合理方法进行归集，如果最终形成无形资产的，应当确认为无形资产；如果最终未形成无形资产的，应当计入当期费用。

③政府会计主体自行研究开发项目尚未进入开发阶段，或者确实无法区分研究阶段支出和开发阶段支出，但按法律程序已申请取得无形资产的，应当将依法取得时发生的注册费、聘请律师费等费用确认为无形资产。

按照研究开发项目进入开发阶段后至达到预定用途前所发生的支出总额，借记“无形资产”科目，贷记“研发支出——开发支出”科目。

政府会计主体自创商誉及内部产生的品牌、报刊名等，不应确认为无形资产。

(4) 接受捐赠的无形资产，按照确定的无形资产成本，借记“无形资产”科目，按照发生的相关税费等，贷记“零余额账户用款额度”“银行存款”等科目，按照其差额，贷记“捐赠收入”科目。

接受捐赠的无形资产按照名义金额入账的，按照名义金额，借记“无形资产”科目，贷记“捐赠收入”科目；同时，按照发生的相关税费等，借记“其他费用”科目，贷记“零余额账户用款额度”“银行存款”等科目。

(5) 无偿调入的无形资产，按照确定的无形资产成本，借记“无形资产”科目，按照发生的相关税费等，贷记“零余额账户用款额度”“银行存款”等科目，按照其差额，贷记“无偿调拨净资产”科目。

(6) 置换取得的无形资产，参照“库存物品”科目中置换取得库存物品的相关规定进行账务处理。无形资产取得时涉及增值税业务的，相关账务处理参见“应交增值税”科目。

请你回忆：以上无形资产接受捐赠、无偿调入以及置换取得的会计处理要点与前述的库存物品和固定资产相关环节取得时的会计核算要点是否相似或基本一致？

答案提示：确实是。行政事业单位的存货资产、固定资产和无形资产在接受捐赠、无偿调入以及资产置换时，其会计处理原则基本一致，只是所涉及的具体资产科目不一样。

（三）无形资产初始计量应用举例

1. 外部购入的无形资产

【例 2 - 35】 某行政（事业）单位因为某项业务活动需要乙公司已获得的专利技术，如果使用了该项专利技术，单位的服务潜力（或经济利益）会有明显提高。为此，该行政（事业）单位以财政直接支付方式购入该专利技术。实际支付的价款为 200 万元，并支付相关税费 1 万元和有关专业服务费用 5 万元。

例题分析：（1）购入的专利权符合无形资产的定义，即能够拥有或者控制该项专利技术符合可辨认的条件，同时是不具有实物形态的非货币性资产。（2）购入的专利权符合无形资产的确认条件：首先，该单位的某项活动需要乙公司已获得的专利技术，使用了该项专利技术，该行政（事业）单位的服务潜力（或经济利益）会有明显提高；其次，购买该项专利技术的成本为 200 万元，另外支付相关税费和有关专业服务费用 6 万元，即成本能够可靠计量。因此，符合无形资产的确认条件。

无形资产初始计量的成本 = 200 + 1 + 5 = 206（万元）

应编制财务会计分录如下：

借：无形资产——专利技术　　2 060 000

　　贷：财政拨款收入　　2 060 000

同时，进行预算会计的平行核算，编制会计分录如下：

借：行政支出（事业支出）　　2 060 000

　　贷：财政拨款预算收入　　2 060 000

2. 自行研发的无形资产

通常情况下，单位内部产生的无形资产不确认为无形资产，如企业内部产生的品牌、报刊名等。由于确定研究与开发费用是否符合无形资产的定义和相关特征（例如可辨认性）、能否或者何时能够为单位带来服务潜力的实现或者产生预期未来经济利益，以及成本能否可靠地计量尚存在不确定因素，因此，研究与开发活动发生的费用，除了要遵循无形资产确认和初始计量的一般要求外，还需要满足其他特定的条件，才能够确定为一项无形资产。

【例2-36】20×8年1月1日，甲事业单位经集体讨论批准研发某项新产品专利技术，该单位集体认为，研发该项目具有可靠的技术和财务等资源的支持，并且一旦研发成功将产生明显的经济利益。该单位在研究过程中发生材料费400万元、人工工资100万元，以银行存款支付其他费用100万元，总计600万元；开发阶段的支出为400万元。20×8年12月31日，该专利技术已经达到预定用途。该单位应编制会计分录如下：

（1）研究阶段发生研发支出时：

借：研发支出——研究支出	6 000 000	
贷：库存物品		4 000 000
应付职工薪酬		1 000 000
银行存款		1 000 000

（2）期末将费用化支出在发生的当月转入当期费用（假设均发生在某月）：

借：单位管理费用	6 000 000	
贷：研发支出——研究支出		6 000 000

（3）自行研究开发项目开发阶段发生的相关支出时：

借：研发支出——开发支出	4 000 000	
贷：银行存款（等）		4 000 000

（4）20×8年12月31日，该专利技术已经达到预定用途时：

借：无形资产	4 000 000	
贷：研发支出——开发支出		4 000 000

1. 请你回答：以上会计处理，存在预算会计核算吗？哪些步骤？

答案提示：以上会计处理，存在预算会计核算的步骤是第（1）步骤中的银行存款支付100万元和第（3）步骤中的银行存款支付400万元（假设这些款项的支付纳入单位预算管理的情况下）。

2. 请你分析：如果开发阶段最终结果没有成功，那么付出的400万元的代价如何进行会计处理？

答案提示：如果开发阶段最终结果没有成功，那么付出的400万元的代价应计入“业务活动费用”等科目，并将“研发支出——开发支出”核销。编制会计分录如下：

借：业务活动费用　　4 000 000

　　贷：研发支出——开发支出　　4 000 000

3. 请你思考：自行研究开发项目尚未进入开发阶段，或者确实无法区分研究阶段支出和开发阶段支出，但按照法律程序已申请取得无形资产的，应当如何进行会计处理？

答案提示：自行研究开发项目尚未进入开发阶段，或者确实无法区分研究阶段支出和开发阶段支出，但按照法律程序已申请取得无形资产的，应当进行以下会计处理。

(1) 按照依法取得时发生的注册费、聘请律师费等费用：

借：无形资产

　　贷：财政拨款收入、零余额账户用款额度、银行存款（等）

同时编制预算会计分录如下：

借：行政支出（事业支出）等

　　贷：财政拨款预算收入、资金结存

(2) 按照依法取得前所发生的研究开发支出：

借：业务活动费用（等）

　　贷：研发支出

4. 请你思考：“研发支出”是不是与“事业支出”“行政支出”等支出类科目一样，均属于预算会计下的支出科目？

答案提示：不是。“研发支出”是资产类会计科目，核算单位自行研究开发项目研究阶段和开发阶段发生的各项支出。

三、无形资产的后续计量

（一）无形资产摊销

摊销是指在无形资产使用年限内，按照确定的方法对应摊销金额进行系统分摊计入费用的过程。政府会计主体应当于取得或形成无形资产时合理确定其使用年限。

无形资产初始确认和计量后，在其后使用该项无形资产期间内应以其成本减去累计摊销额后的余额计量。要确定无形资产在使用过程中的累计摊销额，基础是估计其使用寿命，而使用年限有限的无形资产才需要在估计使用年限内采用系统合理的方法进行摊销，对于使用年限不确定的无形资产则不需要摊销。

1. 无形资产使用年限的确定

政府会计主体应当对使用年限有限的无形资产进行摊销，但已摊销完毕仍继续使用的无形资产和以名义金额计量的无形资产除外。

对于使用年限有限的无形资产，政府会计主体应当按照以下原则确定无形资产的摊销年限：

（1）法律规定了有效年限的，按照法律规定的有效年限作为摊销年限；

（2）法律没有规定有效年限的，按照相关合同或单位申请书中的受益年限作为摊销年限；

（3）法律没有规定有效年限、相关合同或单位申请书也没有规定受益年限的，应当根据无形资产为政府会计主体带来服务潜力或经济利益的实际情况，预计其使用年限；

（4）非大批量购入、单价小于 1 000 元的无形资产，可以于购买的当期将其成本一次性全部转销。

2. 无形资产摊销的会计处理

政府会计主体应当按月对使用年限有限的无形资产进行摊销，并根据用途计入当期费用或者相关资产成本。

政府会计主体应当采用年限平均法或者工作量法对无形资产进行摊销，应摊销金额为其成本，不考虑预计残值。

无形资产摊销，应设置“无形资产累计摊销”会计科目。该科目属于资产类，它是“无形资产”科目的备抵调整科目；两者之差即为无形资产的账面价值。通常，无形资产摊销的会计分录如下：

借：业务活动费用、单位管理费用（等）

　　贷：无形资产累计摊销

（二）无形资产后续支出

1. 无形资产后续支出资本化

如前所述，后续支出资本化，就是支出计入资产价值的过程。

（1）符合无形资产确认条件的后续支出为增加无形资产的使用效能对其进行升级改造或扩展其功能时，如需暂停对无形资产进行摊销的，应进行如下会计处理：

借：在建工程　　　　　　　　（按照无形资产的账面价值）
　　无形资产累计摊销　　　　（按照无形资产已摊销金额）
　　贷：无形资产　　　　　　（按照无形资产的账面余额）

（2）无形资产后续支出符合无形资产确认条件的，按照支出的金额：

借：无形资产　　　　　　[无须暂停摊销的]
或：在建工程　　　　　　[需暂停摊销的]
　　贷：财政拨款收入、零余额账户用款额度、银行存款（等）

（3）暂停摊销的无形资产升级改造或扩展功能等完成交付使用时，按照在建工程成本：

借：无形资产
　　贷：在建工程

【例 2－37】 2×18 年 1 月某行政（事业）单位信息系统软件升级改造，以 240 万元的价格承包给宏达公司完成，合同约定设计建设期 1 年，保证 2×19 年 1 月系统正式投入使用，首期预付款 100 万元，由财政直接支付，其余 140 万元待系统正式投入使用时付清（假设均以财政同时直接支付方式付款）。系统软件使用期限为 10 年。

（1）2×18 年 1 月首期预付款 100 万元时：

财务会计分录：

借：在建工程——某网络工程　　　　2 400 000
　　贷：财政拨款收入　　　　　　　　　1 000 000
　　　　应付账款　　　　　　　　　　　1 400 000

预算会计分录：

借：行政支出或事业支出　　　　　　1 000 000
　　贷：财政拨款预算收入　　　　　　　1 000 000

（2）2×19 年 1 月系统正式投入使用时：

借：无形资产　　2 400 000

　　贷：在建工程——某网络工程　　2 400 000

同时支付余款 140 万元：

财务会计分录：

借：应付账款　　1 400 000

　　贷：财政拨款收入　　1 400 000

预算会计分录：

借：行政支出或事业支出　　1 400 000

　　贷：财政拨款预算收入　　1 400 000

（3）2×19 年 1 月末，该软件当月摊销时：

借：业务活动费用（或单位管理费用）　　20 000

　　贷：无形资产累计摊销　　20 000

2. 无形资产后续支出费用化

不符合无形资产确认条件的后续支出，为保证无形资产正常使用发生的日常维护等支出：

借：业务活动费用、单位管理费用（等）

　　贷：财政拨款收入、零余额账户用款额度、银行存款（等）

同时进行预算会计的平行核算，编制会计分录如下：

借：行政支出或事业支出（等）

　　贷：财政拨款预算收入

　　　　资金结存——零余额账户用款额度

　　　　　　　　——货币资金

（三）无形资产的处置

无形资产处置包括无形资产的出售、转让、对外捐赠、无偿调出、对外投资、资产置换等。按照规定报经批准处置无形资产，应当分别以下情况处理：

（1）报经批准出售、转让无形资产，按照被出售、转让无形资产的账面价值，借记“资产处置费用”科目，按照无形资产已计提的摊销，借记“无形资产累计摊销”科目，按照无形资产账面余额，贷记“无形资产”科目；同时，按照收到的价款，借记“银行存款”等科目，按照处置过程中发生的相关费用，贷记“银行存款”等科目，按照其差额，贷记“应缴财政款”（按照规定应上缴无形资产转让净收入的）或“其他收入”（按照规定将无形资产转让收入纳入本单位预算管理的）科目。

（2）报经批准对外捐赠无形资产，按照无形资产已计提的摊销，借记“无形资产累计摊销”科目，按照被处置无形资产账面余额，贷记“无形资产”科目，按照捐赠过程中发生的归属于捐出方的相关费用，贷记“银行存款”等科目，按照其差额，借记“资产处置费用”科目。

（3）报经批准无偿调出无形资产，按照无形资产已计提的摊销，借记“无形资产累计摊销”科目，按照被处置无形资产账面余额，贷记“无形资产”科目，按照其差额，借记“无偿调拨净资产”科目；同时，按照无偿调出过程中发生的归属于调出方的相关费用，借记“资产处置费用”科目，贷记“银行存款”等科目。

（4）报经批准置换换出无形资产，参照“库存物品”科目中置换换入库存物品的规定进行账务处理。

---

1. 请你比较：以上无形资产出售、转让、对外捐赠、无偿调出和置换换出的会计业务处理，与前述的哪些资产处置相似？

答案提示：无形资产出售、转让、对外捐赠、无偿调出和置换换出的会计业务处理，与前述的存货资产和固定资产相关环节的资产处置极为相似。

2. 请你鉴别：以上无形资产出售、转让、对外捐赠、无偿调出和置换换出，注销的是无形资产的什么价值？

答案提示：以上无形资产出售、转让、对外捐赠、无偿调出和置换换出，注销的是无形资产的账面价值，也就是“无形资产”账户的账面余额（借方）减去“无形资产累计摊销”账户的账面余额（贷方）。两者之差构成了无形资产的账面价值，导致无形资产最终价值的注销。

【例 2-38】某预算单位以一项无形资产置换换入某专用设备一台，无形资产账面余额为 10 万元，累计摊销 3 万元，无形资产评估价值为 5 万元，由于转入转出资产价值不对等，该单位收到补价 2 万元，发生其他相关支出 3 万元（银行存款支付）。对此，相关会计处理如下：

财务会计分录：

借：固定资产（5 万元 -2 万元 +3 万元） 60 000

　　无形资产累计摊销 30 000

　　资产处置费用 20 000

　　银行存款 20 000

　　贷：无形资产 100 000

　　　　银行存款 30 000

预算会计分录：

借：其他支出 10 000

　　贷：资金结存——货币资金 10 000

（5）无形资产预期不能为单位带来服务潜力或经济利益，按照规定报经批准核销时，按照待核销无形资产的账面价值，借记“资产处置费用”科目，按照已计提摊销，借记“无形资产累计摊销”科目，按照无形资产的账面余额，贷记“无形资产”科目。无形资产处置时涉及增值税业务的，相关账务处理参见负债“应交增值税”部分，此略。

单位应当定期对无形资产进行清查盘点，每年至少盘点一次。单位资产清查盘点过程中发现的无形资产盘盈、盘亏等，参照“固定资产”科目相关规定进行账务处理，此略。

第七节 短期投资和长期投资

投资，是指政府会计主体按规定以货币资金、实物资产、无形资产等方式形成的债权或股权投资。投资按照期限长短分为短期投资和长期投资。短期投资，是指政府会计主体取得的持有时间不超过 1 年（含 1 年）的投资。长期投资，是指政府会计主体取得的除短期投资以外的债权和股权性质的投资。现阶段规定，只有事业单位经过批准可进行投资业务，行政单位不允许投资。

一、短期投资

为了全面反映短期投资的增减变化，应当设置“短期投资”会计科目。该科目属于资产类。取得短期投资时在借方登记，贷方登记出售短期投资或到期收回短期投资本息业务。该科目应当按照投资的种类等进行明细核算。期末借方余额，反映事业单位持有短期投资的成本。

(1) 短期投资在取得时，应当按照实际成本（包括购买价款和相关税费）作为初始投资成本。实际支付价款中包含的已到付息期但尚未领取的利息，应当于收到时冲减短期投资成本。编制会计分录如下：

借：短期投资

　　贷：银行存款

同时，编制预算会计分录如下：

借：投资支出

　　贷：资金结存——货币资金

请你分析：如果取得短期投资时，价款中含有已到付息期尚未收到的利息，待日后收到该笔利息款项时，该如何进行会计处理？

答案提示：收到购买时已到付息期尚未领取的利息时，应进行财务会计和预算会计的平行核算，即：

借：银行存款

　　贷：短期投资

借：资金结存——货币资金

　　贷：投资支出

---

(2) 短期投资持有期间的利息，应当于实际收到时确认为投资收益：

借：银行存款

　　贷：投资收益

同时编制预算会计分录如下：

借：资金结存——货币资金

　　贷：投资预算收益

（3）出售短期投资或到期收回短期投资本息，应当将收到的价款扣除短期投资账面余额和相关税费后的差额计入投资损益，编制会计分录如下：

借：银行存款（按照实际收到的金额）

　　贷：短期投资（短期投资的账面余额）

　　借记或贷：投资收益　（差额）

请你回答：上述会计处理（出售或收回投资）是否只涉及财务会计处理？

答案提示：上述会计处理不仅仅只有财务会计核算，也应有预算会计核算，即：

借：资金结存——货币资金（实收数）

　　投资预算收益　　　（借差）

　　贷：投资支出　　　　（当年投资数）

　　　　其他结余　　　　（往年投资数）

　　　　投资预算收益　　　（贷差）

二、长期投资

事业单位的长期投资分为长期债权投资和长期股权投资。

（一）长期债权投资

长期债权投资，是指对在1年内（含1年）不能变现或不准备随时变现的债券和其他长期债权的投资。单位对长期债权投资，需要设置“长期债券投资”会计科目进行核算。该科目属于资产类。该科目核算事业单位按照规定取得的，持有时间超过1年（不含1年）的债券投资。该科目应当设置“成本”和“应计利息”明细科目，并按照债券投资的种类进行明细核算。

1. 长期债券投资在取得时

长期债券投资取得时，应当按照实际成本作为初始投资成本。实际支付价款中包含的已到付息期但尚未领取的债券利息，应当单独确认为应收利息，不计入长期债券投资初始投资成本。编制会计分录如下：

借：长期债券投资

　　应收利息

　　贷：银行存款

同时编制预算会计分录如下：

借：投资支出

　　贷：资金结存——货币资金

2. 长期债券投资持有期间

长期债券投资持有期间，对于分期付息、一次还本的长期债券投资，应当将计算确定的应收未收利息确认为应收利息，计入投资收益。

（1）对于未到期一次还本付息的债券投资，编制会计分录如下：

借：长期债券投资——应计利息

　　贷：投资收益

（2）如果债券投资属于分期付息、到期一次还本的债券投资，应将“长期债券投资——应计利息”改为“应收利息”科目即可。

3. 到期收回长期债券投资时

到期收回长期债券投资，应当将实际收到的价款扣除长期债券投资账面余额和相关税费后的差额计入投资损益。

到期收回长期债券投资，按照实际收到的金额，编制会计分录如下：

借：银行存款

　　投资收益　　　　（借差）

　　贷：长期债券投资

　　　　应收利息

　　　　投资收益　　　　（贷差）

---

1. 请你回答：对于上述到期收回长期债券投资业务，会计处理是否存在预算会计处理？如果有，会计处理如何？

答案提示：上述会计处理存在预算会计处理如下：

借：资金结存——货币资金

　　投资预算收益　　　　（借差）

　　贷：投资支出/其他结余　　（投资成本）

　　　　投资预算收益　　（贷差）

2. 请你分析：如果单位对外出售长期债券投资，其会计处理怎样？

答案提示：

借：银行存款　　　　　　　　（实际收到的金额）
　　投资收益　　　　　　　　　　　（借差）
　　贷：长期债券投资　（长期债券投资的账面余额）
　　　　应收利息　　　　（原已计入尚未收到数）
　　　　投资收益　　　　　　　　（贷差）

同时，进行预算会计核算，即：

借：资金结存——货币资金
　　投资预算收益　　　　　　（借差）
　　贷：投资支出/其他结余　　　（投资成本）
　　　　投资预算收益　　　　　（贷差）

3. 请你比较：短期投资和长期债券投资在取得时，如果实际支付价款中均包含已到付息期但尚未领取的债券利息。两者的会计处理是否一致？

答案提示：不一致。短期投资成本中包含已到付息期但尚未领取的债券利息；而长期债券投资却将其单独确认为应收利息，不计入长期债券投资初始投资成本。

【例 2－39】20×8 年 1 月 1 日，某事业单位购买某公司同日发行的面值为 1 000 元、期限 5 年、票面利率 8%、到期还本、每年年末付息一次的债券 1 000 张，利息不以复利计算。购买价格为每张 1 125 元，另外支付手续费 4 860 元。该单位将其作为长期投资。

（1）购入债券时：

初始投资成本＝1 125 000＋4 860＝1 129 860（元）

借：长期债券投资——成本　　　　　　　　1 129 860
　　贷：银行存款　　　　　　　　　　　　　　1 129 860

同时，预算会计分录如下：

借：投资支出　　　　　　　　　　　　　　1 129 860
　　贷：资金结存——货币资金　　　　　　　　1 129 860

（2）20×8 年 12 月 31 日年末计息时：

借：应收利息　　80 000
　　贷：投资收益　　80 000

待收到利息时：

借：银行存款　　80 000
　　贷：应收利息　　80 000

收到利息时预算会计分录如下：

借：资金结存——货币资金　　80 000
　　贷：投资预算收益　　80 000

（3）以此类推，等到债券到期时：

到期实际收到 = 1 000 × 1 000（面值）+ 80 000（最后一期利息）= 1 080 000（元）

借：银行存款　　1 080 000
　　投资收益　　129 860
　　贷：长期债券投资——成本　　1 129 860
　　　　应收利息　　80 000

借：资金结存——货币资金　　1 080 000
　　投资预算收益　　49 860
　　贷：其他结余　　1 129 860

请你思考：为什么最后一步预算会计处理时将往年投资数 1 129 860 作为“其他结余”的调整？

答案提示：因为当年投资时（20×8 年年初）列入“投资支出”，这个支出当年转入预算结余类科目“其他结余”。现在收回投资，当年的投资已经跨越了若干年，不应再调整支出科目。所以应作为“其他结余”的调整。

（二）长期股权投资

长期股权投资是指通过投资取得被投资单位的股份。为了全面反映长期股权投资的增减变化以及变化后的结果，应当设置“长期股权投资”，该科目属于资产类。核算事业单位按照规定取得的，持有时间超过 1 年（不含 1 年）的股权性质的投资。该科目应当按照被投资单位和长期股权投资取得方式等进行明细核算。

1. 长期股权投资的取得

长期股权投资在取得时，应当按照实际成本作为初始投资成本。

（1）以支付现金取得的长期股权投资，按照实际支付的全部价款（包括购买价款和相关税费）作为实际成本。实际支付价款中包含的已宣告但尚未发放的现金股利，应当单独确认为应收股利，不计入长期股权投资初始投资成本。

（2）以现金以外的其他资产置换取得的长期股权投资，其成本按照换出资产的评估价值加上支付的补价或减去收到的补价，加上换入长期股权投资发生的其他相关支出确定。

（3）接受捐赠的长期股权投资，其成本按照有关凭据注明的金额加上相关税费确定；没有相关凭据可供取得，但按规定经过资产评估的，其成本按照评估价值加上相关税费确定；没有相关凭据可供取得、也未经资产评估的，其成本比照同类或类似资产的市场价格加上相关税费确定。

（4）无偿调入的长期股权投资，其成本按照调出方账面价值加上相关税费确定。

请你回答：仔细阅读长期股权投资取得时的初始计量原则，分辨一下它与前面所学的哪种资产相似？有什么不同？

答案提示：

（1）以支付现金取得的长期股权投资，相似于上述长期债券投资的取得，初始投资成本中同样不包含实际支付价款中已到付息期但尚未领取的债券利息（应当单独确认为应收利息）。即：这里的股权投资初始投资成本也不包含实际支付价款中已宣告但尚未发放的现金股利（应当单独确认为应收股利）。

（2）以现金以外的其他资产置换取得的长期股权投资，类似于前面所有资产置换的会计处理。

（3）接受捐赠的长期股权投资，其成本的确定与存货、固定资产和无形资产同样情形下成本的确定不完全相同。因为那些资产（存货、固定资产和无形资产）有名义金额的规定，长期股权投资则没有（其他前三项的规定相同）。

（4）无偿调入的长期股权投资，其成本的确定等同于其他资产。

【例 2－40】 某事业单位于 20×8 年 2 月 10 日以银行存款买入某企业 25% 的股份，实际支付价款 5 000 万元。另外，在购买过程中支付手续费等相关费用 200 万元。该单位取得该部分股权后，能够对被投资方的生产经营决策施加重大影响。

例题分析： 该事业单位应当按照实际支付的购买价款作为取得长期股权投资的成本，应编制会计分录如下：

借：长期股权投资 52 000 000

　　贷：银行存款 52 000 000

同时预算会计分录如下：

借：投资支出 52 000 000

　　贷：资金结存——货币资金 52 000 000

2. 长期股权投资成本法

长期股权投资在持有期间，根据投资单位对被投资单位的影响程度分别采用成本法及权益法进行核算。成本法与权益法是长期股权投资后续计量的两种不同方法，它们初始计量的会计处理原则是一致的。

成本法，是指投资按照投资成本计量的方法。政府会计主体无权决定被投资单位的财务和经营政策或无权参与被投资单位的财务和经营政策决策的，应当采用成本法进行核算。

在成本法下，长期股权投资的账面余额通常保持不变，但追加或收回投资时，应当相应调整其账面余额。长期股权投资持有期间，被投资单位宣告分派的现金股利或利润，政府会计主体应当按照宣告分派的现金股利或利润中属于政府会计主体应享有的份额确认为投资收益。

【例 2－41】 某事业单位 20×8 年 1 月，取得对甲公司 10% 的股权，成本为 800 万元，相关手续已经于当日办理完毕，该事业单位无权参与甲公司的财务和经营政策决策。20×9 年 3 月，甲公司宣告分派现金股利 100 万元，该事业单位按其持股比例可取得 10 万元。不考虑其他相关税费等因素影响。

例题分析： 本例中根据该事业单位对甲公司的投资程度，应当作为成本法核算的投资处理。应编制会计分录如下：

（1）20×8 年 1 月初始投资的确认：

借：长期股权投资　　8 000 000

　　贷：银行存款　　8 000 000

（2）20×9 年 3 月对被投资方宣告股利时作为“投资收益”的确认：

借：应收股利　　100 000

　　贷：投资收益　　100 000

待日后收到现金股利时：

借：银行存款　　100 000

　　贷：应收股利　　100 000

【例 2－42】 承【例 2－41】，假设该事业单位在对甲公司投资 5 年后，于 20×2 年 7 月初将持有的甲公司股权转让，以银行存款收到转让价款 1 500 万元。转让时该事业单位应编制会计分录如下：

借：银行存款　　15 000 000

　　贷：长期股权投资　　8 000 000

　　　　投资收益　　7 000 000

---

1. 请你分析：上述例题中，哪些步骤存在预算会计处理？试编一下会计分录？

答案提示：上述例题中，只要涉及现金资产有变化，就有预算会计处理。

（1）20×8 年 1 月初始投资的确认：

借：投资支出　　8 000 000

　　贷：资金结存——货币资金　　8 000 000

（2）20×9 年实际收到现金股利时：

借：资金结存——货币资金　　100 000

　　贷：投资预算收益　　100 000

（3）20×2 年 7 月初将持有的甲公司股权转让时：

借：资金结存——货币资金　　15 000 000

　　贷：其他结余　　8 000 000

　　　　投资预算收益　　7 000 000

2. 请你回答：为什么上述股权转让的分录，注销的是“其他结余”

科目？

答案提示：上述股权转让的分录，注销的是“其他结余”科目，是因为当初投资后期转让；如果取得投资与转让投资没有跨年度，则直接转销“投资支出”即可。

---

3. 长期股权投资权益法

根据《政府会计准则第 2 号——投资》的规定：长期股权投资在持有期间，通常应当采用权益法进行核算。政府会计主体无权决定被投资单位的财务和经营政策或无权参与被投资单位的财务和经营政策决策的，应当采用成本法进行核算。

权益法，是指投资最初以投资成本计量，以后根据政府会计主体在被投资单位所享有的所有者权益份额的变动对投资的账面余额进行调整的方法。权益法强调投资方的长期股权投资应当与被投资单位的所有者权益配比，当被投资单位所有者权益发生变动时，投资方应当按照投资比例确定长期股权投资的价值变动。

（1）长期股权投资持有期间的会计处理。

①按照应享有或应分担被投资单位实现的净损益的份额，确认为投资损益，同时调整长期股权投资的账面余额。

②按照被投资单位宣告分派的现金股利或利润计算应享有的份额，确认为应收股利，同时减少长期股权投资的账面余额。

③按照被投资单位除净损益和利润分配以外的所有者权益变动的份额，确认为净资产，同时调整长期股权投资的账面余额。

长期股权投资采用权益法核算的，还应当按照“成本”“损益调整”“其他权益变动”设置明细科目，进行明细核算。

【例 2－43】 某事业单位于 20×8 年 1 月 1 日取得乙公司 30% 的股权，支付价款 9 000 万元，该单位有权参与被投资单位的财务和经营政策决策。乙公司 20×8 年全年实现净利润为 1 000 万元。假设乙公司 20×9 年 3 月初宣告 20×8 年度的现金股利分配方案：向股东支付现金股利 400 万元（假设 1 个月以后收到该笔款项）。该事业单位相关的会计处理如下：

①20×8 年 1 月 1 日取得投资时：

借：长期股权投资——乙公司（成本）　　　　90 000 000

贷：银行存款 90 000 000

②乙公司20×8年全年实现净利润为1 000万元时：

借：长期股权投资——乙公司（损益调整） 3 000 000

贷：投资收益 3 000 000

③20×9年3月初宣告20×8年度的现金股利分配时：

借：应收股利 1 200 000

贷：长期股权投资——乙公司（损益调整） 1 200 000

④20×9年4月收到现金股利时：

借：银行存款 1 200 000

贷：应收股利 1 200 000

1. 请你分析：上述例题中，哪些步骤存在预算会计处理？试编一下会计分录？

答案提示：【例2－43】中，只要涉及现金资产有变化，就有预算会计处理。即涉及的是第（1）步骤和第（4）步骤：

（1）20×8年1月初始投资的确认：

借：投资支出 90 000 000

贷：资金结存——货币资金 90 000 000

（2）20×9年4月实际收到现金股利时：

借：资金结存——货币资金 1 200 000

贷：投资预算收益 1 200 000

2. 请你分析：承【例2－43】，如果20×9年度，被投资方有一笔其他综合收益项目增加了100万元，权益法下投资方是否存在相应会计处理？怎样的会计处理？

答案提示：长期股权投资采用权益法核算的，如果被投资单位除净损益和利润分配以外的所有者权益变动有变化的，投资方应按照其份额确认为净资产，同时调整长期股权投资的账面余额。具体会计处理如下：

借：长期股权投资——乙公司（其他权益变动） 300 000

贷：权益法调整 300 000

注："权益法调整"属于净资产科目，用以核算事业单位持有的长期股权投资采用权益

法核算时，按照被投资单位除净损益和利润分配以外的所有者权益变动份额调整长期股权投资账面余额而计入净资产的金额。

如果政府会计主体确认被投资单位发生的净亏损，政府会计主体按照应分担的份额借记“投资收益”科目，贷记“长期股权投资（损益调整）”科目，但应以“长期股权投资”科目的账面余额减记至零为限。发生亏损的被投资单位以后年度又实现净利润的，按照收益分享额弥补未确认的亏损分担额等之后的金额，恢复确认投资收益。

借：长期股权投资——损益调整

　　贷：投资收益

【例2-44】某事业单位持有甲公司40%的股权，该单位有权参与被投资单位的财务和经营政策决策。20×8年12月31日该项长期股权投资的账面价值为6 000万元。甲公司由于一项主要经营业务市场条件发生极为不利的变化，使得20×8年当年度亏损9 000万元。假设20×9年12月31日甲公司继续亏损，20×9年当年度亏损7 000万元。假设20×0年度甲公司扭亏为盈，当年实现净利润1 050万元。

例题分析

①20×8年当年度亏损9 000万元，确认损失的会计分录如下：

借：投资收益　　36 000 000

　　贷：长期股权投资——甲公司（损益调整）　　36 000 000

该事业单位确认投资损失后，长期股权投资账面价值变为2 400万元（6 000-9 000×40%）

②20×9年当年度继续亏损7 000万元确认损失的会计分录如下：

借：投资收益　　24 000 000

　　贷：长期股权投资——甲公司（损益调整）　　24 000 000

该事业单位确认投资损失应为2 800万元（7 000×40%），但由于其投资账面余额只剩2 400万元，故，以长期股权投资的账面余额减记至零为限。该事业单位有400万元未确认的亏损。

③20×0年度甲公司扭亏为盈，当年实现净利润1 050万元，投资方应当在其收益分享额弥补未确认的亏损分担额等之后，恢复确认投资收益20万元［1 050×40%-400］：

借：长期股权投资——甲公司（损益调整）　　200 000
　　贷：投资收益　　200 000

请你判断：(1) 如果20×0年度甲公司扭亏为盈，当年实现净利润800万元，投资方应当如何进行会计处理？(2) 如果20×0年度甲公司扭亏为盈，当年实现净利润1 000万元，投资方又应当如何进行会计处理？

答案提示：本质上，以上两种假设，投资方都无须进行会计处理。具体地：

(1) 甲公司扭亏为盈，当年实现净利润800万元，投资方收益分享额320万元（800×40%）尚未弥补完未确认的亏损；而在此之前，该事业单位有400万元未确认的亏损。即使这里弥补了一部分未确认的亏损，但是仍然有80万元亏损尚未确认。故不做会计处理。

(2) 甲公司扭亏为盈，当年实现净利1 000万元。由于在此之前，该事业单位有400万元未确认的亏损。投资方收益分享额400万元（1 000×40%）弥补完未确认的亏损后，没有剩余数，故也不做会计处理。

(2) 长期股权投资处置的会计处理。

长期股权投资处置包括投资在权益法与成本法之间的转换、出售或转让长期股权投资等业务活动。

①股权投资由权益法改按成本法。

政府会计主体因处置部分长期股权投资等原因无权再决定被投资单位的财务和经营政策或者参与被投资单位的财务和经营政策决策的，应当对处置后的剩余股权投资改按成本法核算，并以该剩余股权投资在权益法下的账面余额作为按照成本法核算的初始投资成本。具体会计处理如下：

处置部分长期股权投资时：

借：银行存款
　　投资收益　　（借差）
　　贷：长期股权投资——相关明细科目
　　　　投资收益　　（贷差）

同时预算会计分录如下：

借：资金结存——货币资金

投资预算收益　（借差）

贷：投资支出/其他结余

投资预算收益（贷差）

剩余股权投资改按成本法时：

借：长期股权投资

贷：长期股权投资——成本

——损益调整

——其他权益变动

注：长期股权投资中的“损益调整”和“其他权益变动”明细科目依据具体情况，其借贷方向不稳定，也可能出现方向相反的可能。

其后，被投资单位宣告分派现金股利或利润时，属于已计入投资账面余额的部分，作为成本法下长期股权投资成本的收回，冲减长期股权投资的账面余额。

②长期股权投资由成本法改按权益法。

政府会计主体因追加投资等原因对长期股权投资的核算从成本法改为权益法的，应当自有权决定被投资单位的财务和经营政策或者参与被投资单位的财务和经营政策决策时，按成本法下长期股权投资的账面余额加上追加投资的成本作为按照权益法核算的初始投资成本。具体会计处理如下：

借：长期股权投资——成本

贷：长期股权投资　（成本法下账面余额）

银行存款　（追加投资部分）

同时预算会计针对追加投资部分，编制会计分录如下：

借：投资支出

贷：资金结存——货币资金

③长期股权投资的出售或转让。

根据《政府会计准则第2号——投资》的规定：政府会计主体按规定报经批准处置长期股权投资，应当冲减长期股权投资的账面余额，并按规定将处置价款扣除相关税费后的余额作应缴款项处理，或者按规定将处置价款扣除相关税费后的余额与长期股权投资账面余额的差额计入当期投资损益。

采用权益法核算的长期股权投资，因被投资单位除净损益和利润分配以外的所有者权益变动而将应享有的份额计入净资产的，处置该项投资时，还应当将原计入净资产的相应部分转入当期投资损益。具体会计处理情况如下。

处置以现金取得的长期股权投资：

借：银行存款（等）　　（按照实际取得的价款）

　　投资收益　　　　　　（借差）

　　贷：长期股权投资　　（长期股权投资的账面余额）

　　　　应收股利　　（原尚未领取的现金股利或利润）

　　　　银行存款　　　（发生的相关税费等支出）

　　　　投资收益　　　　　　（贷差）

同时，预算会计分录如下：

借：资金结存——货币资金（取得价款扣减支付的相关税费后的差额）

　　贷：投资支出/其他结余　　　　（原投资数额）

　　贷或借：投资预算收益　　　　　差额

处置以现金以外的其他资产取得的长期股权投资，处置净收入上缴财政时：

借：资产处置费用

　　贷：长期股权投资　　（长期股权投资的账面余额）

同时：

借：银行存款　　　　　（实际收到的款项）

　　贷：应收股利　　　（原尚未收到的现金股利或利润）

　　　　银行存款　　　　　（支付的相关税费）

　　　　应缴财政款　　　　　（处置净收入）

同时根据取得的现金股利或利润编制预算会计分录如下：

借：资金结存——货币资金

　　贷：投资预算收益

如果单位按照规定将处置时取得的投资收益纳入本单位预算管理的，应当按照所取得价款大于被处置长期股权投资账面余额、应收股利账面余额和相关税费支出合计的差额，贷记“投资收益”科目。具体会计处理如下：

借：资产处置费用

　　贷：长期股权投资

同时：

借：银行存款　　　　　　　　（实际收到的款项）

　　贷：应收股利　　　　　　（尚未收到的现金股利或利润）

　　　　投资收益（取得价款扣除投资账面余额、应收股利和相关税费后的差额）

　　　　银行存款　　　　　　（支付的相关税费）

　　　　应缴财政款　　　　　　　（贷差）

同时根据取得价款扣除投资账面余额和相关税费后的差额编制预算会计分录如下：

借：资金结存——货币资金

　　贷：投资预算收益

因被投资单位破产清算等原因，有确凿证据表明长期股权投资发生损失，按照规定报经批准后予以核销时，按照予以核销的长期股权投资的账面余额，计入当期费用。即：

借：资产处置费用

　　贷：长期股权投资

报经批准置换转出长期股权投资时，类似于前述资产置换的会计处理原则，此不再赘述。

【例2-45】 20×8年12月20日某事业单位将持有乙公司30%的股权全部出售（该投资当初是现金资产取得），出售取得价款13 000万元。截至出售之日，该单位账面上对乙公司长期股权投资的构成为：投资成本9 000万元，损益调整1 500万元，其他权益变动540万元。该事业单位应编制会计分录如下：

（1）确认处置损益的账务处理：

借：银行存款　　　　　　　　　　　　　　130 000 000

　　贷：长期股权投资——乙公司（成本）　　　　　　90 000 000

　　　　　　　　　　——乙公司（损益调整）　　　　15 000 000

　　　　　　　　　　——乙公司（其他权益变动）　　 5 400 000

　　　　投资收益　　　　　　　　　　　　　　　　19 600 000

（2）除应将出售长期股权投资的账面价值进行结转，确认出售投资收益以外，还应将原计入其他权益变动部分转入投资收益。即：

借：权益法调整　　5 400 000

　　贷：投资收益　　5 400 000

1. 请你判断：上述出售的投资是否存在预算会计核算？

答案提示：存在预算会计核算，即在收到出售投资款时，编制预算会计分录如下：

借：资金结存——货币资金　　130 000 000

　　贷：其他结余　　90 000 000

　　　　投资预算收益　　40 000 000

2. 请你分析：上述出售投资，长期股权投资账户中的明细科目“损益调整”和“其他权益变动”借贷方向是否稳定？有无存在反方的可能？为什么？

答案提示：长期股权投资账户中的明细科目“损益调整”和“其他权益变动”的借贷方向不稳定；有存在反方的可能（借方或贷方）；因为投资方的长期股权投资账户伴随着被投资方的所有者权益（净资产）变化而按照享有的份额会随时调整（或借或贷），被投资方的所有者权益（净资产）既会发生增加的变化，也会发生减少的变化，所以“长期股权投资——损益调整”和“长期股权投资——其他权益变动”也会随之发生借或者贷的调整。

上述例题中的出售该投资，“长期股权投资——损益调整”和“长期股权投资——其他权益变动”是在借方科目前提下所做出的会计处理。

3. 请你分析：上述会计处理中依据什么判断“权益法调整”科目方向的？也就是说，为什么会计分录中借记该科目？

答案提示：这个问题源自于“长期股权投资——其他权益变动”科目，因为“长期股权投资——其他权益变动”与“权益法调整”日常形成时，组成一组会计分录，是一借一贷的对应关系。由于题意中“长期股权投资——其他权益变动”科目注销前是借方存在，那么就意味着“权益法调整”科目注销前是贷方存在。所以，一个科目究竟以哪一方注销，取决于转销前该科目的存在方向。

第八节 政府经管资产

政府资产一般包括行政事业单位占有使用的政府资产、企业国有资产、政府经管资产以及政府受托代理资产等。

政府经管资产，顾名思义，政府及其有关部门经手管理的资产。政府经管资产主要包括政府储备物资、公共基础设施、文物文化资产和保障性住房等。作为政府资产的重要组成部分，政府经管资产具有公共服务性质，如交通运输部门经手管理的交通设施、国土资源部门经手管理的收储土地以及住房城乡建设部门经手管理的保障性安居工程等。

经管资产与存货资产、固定资产和无形资产具有本质的不同。存货资产、固定资产和无形资产是用于保证部门、单位和机构自身职能正常履行而使用的自有资产。

一、公共基础设施

（一）公共基础设施概述

1. 公共基础设施的内容

公共基础设施，是指政府会计主体为满足社会公共需求而控制的，同时具有以下特征的有形资产：（1）是一个有形资产系统或网络的组成部分；（2）具有特定用途；（3）一般不可移动。

公共基础设施主要包括市政基础设施（如城市道路、桥梁、隧道、公交场站、路灯、广场、公园绿地、室外公共健身器材，以及环卫、排水、供水、供电、供气、供热、污水处理、垃圾处理系统等）、交通基础设施（如公路、航道、港口等）、水利基础设施（如大坝、堤防、水闸、泵站、渠道等）和其他公共基础设施。

2. 公共基础设施的确认

（1）确认主体。通常情况下，按照“谁承担管理维护职责、由谁入账”的原则确定公共基础设施的记账主体。所以公共基础设施应当由按规定对其负有管理维护职责的政府会计主体予以确认。

如果由多个政府会计主体共同管理维护的公共基础设施，可暂按现有分管比例各自登记入账。公共基础设施的管理维护职责尚不明确的，由本级政府尽快予以明确。

如果负有管理维护公共基础设施职责的政府会计主体通过政府购买服务方式委托企业或其他会计主体代为管理维护公共基础设施的，该公共基础设施应当由委托方予以确认。

对于企业控制的公共基础设施，由企业按照企业会计准则进行核算；对于政府将其特许经营权授予企业的存量公共基础设施，其会计处理由财政部另行规定。

请你判断：如果同样一项公共基础设施，甲单位负责支付资金建造，乙单位负责管理维护。那么，这项资产应当在哪个单位作为“公共基础设施”资产的核算？

答案提示：公共基础设施应当由按规定对其负有管理维护职责的政府会计主体予以确认，即乙单位。

（2）确认条件。公共基础设施同时满足下列条件的，应当予以确认：①与该公共基础设施相关的服务潜力很可能实现或者经济利益很可能流入政府会计主体；②该公共基础设施的成本或者价值能够可靠地计量。

3. 会计科目的设置

政府会计主体为了反映公共基础设施的增减变化情况，应当设置“公共基础设施”会计科目进行核算。该科目属于资产类。核算单位控制的公共基础设施的原值。“公共基础设施”科目应当按照公共基础设施的类别、项目等进行明细核算。

关于公共基础设施的类别，单位对公共基础设施至少应当按照市政基础设施、交通基础设施、水利基础设施和其他公共基础设施四个类别进行明细核算。单位应当根据行业主管部门对公共基础设施的分类规定，制定适合于本单位管理的公共基础设施目录、分类方法，作为进行公共基础设施核算的依据，满足编制行政事业性国有资产报告的需要。

单位应当在对公共基础设施进行分级分类的基础上，按照合适的计量单元将存量公共基础设施分门别类登记入账。国务院有关行业主管部门对公共基础设施已规定分级分类标准的，从其规定；尚无明确规定的，单位在公共基础设施首次入账时可按照现行管理实务进行分级分类，待统一分类规定出台后再行调整。

（二）公共基础设施的初始计量

1. 公共基础设施在取得时应当按照成本进行初始计量

（1）政府会计主体自行建造的公共基础设施，其成本包括完成批准的建设内容所发生的全部必要支出，包括建筑安装工程投资支出、设备投资支出、待摊投资支出和其他投资支出。

为建造公共基础设施借入的专门借款的利息，属于建设期间发生的，计入该公共基础设施在建工程成本；不属于建设期间发生的，计入当期费用。

已交付使用但尚未办理竣工决算手续的公共基础设施，应当按照估计价值入账，待办理竣工决算后再按照实际成本调整原来的暂估价值。

（2）政府会计主体接受其他会计主体无偿调入的公共基础设施，其成本按照该项公共基础设施在调出方的账面价值加上归属于调入方的相关费用确定。

（3）政府会计主体接受捐赠的公共基础设施，其成本按照有关凭据注明的金额加上相关费用确定；没有相关凭据可供取得，但按规定经过资产评估的，其成本按照评估价值加上相关费用确定；没有相关凭据可供取得、也未经资产评估的，其成本比照同类或类似资产的市场价格加上相关费用确定。

如受赠的系旧的公共基础设施，在确定其初始入账成本时应当考虑该项资产的新旧程度。

---

1. 请你判断：与固定资产相比，公共基础设施在接受捐赠时的计价有什么差别？

答案提示：固定资产接受捐赠有名义金额的规定，公共基础设施则没有。

2. 请你分析：固定资产与公共基础设施均列入资产负债表的资产方，但是两者却有根本的差别，分析其差别内容？

答案提示：两者虽然在单价、使用期限以及实物形态方面有相似之处，但是却明显不同。公共基础设施是政府及其部门经手管理的资产。而固定资产是用于保证部门、单位和机构自身职能正常履行而使用的自有资产。

3. 请你分析：对于接受捐赠的公共基础设施成本无法可靠取得的，是否存在会计分录的编制？应如何进行会计处理？

答案提示：

（1）如果接受捐赠的公共基础设施成本无法可靠取得，但发生了相关税费等支付，应当编制如下会计分录：

借：其他费用

　　贷：财政拨款收入、零余额账户用款额度、银行存款（等）

同时，预算会计分录如下：

借：其他支出

　　贷：财政拨款预算收入、资金结存——零余额账户用款额度、资金结存——货币资金

（2）对于成本无法可靠取得的公共基础设施，单位应当设置备查簿进行登记，待成本能够可靠确定后按照规定及时入账。

（4）政府会计主体外购的公共基础设施，其成本包括购买价款、相关税费以及公共基础设施交付使用前所发生的可归属于该项资产的运输费、装卸费、安装费和专业人员服务费等。

（5）对于包括不同组成部分的公共基础设施，其只有总成本、没有单项组成部分成本的，政府会计主体可以按照各单项组成部分同类或类似资产的成本或市场价格比例对总成本进行分配，分别确定公共基础设施中各单项组成部分的成本。

【例2－46】某行政单位为创建文明城市，通过财政直接支付建造了一块公园绿地，其成本总额共计1 000万元，其中土地价值800万元。对此，有关会计环节及相应的会计处理如下：

（1）购买土地时（财务会计和预算会计平行核算）：

借：公共基础设施——土地使用权	8 000 000	
贷：财政拨款收入		8 000 000

借：行政支出　8 000 000
　　贷：财政拨款预算收入　8 000 000

（2）公园绿地建造中的其他款项支付时（财务会计和预算会计平行核算）：

借：在建工程——公园绿地工程　2 000 000
　　贷：财政拨款收入　2 000 000
借：行政支出　2 000 000
　　贷：财政拨款预算收入　2 000 000

（3）公园绿地交付使用时，编制财务会计分录：

借：公共基础设施——公园绿地　2 000 000
　　贷：在建工程——公园绿地工程　2 000 000

请你分析：在购建公共基础设施时，对于购买的土地应如何核算？类似于建造固定资产吗？

答案提示：在购建公共基础设施时，对于购买的土地，其核算类似于建造固定资产。即：购建公共基础设施时，对于购买的土地能够分清购建成本中的构筑物部分与土地使用权部分的，应当将其中的构筑物部分和土地使用权部分分别确认为公共基础设施；不能分清购建成本中的构筑物部分与土地使用权部分的，应当全部确认为公共基础设施。

2. 关于存量公共基础设施的入账成本

（1）单位应当首先按照公共基础设施的初始购建成本确定存量公共基础设施的初始入账成本。

单位在确定存量公共基础设施的初始购建成本时，应当以与存量公共基础设施购建及交付使用有关的原始凭据为依据，包括项目竣工财务决算资料、项目移交资料、项目投资预算、项目投资概算及建设成本资料等。单位无法取得与存量公共基础设施初始购建有关的原始凭据的，应当在财务报表附注中对无法取得原始凭据的事实及理由予以披露。

（2）对于无法取得与存量公共基础设施初始购建有关的原始凭据，但已按照有关规定对公共基础设施进行评估，或者按照《中华人民共和国资产评估法》等法律法规和国家有关规定要求对公共基础设施进行评估的，单位应当按照评估价值确定存量公共基础设施的初始入账成本。

以评估价值确定存量公共基础设施的初始入账成本的，应当以评估机构出具的评估报告等作为原始凭据。

（3）对于无法取得与存量公共基础设施初始购建有关的原始凭据且在首次入账前未要求或未进行过资产评估的，单位应当按照重置成本确定存量公共基础设施的初始入账成本。单位在具体确定存量公共基础设施的重置成本时，可参考以下步骤进行：

第一步，对存量公共基础设施进行分级分类；

第二步，确定各项存量公共基础设施的建造或使用时间、具体数量（如里程、面积等）以及各项资产的成新率（即新旧程度系数）；

第三步，确定现行条件下每项公共基础设施的单位（如单位里程、单位面积等）资产价值。通常情况下，单位资产价值的确定应当以行业定额标准或由各地行业主管部门组织确定的定额标准为基础；

第四步，根据第二步和第三步的结果，计算确定每项具体公共基础设施的入账成本；

经履行内部报批程序后，单位可将重置成本计算的依据作为存量公共基础设施初始入账的原始凭据。

此外，单位在新旧制度转换时，对于应当确认为公共基础设施、但已确认为固定资产的，应当将该项固定资产按其账面价值重分类为公共基础设施。如果该项固定资产是以名义金额计量的，应当按照以上规定重新确定公共基础设施的入账成本。

（三）公共基础设施的后续计量

1. 公共基础设施的折旧或摊销

政府会计主体应当对公共基础设施计提折旧，但政府会计主体对于确认为公共基础设施的单独计价入账的土地使用权，政府会计主体应当按照无形资产摊销的相关规定进行摊销。

单位应当设置“公共基础设施累计折旧（摊销）”会计科目用来核算单位计提的公共基础设施累计折旧和累计摊销。本科目应当按照所对应公共基础设施的明细分类进行明细核算。按月计提公共基础设施折旧时，按照应计提的折旧额。

借：业务活动费用

贷：公共基础设施累计折旧

如果按月对确认为公共基础设施的单独计价入账的土地使用权进行摊销时：

借：业务活动费用

贷：公共基础设施累计摊销

公共基础设施应计提的折旧总额为其成本，计提公共基础设施折旧时不考虑预计净残值。政府会计主体应当对暂估入账的公共基础设施计提折旧，实际成本确定后不需调整原已计提的折旧额。

政府会计主体应当根据公共基础设施的性质和使用情况，合理确定公共基础设施的折旧年限。政府会计主体确定公共基础设施折旧年限，应当考虑下列因素：（1）设计使用年限或设计基准期；（2）预计实现服务潜力或提供经济利益的期限；（3）预计有形损耗和无形损耗；（4）法律或者类似规定对资产使用的限制。

公共基础设施的折旧年限一经确定，不得随意变更。

对于政府会计主体接受无偿调入、捐赠的公共基础设施，应当考虑该项资产的新旧程度，按照其尚可使用的年限计提折旧。

请你回答：目前，关于公共基础设施的折旧年限，国家是否制定了相关规定？也就是说其折旧年限的政策依据是什么？

答案提示：暂时没有。在国务院财政部门对公共基础设施折旧（摊销）年限做出规定之前，单位在公共基础设施首次入账时暂不考虑补提折旧（摊销），初始入账后也暂不计提折旧（摊销）。单位在2019年1月1日之前已经核算公共基础设施且计提折旧（摊销）的，在新旧衔接时以及执行政府会计准则制度后可继续沿用之前的折旧（摊销）政策。

政府会计主体一般应当采用年限平均法或者工作量法计提公共基础设施折旧。

在确定公共基础设施的折旧方法时，应当考虑与公共基础设施相关的服务潜力或经济利益的预期实现方式。

公共基础设施折旧方法一经确定，不得随意变更。

公共基础设施应当按月计提折旧，并计入当期费用。当月增加的公共基础设施，当月开始计提折旧；当月减少的公共基础设施，当月不再计提折旧。公共基础设施提足折旧后，无论能否继续使用，均不再计提折旧；已提足折旧的公共基础设施，可以继续使用的，应当继续使用，并规范实物管理。提前报废的公共基础设施，不再补提折旧。

请你回答：从资产的实物形态和相关价值标准而言，政府会计主体控制的公共基础设施与固定资产有一定的相似性，那为什么不把公共基础设施作为固定资产核算呢？

答案提示：从资产的实物形态和相关价值标准而言，政府会计主体控制的公共基础设施与其固定资产有一定的相似性，因此采用权责发生制政府会计的典型国家和地区中，绝大多数都将基础设施作为固定资产的一个类别，在固定资产准则中予以规范。

由于我国政府公共基础设施数量众多，在资金来源、建造和管理方式、产权关系、用途等方面与政府会计主体占有、使用的固定资产有较大区别，而且有关固定资产的会计规定并不能满足公共基础设施核算的需要；公共基础设施作为政府会计主体维护管理的资产，其本身价值及产生的折旧费用等应区别于政府会计主体的固定资产单独核算，以为未来科学评价政府绩效奠定基础。对公共基础设施制定单独的具体准则，可以更加清晰地体现公共基础设施作为一种特殊类型的政府资产的确认、计量、披露的具体规定，有利于准确核算政府公共基础设施，全面反映政府“家底”。

2. 公共基础设施的后续计量

在原有公共基础设施基础上进行改建、扩建等建造活动后的公共基础设施，其成本按照原公共基础设施账面价值加上改建、扩建等建造活动发生的支出，再扣除公共基础设施被替换部分的账面价值后的金额确定。

处于改建、扩建等建造活动期间的公共基础设施，应当暂停计提折旧。

因改建、扩建等原因而延长公共基础设施使用年限的，应当按照重新确定的公共基础设施的成本和重新确定的折旧年限计算折旧额，不需调整原已计提的折旧额。

请你回答：为保证公共基础设施正常使用发生的日常维修等支出，其会计处理是否与固定资产类似？

答案提示：为保证公共基础设施正常使用发生的日常维修等支出，其会计处理与固定资产类似。即作为单位的当期费用，编制财务会计和预算会计分录。

借：业务活动费用、单位管理费用（等）

　　贷：财政拨款收入、零余额账户用款额度、银行存款（等）

借：行政支出或事业支出

　　贷：财政拨款预算收入、资金结存——零余额账户用款额度、资金结存——货币资金

【例2-47】某行政单位为确保其经管的某项公共基础设施正常使用，发生的日常维修用20 000元，通过财政授权支付方式价款。

借：业务活动费用　　20 000

　　贷：零余额账户用款额度　　20 000

同时编制预算会计分录：

借：行政支出　　20 000

　　贷：资金结存——零余额账户用款额度　　20 000

（四）公共基础设施的处置和清查

1. 公共基础设施的处置

政府会计主体公共基础设施的处置包括无偿调出、对外捐赠、报废或遭受重大毁损等。

（1）政府会计主体按规定报经批准无偿调出、对外捐赠公共基础设施的，应当将公共基础设施的账面价值予以转销，无偿调出、对外捐赠中发生的归属于调出方、捐出方的相关费用应当计入当期费用。具体会计处理如下：

借：资产处置费用、无偿调拨净资产、待处理财产损溢（等）

　　公共基础设施累计折旧（摊销）

　　贷：公共基础设施

借：资产处置费用

贷：银行存款（等）

同时编制预算会计分录如下：

借：其他支出

贷：资金结存——货币资金

【例2-48】承【例2-46】资料，假设经批准，该行政单位将该绿地公园捐赠给本地某街道办事处管理维护。假设该基础设施尚未计提折旧或摊销。该行政单位应编制会计分录如下：

借：资产处置费用

贷：公共基础设施——土地使用权　　8 000 000

——公园绿地　　2 000 000

---

1. 请你回答：承【例2-48】，将公共基础设施对外捐赠，注销的是该公共基础设施的账面余额还是账面价值？

答案提示：将公共基础设施对外捐赠，注销的是该基础设施的账面价值。只是例题中该基础设施尚未计提折旧或摊销。所以该公共基础设施的账面余额即为账面价值。

2. 请你回答：街道办事处接受该笔基础设施捐赠，应当如何核算？

答案提示：街道办事处接受该笔基础设施捐赠，应当作为接受捐赠公共基础设施的会计处理。具体地，该公共基础设施的价值应根据以下处理原则进行计价：

政府会计主体接受捐赠的公共基础设施：（1）其成本按照有关凭据注明的金额加上相关费用确定；（2）没有相关凭据可供取得，但按规定经过资产评估的，其成本按照评估价值加上相关费用确定；（3）没有相关凭据可供取得、也未经资产评估的，其成本比照同类或类似资产的市场价格加上相关费用确定。

如果以上条件仍不具备，则将其设置备查簿进行登记；待成本能够可靠确定后按照规定及时入账。

（2）公共基础设施报废或遭受重大毁损的，政府会计主体应当在报经批准后将公共基础设施账面价值予以转销，并将报废、毁损过程中取得的残

值变价收入扣除相关费用后的差额按规定做应缴款项处理（差额为净收益时）或计入当期费用（差额为净损失时）。

①报废或遭受重大毁损时：

借：待处理财产损溢——待处理财产价值

　　公共基础设施累计折旧（摊销）

　　贷：公共基础设施

②报经批准后：

借：资产处置费用

　　贷：待处理财产损溢——待处理财产价值

③处置中获取有关的收益时：

借：银行存款、其他应收款（等）

　　贷：待处理财产损溢——处理净收入

④处置中发生有关的付出时：

借：待处理财产损溢——处理净收入

　　贷：银行存款（等）

⑤最终处置完毕，转销待处理账户：

借：待处理财产损溢——处理净收入

　　贷：应缴财政款

如果属于净损失，则计入“资产处置费用”。

2. 公共基础设施的清查

单位应当定期对公共基础设施进行清查盘点。对于发生的公共基础设施盘盈、盘亏、毁损或报废，应当先记入“待处理财产损溢”科目，按照规定报经批准后及时进行后续账务处理。其中：

（1）盘盈的公共基础设施，其成本按照有关凭据注明的金额确定；没有相关凭据、但按照规定经过资产评估的，其成本按照评估价值确定；没有相关凭据、也未经过评估的，其成本按照重置成本确定。盘盈的公共基础设施成本无法可靠取得的，单位应当设置备查簿进行登记，待成本确定后按照规定及时入账。

请你分析：与固定资产盘盈相比，公共基础设施的盘盈有什么不同？

答案提示：公共基础设施的盘盈，在计价方面不同于固定资产，即盘盈的公共基础设施没有按照名义金额计价的规定（固定资产有）；如果盘盈的公共基础设施成本无法可靠取得的，单位应当设置备查簿进行登记，待成本确定后按照规定及时入账。

（2）盘亏、毁损或报废的公共基础设施，按照待处置公共基础设施的账面价值，进行如下会计处理：

借：待处理财产损溢

　　公共基础设施累计折旧（摊销）

　　贷：公共基础设施

二、政府储备物资

（一）政府储备物资概述

1. 政府储备物资的特性

政府储备物资，是指政府会计主体为满足实施国家安全与发展战略、进行抗灾救灾、应对公共突发事件等特定公共需求而控制的，同时具有下列特征的有形资产：

（1）在应对可能发生的特定事件或情形时动用；

（2）其购入、存储保管、更新（轮换）、动用等由政府及相关部门发布的专门管理制度规范。

政府储备物资包括战略及能源物资、抢险抗灾救灾物资、农产品、医药物资和其他重要商品物资，通常情况下由政府会计主体委托承储单位存储。

从资产物质形态看，政府会计主体控制的政府储备物资与其占有、使用的存货具有一定相似性，但政府储备物资在功能作用、管理方式、资金来源、业务流程等方面与存货存在着显著差异：第一，从功能作用来看，政府储备物资是政府会计主体为满足特定公共需求而储备的物资，其主要目的是进行“储备”以用于应对可能发生的特定事件或情况，其规模和种类反映政府维护社会经济稳定、确保国家安全、部署发展战略、应对各类突发事件等的能力，与政府会计主体在开展日常性活动中为自身耗用或出售而储存的存货具有本质区别。第二，从管理方式来看，政府会计主体对于存货一般采取由其自身直接储存的方式进行管理，而我国政府储备物资主要采取委托存储的管理模式，承储单位按照行政管理部门要求进行实际储存和日常管理，行政管理和存储执行相分离。基层代储单位性质也呈现多样化，涉及政府会计主体和企业主体。此外，有些储备物资品种还涉及多个政府会计主体管理以及多级次政府会计主体管理的情况。第三，从资金来源看，存货采购资金来源于部门预算资金，而政府储备物资的收储资金来源更为复杂，除来源于部门预算资金外，还存在来源于银行专项贷款等情况。第四，从日常业务流程来看，政府储备物资具有区别于存货的独特业务内容和环节，如政府储备物资需要根据特定文件规定进行采购、存储、保管、轮换、发出等，发出物资收回往往具有不确定性。鉴于此，需要单独制定准则对政府储备物资的确认、计量和披露等进行规范。

2. 政府储备物资的确认

(1) 确认主体。

通常情况下，政府储备物资应当由按规定对其负有行政管理职责的政府会计主体予以确认。《政府会计准则第6号——政府储备物资》规定的行政管理职责主要指提出或拟定收储计划、更新（轮换）计划、动用方案等。相关行政管理职责由不同政府会计主体行使的政府储备物资，由负责提出收储计划的政府会计主体予以确认。

(2) 确认条件。

政府储备物资同时满足下列条件的，应当予以确认：①与该政府储备物资相关的服务潜力很可能实现或者经济利益很可能流入政府会计主体；②该政府储备物资的成本或者价值能够可靠地计量。

3. 会计科目的设置

为了全面反映政府储备物资的增减变化，应设置“政府储备物资”会计科目，该科目属于资产类。核算单位控制的政府储备物资的成本。本科目应当按照政府储备物资的种类、品种、存放地点等进行明细核算。单位根据需要，可在本科目下设置“在库”“发出”等明细科目进行明细核算。

对政府储备物资不负有行政管理职责但接受委托具体负责执行其存储保管等工作的单位，其受托代储的政府储备物资应当通过“受托代理资产”科目核算，不通过本科目核算。

（二）政府储备物资的初始计量

政府储备物资在取得时应当按照成本进行初始计量。

（1）政府会计主体购入的政府储备物资，其成本包括购买价款和政府会计主体承担的相关税费、运输费、装卸费、保险费、检测费以及使政府储备物资达到目前场所和状态所发生的归属于政府储备物资成本的其他支出。

（2）政府会计主体委托加工的政府储备物资，其成本包括委托加工前物料成本、委托加工的成本（如委托加工费以及按规定应计入委托加工政府储备物资成本的相关税费等）以及政府会计主体承担的使政府储备物资达到目前场所和状态所发生的归属于政府储备物资成本的其他支出。

（3）政府会计主体接受捐赠的政府储备物资，其成本按照有关凭据注明的金额加上政府会计主体承担的相关税费、运输费等确定；没有相关凭据可供取得，但按规定经过资产评估的，其成本按照评估价值加上政府会计主体承担的相关税费、运输费等确定；没有相关凭据可供取得、也未经资产评估的，其成本比照同类或类似资产的市场价格加上政府会计主体承担的相关税费、运输费等确定。

（4）政府会计主体接受无偿调入的政府储备物资，其成本按照调出方账面价值加上归属于政府会计主体的相关税费、运输费等确定。

---

1. 请你回答：是不是与政府储备物资有关的支出均应计入政府储备物资？

答案提示：不是。下列各项不计入政府储备物资成本：（1）仓储费用；（2）日常维护费用；（3）不能归属于使政府储备物资达到目前场所和状态所发生的其他支出。

2. 请你分析：政府会计主体接受捐赠的政府储备物资与公共基础设施的接受捐赠，在计价方面的规定是否类似？

答案提示：接受捐赠方面，两个资产的计价规定极为类似，均没有名义金额规定，其他的规定也基本相同。

3. 请你思考：政府会计主体接受无偿调入的政府储备物资，其成本的规定与其他资产有差别吗？都有哪些资产？

答案提示：政府会计主体接受无偿调入的政府储备物资，其成本的规定与其他资产没有差异，这些资产包括存货资产、固定资产、无形资产、公共基础设施等。

（三）政府储备物资的后续计量

政府储备物资的后续计量包括因动用而发出、对外调出、对外出售和更新（轮换）等。但不管什么形式，政府会计主体均应当根据实际情况采用先进先出法、加权平均法或者个别计价法确定政府储备物资发出的成本。计价方法一经确定，不得随意变更。

对于性质和用途相似的政府储备物资，政府会计主体应当采用相同的成本计价方法确定发出物资的成本。对于不能替代使用的政府储备物资、为特定项目专门购入或加工的政府储备物资，政府会计主体通常应采用个别计价法确定发出物资的成本。

请你回答：政府储备物资发出，其成本的计价方法是否与存货的发出计价方法类似？个别计价法的适用情况是否也类似于存货？

答案提示：政府储备物资发出，其成本的计价方法与存货的发出计价方法完全一致，而且个别计价法的适用情况也类似于存货。

（1）因动用而发出无须收回的政府储备物资的，政府会计主体应当在发出物资时将其账面余额予以转销，计入当期费用。即：

借：业务活动费用

　　贷：政府储备物资

（2）因动用而发出需要收回或者预期可能收回的政府储备物资的，政府会计主体应当在按规定的质量验收标准收回物资时，将未收回物资的账面余额予以转销，计入当期费用。

①在发出物资时，按照发出物资的账面余额：

借：政府储备物资——发出

　　贷：政府储备物资——在库

②按照规定的质量验收标准收回物资时：

借：政府储备物资——在库

　　业务活动费用

　　贷：政府储备物资——发出

（3）因行政管理主体变动等原因而将政府储备物资调拨给其他主体的，政府会计主体应当在发出物资时将其账面余额予以转销。即：

借：无偿调拨净资产

　　贷：政府储备物资

【例 2-49】 20×8 年 10 月 10 日，某行政单位通过财政直接支付方式购买一批救灾物资用于储备，价值 1 000 万元，发生相关税费 16 万元。20×8 年 12 月 20 日，经批准将其中的 508 万元捐赠给灾区，发生运输费 30 000 元，银行存款支付。相关的会计处理如下：

①购买救灾物资时：

财务会计分录：

借：政府储备物资　　10 160 000

　　贷：财政拨款收入　　10 160 000

预算会计分录：

借：行政支出　　10 160 000

　　贷：财政拨款收入　　10 160 000

②经批准捐给灾区时：

财务会计分录：

借：业务活动费用　　5 080 000

　　贷：政府储备物资　　5 080 000

借：资产处置费用　　30 000

　　贷：银行存款　　30 000

预算会计分录：

借：其他支出　　30 000

　　贷：资金结存——货币资金　　30 000

（4）政府会计主体对外销售政府储备物资的，应当在发出物资时将其账面余额转销计入当期费用，并按规定确认相关销售收入或将销售取得的价款大于所承担的相关税费后的差额做应缴款项处理。

①对于对外销售政府储备物资并将销售收入纳入单位预算统一管理的，发出物资时，按照发出物资的账面余额：

借：业务活动费用

　　贷：政府储备物资

②实现销售收入时，按照确认的收入金额：

借：银行存款、应收账款（等）

　　贷：事业收入（等）

同时编制预算会计分录如下：

借：资金结存——货币资金

　　贷：事业预算收入（等）

请你分析：上述对外销售政府储备物资并计入销售收入的会计处理是否是在收入无须上缴财政的情况下？如果是，那么需要上缴财政的会计处理又如何？

答案提示：上述对外销售政府储备物资并计入销售收入的会计处理是在收入无须上缴财政的情况下。

如果需要上缴财政，应编制如下会计分录：

（1）发出物资时：

借：资产处置费用

　　贷：政府储备物资

（2）取得销售价款时：

借：银行存款（等）

　　贷：应缴财政款　（销售价款大于所承担的相关税费后的差额）

　　　　银行存款

（5）政府会计主体采取销售采购方式对政府储备物资进行更新（轮换）的，应当将物资轮出视为物资销售；将物资轮入视为物资采购，按照外购政府储备物资进行会计处理。此略。

（四）政府储备物资报废、毁损、盘盈和盘亏

单位应当定期对政府储备物资进行清查盘点，每年至少盘点一次。对于发生的政府储备物资盘盈、盘亏或者报废、毁损，应当先记入“待处理财产损溢”科目，按照规定报经批准后及时进行后续账务处理。

1. 政府储备物资报废和毁损

政府储备物资报废、毁损的，政府会计主体应当按规定报经批准后将报废、毁损的政府储备物资的账面余额予以转销，确认应收款项（确定追究相关赔偿责任的）或计入当期费用（因储存年限到期报废或非人为因素致使报废、毁损的）；同时，将报废、毁损过程中取得的残值变价收入扣除政府会计主体承担的相关费用后的差额按规定作应缴款项处理（差额为净收益时）或计入当期费用（差额为净损失时）。

2. 政府储备物资盘盈和盘亏

政府会计主体盘盈的政府储备物资，其成本按照有关凭据注明的金额确定；没有相关凭据，但按规定经过资产评估的，其成本按照评估价值确定；没有相关凭据、也未经资产评估的，其成本按照重置成本确定。

政府储备物资盘亏的，政府会计主体应当按规定报经批准后将盘亏的政府储备物资的账面余额予以转销，确定追究相关赔偿责任的，确认应收款项；属于正常耗费或不可抗力因素造成的，计入当期费用。

三、文物文化资产

文物文化资产是指为满足社会公共需求，用于展览、教育或研究等目的的历史文物、艺术品以及其他具有文化或历史价值并作长期或永久保存的典藏等。

为了全面反映文物文化资产的增减变化，单位应设置“文物文化资产”会计科目。该科目属于资产类，用于核算单位为满足社会公共需求而控制的文物文化资产的成本。

如果单位为满足自身开展业务活动或其他活动需要而控制的文物和陈列品，应当通过“固定资产”科目核算，不通过“文物文化资产”科目核算。“文物文化资产”科目应当按照文物文化资产的类别、项目等进行明细核算。本科目期末借方余额，反映文物文化资产的成本。

（一）文物文化资产的初始计量

文物文化资产在取得时，应当按照其成本入账。

（1）外购的文物文化资产，其成本包括购买价款、相关税费以及可归属于该项资产达到预定用途前所发生的其他支出（如运输费、安装费、装卸费等）。

外购的文物文化资产，按照确定的成本：

借：文物文化资产

　　贷：财政拨款收入、零余额账户用款额度、银行存款

同时编制预算会计分录：

借：行政支出或事业支出

　　贷：财政拨款预算收入、资金结存

如果以一笔款项购入多项没有单独标价的文物文化资产，按照各项文物文化资产公允价值的比例对总成本进行分配，分别确定各项文物文化资产的入账价值。

（2）接受其他单位无偿调入的文物文化资产，其成本按照该项资产在调出方的账面价值加上归属于调入方的相关费用确定。

调入的文物文化资产，按照确定的成本：

借：文物文化资产

　　贷：零余额账户用款额度、银行存款（等）

　　　　无偿调拨净资产　　　　　　　　（差额）

同时编制预算会计分录：

借：其他支出

　　贷：资金结存（等）

（3）接受捐赠的文物文化资产，其成本按照有关凭据注明的金额加上相关费用确定；没有相关凭据可供取得，但按照规定经过资产评估的，其成本按照评估价值加上相关费用确定；没有相关凭据可供取得、也未经评估的，其成本比照同类或类似资产的市场价格加上相关费用确定。

接受捐赠的文物文化资产，在实际收到相关资产时确认为单位的一笔捐赠收入。

请你分析：一家省级博物馆在当年文物征集过程中，收到一笔捐赠的文物。该博物馆将其文物按名义金额入账。该计价是否正确？

答案提示：按照规定，接受文化资产的捐赠，没有名义金额计价的规定。

如果接受捐赠或者无偿调入的文物文化资产成本无法可靠取得的，按照发生的相关税费、运输费等金额，借记“其他费用”科目，贷记“零余额账户用款额度”“银行存款”等科目。

(4) 对于成本无法可靠取得的文物文化资产，单位应当设置备查簿进行登记，待成本能够可靠确定后按照规定及时入账。

【例2-50】某博物馆接受某市民捐赠一文物，专家评估价值3 000 000元。接受捐赠过程中银行存款支付包装费2 000元。对此，该博物馆应编制会计分录如下：

借：文物文化资产	3 002 000	
贷：捐赠收入		3 000 000
银行存款		2 000

同时，编制预算会计分录：

借：其他支出	2 000	
贷：资金结存——货币资金		2 000

(二) 文物文化资产的处置

文物文化资产不参与单位的日常活动，其价值的变化与资产使用关系不大，即使存在因时间推移而产生损耗，也对真实价值不产生太大影响，且还有可能因存世时间延长而增值，弥补所发生的磨损。所以对于文物文化资产不必计提折旧，而应当定期或者每年年末，请具有相应资质的评估机构对文物文化资产价值进行评估测试。

文物文化资产有关的后续支出，与公共基础设施的相关规定基本相同。在此不再赘述。

按照规定报经批准处置文物文化资产，应当分别按以下情况处理。

(1) 报经批准对外捐赠文物文化资产：

借：资产处置费用

　　贷：文物文化资产　（账面余额）

　　　　银行存款（等）

（2）报经批准无偿调出文物文化资产：

借：无偿调拨净资产

　　贷：文物文化资产　（账面余额）

借：资产处置费用　（调出过程中发生的归属于调出方的相关费用）

　　贷：银行存款（等）

同时预算会计分录如下：

借：其他支出

　　贷：资金结存（等）

单位应当定期对文物文化资产进行清查盘点，每年至少盘点一次。对于发生的文物文化资产盘盈、盘亏、毁损或报废等，参照“公共基础设施”科目相关规定进行账务处理。此略。

四、保障性住房

保障性住房是指政府为中低收入住房困难家庭所提供的限定标准、限定价格或租金的住房，一般由廉租住房、经济适用住房、政策性租赁住房、定向安置房等构成。这种类型的住房有别于完全由市场形成价格的商品房。

为了全面反映保障性住房的增减变化，单位应设置“保障性住房”会计科目。该科目属于资产类，用于核算单位为满足社会公共需求而控制的保障性住房的原值。本科目应当按照保障性住房的类别、项目等进行明细核算。

（一）保障性住房的初始计量

保障性住房在取得时，应当按其成本入账。

（1）外购的保障性住房，其成本包括购买价款、相关税费以及可归属于该项资产达到预定用途前所发生的其他支出。外购的保障性住房，按照确定的成本，借“保障性住房”科目，贷记“财政拨款收入”“零余额账户用款额度”“银行存款”等科目。

（2）自行建造的保障性住房交付使用时，按照在建工程成本，借记

"保障性住房"科目，贷记"在建工程"科目。

已交付使用但尚未办理竣工决算手续的保障性住房，按照估计价值入账，待办理竣工决算后再按照实际成本调整原来的暂估价值。

（3）接受其他单位无偿调入的保障性住房，其成本按照该项资产在调出方的账面价值加上归属于调入方的相关费用确定。无偿调入的保障性住房，按照确定的成本，借"保障性住房"本科目，按照发生的归属于调入方的相关费用，贷记"零余额账户用款额度""银行存款"等科目，按照其差额，贷记"无偿调拨净资产"科目。

（4）接受捐赠、融资租赁取得的保障性住房，参照"固定资产"科目相关规定进行处理。

请你回答：以上保障性住房的四种取得途径，其会计处理要点与前述的相关资产相似吗？

答案提示：极为相似，只是所涉及的具体资产名称不同。

（二）保障性住房的后续计量

与保障性住房有关的后续支出，与固定资产相关会计处理基本一致，在此不再赘述。

从本质上讲，折旧是一种费用，只不过这一费用没有在计提期间付出实实在在的货币资金，但这种费用是已经发生的长期支出，而这种支出的收益在资产投入使用后的有效使用期内体现，依从权责发生制的原则，单位计提折旧是必需的，保障性住房便是如此。

单位对保障性住房计提折旧是通过"保障性住房累计折旧"科目进行核算的。该科目属于资产类，它是保障性住房的备抵调整账户，该科目核算单位计提的保障性住房的累计折旧；并按照所对应保障性住房的类别进行明细核算。

单位对于保障性住房计提折旧的有关折旧政策，应当参照《企业会计准则第 3 号——固定资产》及其应用指南的相关规定，按月对其控制的保障性住房计提折旧。保障性住房累计折旧的主要账务处理如下：

借：业务活动费用

　　贷：保障性住房累计折旧

（三）保障性住房的处置

（1）出租保障性住房。按照规定出租保障性住房并将出租收入上缴同级财政的业务：

借：银行存款（等）

　　贷：应缴财政款

（2）报经批准无偿调出保障性住房时：

借：无偿调拨净资产

　　保障性住房累计折旧

　　贷：保障性住房

无偿调出过程中发生的归属于调出方的相关费用：

借：资产处置费用

　　贷：银行存款（等）

（3）报经批准出售保障性住房，按照被出售保障性住房的账面价值：

借：资产处置费用

　　保障性住房累计折旧

　　贷：保障性住房

同时，按照收到的价款：

借：银行存款（等）

　　贷：应缴财政款

　　　　银行存款

---

1. 请你分析：以上经批准无偿调出和出售的保障性住房，与前述哪些资产类似情形的处置极为相似？

答案提示：经批准无偿调出和出售的保障性住房，与前述固定资产、无形资产、公共基础设施等资产的会计处理极为相似。

2. 请你分析：如何理解以下表述（尤其下划线部分）？

"报经批准处置保障性住房时，按照所处置保障性住房的账面价值，借记"资产处置费用""无偿调拨净资产""待处理财产损溢"等科目，按照已计提折旧，借记“保障性住房累计折旧”，按照保障性住房的账面余额，贷记“保障性住房”科目”。

答案提示：文字表述体现的会计分录如下：

借：资产处置费用、无偿调拨净资产、待处理财产损溢（等）
　　保障性住房累计折旧
　　贷：保障性住房

由于保障性住房的处置形式多种多样，其会计处理也各不相同（借方科目）。其中无偿调出保障性住房业务涉及“无偿调拨净资产”科目；出售、转让或对外捐赠保障性住房业务涉及“资产处置费用”科目；而保障性住房如果报废或毁损，则会涉及“待处理财产损溢”科目。

【例 2-51】 20×8 年 12 月初某行政单位以财政直接支付方式，购买一批保障性住房，购买价款、相关税费共计 5 000 万元。20×9 年 1 月出租保障性住房，通过银行存款收到租金共计 6.5 万元，按照规定出租的租金收入上缴同级财政。20×9 年 3 月通过银行存款支付 1.2 万元对保障性住房进行日常维修。对此相关会计处理如下：

（1）20×8 年 12 月初购买保障性住房时：

财务会计分录：

借：保障性住房　　50 000 000
　　贷：财政拨款收入　　50 000 000

预算会计分录：

借：行政支出　　50 000 000
　　贷：财政拨款预算收入　　50 000 000

（2）20×9 年 1 月收到租金共计 6.5 万元时，只编制财务会计分录如下：

借：银行存款（等）　　65 000
　　贷：应缴财政款　　65 000

（3）20×9 年 3 月对保障性住房进行日常维修时，编制会计分录如下：

财务会计分录：

借：业务活动费用　　12 000
　　贷：银行存款　　12 000

预算会计分录：

借：行政支出　　12 000

　　贷：资金结存——货币资金　　12 000

单位应当定期对保障性住房进行清查盘点。对于发生的保障性住房盘盈、盘亏、毁损或报废等，参照“固定资产”科目相关规定进行账务处理。

第九节 其他政府资产

一、待摊费用和长期待摊费用

待摊费用和长期待摊费用都是核算单位已经支付，但应当由本期和以后各期分别负担的各项费用。两者不同的是摊销期是否长于1年。如果短于1年为（含1年），则为待摊费用；反之为长期待摊费用。

单位应当分别设置“待摊费用”和“长期待摊费用”科目，分别核算单位已经支付，但应当由本期和以后各期分别负担的各项费用，“待摊费用”应当按照待摊费用种类进行明细核算。“长期待摊费用”应当按照费用项目进行明细核算。

待摊费用或长期待摊费用的主要账务处理如下：

（1）发生待摊费用时，按照实际预付的金额：

借：待摊费用、长期待摊费用

　　贷：财政拨款收入、零余额账户用款额度、银行存款（等）

同时编制预算会计分录如下：

借：行政支出或事业支出

　　贷：财政拨款预算收入、资金结存

（2）按照受益期限分期平均摊销时，按照摊销金额：

借：业务活动费用、单位管理费用、经营费用（等）

　　贷：待摊费用、长期待摊费用

1. 请你回答："待摊费用"这个费用字眼的会计科目，是否属于费用类会计科目？

答案提示："待摊费用"是一个名不符实的会计科目，即名字带有"费用"字眼，实际是一种资产类会计科目；反映单位已经支付，但应当由本期和以后各期分别负担的各项费用。

2. 请你回答：如果某行政（事业）单位对本单位某重要设备进行大修理，共发生大修理支出 480 000 元，修理间隔期为 4 年。针对这样的业务，480 000 元的费用：（1）如果 4 年摊销期，计划与实际情况相吻合会计处理结果怎样？（2）如果计划与实际情况不相吻合，比如只摊销了 3 年该设备不得不再次大修，又该如何进行正确的会计处理？

答案提示：（1）最初产生长期待摊费用 480 000 元（借方），后期按照计划在 4 年内逐步摊销完毕（每期贷记长期待摊费用 10 000 元），最终长期待摊费用无余额。

（2）最初产生长期待摊费用 480 000 元（借方），后期无法在整 4 年内摊销完毕。根据规定：应当将其摊余金额（120 000 元）一次全部转入当期费用。

借：业务活动费用、单位管理费用、经营费用（等）

　　贷：长期待摊费用　　　　[全部未摊销金额]

【例 2-52】 某预算单位租赁一办公场所，租期 4 年。为确保房屋能正常使用，先期投入 120 万元对租赁房屋进行修整改造（授权支付方式）。

该笔业务属于经营租赁，房屋归属出租方作为资产核算。对该预算单位来说支付 120 万元是为了确保未来 4 年正常租用而花费的，受益期为整个 4 年的租赁期。为此应当确认长期待摊费用，并由后期 48 个月分摊 120 万元的费用。

（1）支付款项时：

借：长期待摊费用　　　　1 200 000

　　贷：零余额账户用款额度　　　　1 200 000

同时预算会计：

借：行政支出/事业支出 1 200 000

贷：资金结存——零余额账户用款额度 1 200 000

(2) 未来的整个租赁期内，按月摊销时：

借：业务活动费用（等） 25 000

贷：长期待摊费用 25 000

二、受托代理资产

受托代理资产是单位（受托方）因接受委托方的委托而取得的相关资产。在受托代理交易过程中，通常只是从委托方收到受托资产，并按照委托人的意愿将资产转赠给指定的其他组织或者个人，或者按照有关规定将资产转交给指定的其他组织或者个人，或者替委托方保管储存有关资产等。受托方本身并不拥有受托资产的所有权和使用权，它只是在交易过程中起中介作用。

为了全面反映受托代理资产的增减变化，单位应当设置“受托代理资产”科目，该科目属于资产类，专门用于核算单位接受委托方委托管理的各项资产，包括受托指定转赠的物资、受托存储保管的物资等的成本以及单位管理的罚没物资等。该科目应当按照资产的种类和委托人进行明细核算；属于转赠资产的，还应当按照受赠人进行明细核算。本科目期末借方余额，反映单位受托代理实物资产的成本。

但是，对于单位收到的受托代理资产为现金和银行存款的，则不能通过“受托代理资产”科目核算，而应当通过“库存现金”“银行存款”科目进行明细核算。

（一）受托转赠物资

(1) 接受委托人委托需要转赠给受赠人的物资，其成本按照有关凭据注明的金额确定。接受委托转赠的物资验收入库，按照确定的成本：

借：受托代理资产

贷：受托代理负债

如果受托协议约定由受托方承担相关税费、运输费等的，还应当按照实际支付的相关税费、运输费等金额。

借：其他费用

贷：银行存款

同时，编制预算会计分录如下：

借：其他支出

贷：财政拨款预算收入、资金结存

（2）将受托转赠物资交付受赠人时，按照转赠物资的成本：

借：受托代理负债

贷：受托代理资产

（3）转赠物资的委托人取消了对捐赠物资的转赠要求，且不再收回捐赠物资的，应当将转赠物资转为单位的存货、固定资产等。按照转赠物资的成本：

借：受托代理负债

贷：受托代理资产

同时：

借：库存物品、固定资产（等）

贷：其他收入

（二）受托存储保管物资

（1）接受委托人委托存储保管的物资，其成本按照有关凭据注明的金额确定。接受委托储存的物资验收入库，按照确定的成本：

借：受托代理资产

贷：受托代理负债

（2）发生由受托单位承担的与受托存储保管的物资相关的运输费、保管费等费用时，按照实际发生的费用金额：

借：其他费用（等）

贷：财政拨款收入、银行存款、零余额账户用款额度

同时，编制预算会计分录如下：

借：其他支出

贷：财政拨款预算收入、资金结存

（3）根据委托人要求交付或发出受托存储保管的物资时，按照发出物资的成本：

借：受托代理负债

贷：受托代理资产

（三）罚没物资

（1）取得罚没物资时，其成本按照有关凭据注明的金额确定。罚没物资验收（入库），按照确定的成本：

借：受托代理资产

　　贷：受托代理负债

如果罚没物资成本无法可靠确定的，单位应当设置备查簿进行登记。

（2）按照规定处置或移交罚没物资时，按照罚没物资的成本：

借：受托代理负债

　　贷：受托代理资产

如果处置受托代理资产时取得款项，则按照实际取得的款项金额：

借：银行存款（等）

　　贷：应缴财政款（等）

单位受托代理的其他实物资产，参照有关受托转赠物资、受托存储保管物资的规定进行账务处理。

请你回答：“受托代理资产”会计科目与资产负债表中的“受托代理资产”项目是一回事吗？两者金额是否相等？为什么？

答案提示：“受托代理资产”会计科目与资产负债表中的“受托代理资产”项目不是一回事，两者金额不相等。因为“受托代理资产”会计科目只核算物资内容，对于受托代理的货币资金，则借助了“库存现金”“银行存款”科目的明细核算。所以资产负债表中的“受托代理资产”项目数字大于“受托代理资产”会计科目的项目数额。也就是说资产负债表中的“受托代理资产”项目应该根据“受托代理资产”科目的期末余额与“库存现金”“银行存款”科目下“受托代理资产”明细科目的期末余额合计数填列。

【例 2-53】20×9 年 1 月，某预算单位接受甲委托方的委托替其代为存储保管一批物资，根据委托方提供的单据显示该批物资价值为 560 万元，另以银行存款支付有关运费 1 万元；该批物资已经验收入库。20×9 年 3 月，该预算单位又转账收到 100 万元，该笔款项按照事先与乙单位的约定，替对

方代为保管3年。对此，相关会计处理如下：

（1）20×9年1月收到该批代为储存保管物资时：

借：受托代理资产　　5 600 000

　　贷：受托代理负债　　5 600 000

借：其他费用　　10 000

　　贷：银行存款　　10 000

同时，编制预算会计分录如下：

借：其他支出　　10 000

　　贷：资金结存——货币资金　　10 000

（2）20×9年3月，转账收到100万元代管存款时：

借：银行存款——受托代理存款　　1 000 000

　　贷：受托代理负债　　1 000 000

请你回答：上例代为保管的存款是否有预算会计处理？为什么？

答案提示：上例代为保管的存款不应有预算会计处理。

原因：单位收到货币形式的受托代理资产，虽然存在现金流入，但其所有权、控制权不归属本单位，不属于单位的预算收入。所以不涉及预算会计的核算。

【例2-54】某事业单位20×8年发生如下业务，请判断该单位对以下业务进行的会计处理是否正确，并说明理由。

（1）6月末对本单位财产进行盘点时，盘亏一批库存物资，价值60万元；该单位已经将清查结果向上级报告，但尚未收到批复。截至目前，该单位对盘亏物资未做账务处理。

（2）7月初单位自筹资金300万元对培训楼进行改建。该楼原值800万元，已经计提折旧500万元。单位同施工方签订施工合同金额300万元，并约定按照工程进度支付工程款。截至目前，施工进度已经达到25%，但工程款尚未支付。为此该单位对该项固定资产改建业务尚未进行任何账务处理。

（3）10月中旬，单位因暴雨毁损一台设备，该设备原值900万元，已经计提折旧200万元。由于设备损害系不可抗拒原因所致。为此单位在通过上级主管单位向财政部门提交资产处置申请的同时，确认了该笔资产处置损失。

(4) 12月末，在对本单位资产进行全面清查时，发现账外设备一台。为此，该单位按照设备的重置成本95万元作为增加“固定资产”并登记入账的同时，将账外的设备上报有关财政部门审批。

例题分析

业务(1)不正确。单位应于发生盘亏时盘亏的将资产转入“待处理财产损溢——待处理财产价值”，等到批复时再转入“资产处置费用”。

业务(2)不正确。单位培训楼转入改建时，应注销“固定资产”和“固定资产累计折旧”，将其账面价值转入“在建工程”科目。

业务(3)不正确。财政部门批复之前，只允许将毁损资产的账面价值转入“待处理财产损溢——待处理财产价值”，批复后方可计入资产损失。

业务(4)会计处理正确，待批复后再继续进行其他相应的会计处理。

第三章 政府会计负债

本章要点

◇ 了解政府会计负债的确认条件

◇ 熟悉并掌握以下负债的会计核算

- 应付职工薪酬
- 应付账款
- 其他应付款
- 预提费用
- 预计负债

◇ 了解其他负债的会计处理要点

第一节 流动负债

一、负债概述

负债，是指政府会计主体过去的经济业务或者事项形成的，预期会导致经济资源流出政府会计主体的现时义务。

现时义务，是指政府会计主体在现行条件下已承担的义务。未来发生的经济业务或者事项形成的义务不属于现时义务，不应当确认为负债。

政府会计主体在符合负债定义的前提下，并同时满足以下条件时，应确认为负债：

1. 履行该义务很可能导致含有服务潜力或者经济利益的经济资源流出

政府会计主体

预期会导致含有服务潜力或者经济利益的经济资源流出政府会计主体是负债的本质特征，但是履行义务所需流出的经济资源带有不确定性，尤其是与推定义务相关的经济利益或服务潜力，通常需要依赖于大量的估计。因此，负债的确认应当与经济资源流出的不确定性程度的判断结合起来。如果有确凿证据表明，与现时义务有关的含有服务潜力或者经济利益很可能流出政府会计主体，就应当将其作为负债予以确认；反之，不应将其作为负债予以确认。

2. 该义务的金额能够可靠地计量

可计量性是各会计要素确认的必要条件。负债的可计量性是指对于未来流出的经济资源的金额应当能够可靠计量。对于与法定义务有关的经济资源流出金额，通常可以根据合同或者法律规定的金额予以确定，考虑到经济资源流出的金额通常在未来期间，有时未来期间较长，有关金额的计量需要考虑货币时间价值等因素的影响。对于与推定义务有关的经济资源流出金额，政府会计主体应当根据履行相关义务所需支出的最佳估计数进行估计，并综合考虑有关货币时间价值、风险等因素的影响。

政府会计主体的负债按照流动性，分为流动负债和非流动负债。

流动负债是指预计在1年内（含1年）偿还的负债，包括短期借款、应付短期政府债券、应付及预收款项、应缴款项等。

非流动负债是指流动负债以外的负债，包括长期借款、长期应付款、应付长期政府债券等。

二、短期借款

短期借款（即为负债类的一个会计科目），是指事业单位经批准向银行或其他金融机构等借入的期限在1年内（含1年）的各种借款。

“短期借款”应当按照债权人和借款种类进行明细核算。本科目期末贷方余额，反映事业单位尚未偿还的短期借款本金。

短期借款的主要账务处理如下：

（1）借入各种短期借款时，按照实际借入的金额：

借：银行存款

贷：短期借款

同时，预算会计编制分录如下：

借：资金结存——货币资金

贷：债务预算收入

（2）银行承兑汇票到期，本单位无力支付票款的，按照应付票据的账面余额：

借：应付票据

贷：短期借款

如果属于商业承兑汇票到期，单位无力支付票款的，按照应付票据账面余额转入“应付账款”科目。

（3）归还短期借款时：

借：短期借款

贷：银行存款

同时，预算会计编制分录如下：

借：债务还本支出

贷：资金结存——货币资金

---

1. 请你回答：如果短期借款计提利息，应该如何进行会计处理？

答案提示：如果短期借款计提利息，会计处理如下：

借：其他费用

贷：应付利息

2. 请你回答：上述归还借款时，如果偿还的是利息，预算会计应列入什么账户（科目）？

答案提示：如果偿还的是利息，预算会计应列入“其他支出”账户（科目）。

【例3－1】某事业单位于20×9年1月1日向银行借入1 000 000元，期限3个月，年利率为6%。根据与银行的协定到期一次还本，利息按季（即到期）支付。假设本单位利息采用预提的方法核算。根据上述资料，编制会计分录如下：

(1) 1月1日借入款项时：

借：银行存款 1 000 000

　　贷：短期借款 1 000 000

借：资金结存——货币资金 1 000 000

　　贷：债务预算收入 1 000 000

(2) 1月、2月末预提短期借款利息时，分别编制会计分录如下：

借：其他费用 5 000

　　贷：应付利息 5 000

(3) 3月31日还本付息时：

借：短期借款 1 000 000

　　应付利息 10 000

　　其他费用 5 000

　　贷：银行存款 1 015 000

借：债务还本支出 1 000 000

　　其他支出 15 000

　　贷：资金结存——货币资金 1 015 000

三、应交增值税

增值税是就货物或应税劳务的增值部分征收的一种流转税。增值税是一种价外税，增值税纳税人是指税法规定负有缴纳增值税义务的单位和个人。例如，在我国境内销售货物或者提供加工、修理修配劳务以及进口货物的单位和个人等，均为增值税的纳税人。增值税的纳税人按照经营规模及会计核算健全的程度，分为一般纳税人和小规模纳税人。两者在纳税额的计算及会计处理方面都有所不同。

单位应当设置“应交增值税”账户，核算单位按照税法规定计算应交纳的增值税。该账户属于负债类账户，贷方登记应交纳的增值税等有关内容；借方登记实际交纳的增值税等有关内容；本科目期末贷方余额，反映单位应交未交的增值税；期末如为借方余额，反映单位尚未抵扣或多交的增值税。

（一）增值税一般纳税人应交增值税的核算

1. 明细会计科目的设置

属于增值税一般纳税人的单位，应当在“应交增值税”科目下设置“应交税金”“未交税金”“预交税金”“待抵扣进项税额”“待认证进项税额”“待转销项税额”“简易计税”“转让金融商品应交增值税”“代扣代交增值税”等明细科目。

其中，“应交税金”明细账内应当进一步设置“进项税额”“已交税金”“转出未交增值税”“减免税款”“销项税额”“进项税额转出”“转出多交增值税”等专栏。

2. 取得资产或接受劳务等业务涉税的核算

（1）采购等业务进项税额允许抵扣业务。

借：业务活动费用/在途物品/库存物品/工程物资/在建工程/固定资产/无形资产

应交增值税——应交税金（进项税额）

贷：应付账款/应付票据/银行存款/零余额账户用款额度（等）

请你回答：上述“应交增值税——应交税金进项税额”记载的是当月已认证的可抵扣增值税额吗？如果是，那么对于还没有被当月认证的可抵扣增值税额（但已经发生相关业务）又该如何进行核算？

答案提示：对。对于还没有被当月认证的可抵扣增值税额（但已经发生相关业务）按照当月未认证的可抵扣增值税额：

借：业务活动费用/在途物品/库存物品/工程物资/在建工程/固定资产/无形资产

应交增值税——待认证进项税额

贷：应付账款/应付票据/银行存款/零余额账户用款额度（等）

请你回答：上述会计处理一定有预算会计核算吗？

答案提示：不一定，如果贷方记载的是负债科目，不需要预算会计处理；反之，如果贷方记载的是现金资产，则需要进行预算会计处理。

【例3-2】某事业单位通过政府采购方式购进专业活动所需A材料

100 000 元，取得增值税额专用发票（买价 100 000 元、增值税 16 000 元）；外购经营活动用的材料：B 材料买价 200 000 元、增值税 32 000 元，专用发票已经国税局认证，款项通过银行结算；C 材料买价 50 000 元、增值税 8 000 元，已向购货方开出三个月期的商业承兑汇票，专用发票未办理认证手续。

①A 材料验收收入时：

财务会计分录：

借：库存物品——A 材料　　116 000

　　贷：财政拨款收入　　116 000

预算会计分录：

借：事业支出　　116 000

　　贷：财政拨款预算收入　　116 000

注：预算单位因履行职能取得资产或接受劳务时发生的增值税额，应计入资产成本或相关成本费用，不存在抵扣的情况，不通过应交增值税科目核算。

②B 材料验收入库时：

财务分计分录：

借：库存物品——B 材料　　200 000

　　应交增值税——应交税金（进项税额）　　32 000

　　贷：银行存款　　232 000

预算会计分录：

借：经营支出　　232 000

　　贷：资金结存——货币资金　　232 000

③C 材料验收入库时：

财务分计分录：

借：库存物品——C 材料　　50 000

　　应交增值税——待认证进项税额　　8 000

　　贷：应付票据　　58 000

如果日后增值税专用发票通过税务部门认证时：

借：应交增值税——应交税金（进项税额）　　8 000

　　贷：应交增值税——待认证进项税额　　8 000

（2）预算单位用于简易计税方法计税项目、免征增值税项目、集体福利或个人消费等业务，如果按照现行增值税制度规定不得从销项税额中抵扣，其会计处理要点如下：

根据规定，用于简易计税方法计税项目、免征增值税项目、集体福利或个人消费等业务发生时，其进项税额按照现行增值税制度规定不得从销项税额中抵扣的，取得增值税专用发票时：

借：业务活动费用/在途物品/库存物品/工程物资/在建工程/固定资产/无形资产

应交增值税——待认证进项税额

贷：银行存款/应付账款/零余额账户用款额度（等）

日后经税务机关认证确定为不可抵扣进项税时：

借：应交增值税——应交税金（进项税额）

贷：应交增值税——待认证进项税额

同时，将进项税额转出：

借：业务活动费用/在途物品/库存物品/工程物资/在建工程/固定资产/无形资产

贷：应交增值税——应交税金（进项税额转出）

（3）购进不动产或不动产在建工程按照规定进项税额分年抵扣业务。

按照增值税制度规定，单位取得应税项目为不动产或者不动产的在建工程，其进项税额自取得之日起分 2 年从销项税额中抵扣。所以，对以后期间可抵扣的增值税额，应当计入“应交增值税（待抵扣进项税额）”科目。尚未抵扣的进项税额待以后期间允许抵扣时，再予以转销，计入“应交增值税——应交税金（进项税额）”账户。

【例 3－3】某事业单位为增值税一般纳税人，本期购买一不动产作为行政办公场所，按固定资产核算。单位通过财政直接支付价款和相关税费共计 8 000 万元，其中含增值税 330 万元。根据增值税制度规定，单位对上述经济业务，应做如下会计处理：

①取得不动产时（假设当年抵扣 60%，次年再抵扣 40%）：

借：固定资产	76 700 000	
应交增值税——应交税金（进项税额）	1 980 000	
——待抵扣进项税额	1 320 000	
贷：财政拨款收入		80 000 000

同时，预算会计分录如下：

借：事业支出 80 000 000

贷：财政拨款预算收入 80 000 000

②待第二年允许抵扣剩余增值税时：

借：应交增值税——应交税金（进项税额） 1 320 000

贷：应交增值税——待抵扣进项税额 1 320 000

需要特别注意的是，2019 年 3 月 20 日，财政部、国家税务总局和海关总署联合下发了《关于深化增值税改革有关政策的公告》，公告阐明：为贯彻落实党中央、国务院决策部署，推进增值税实质性减税，自 2019 年 4 月 1 日起，《营业税改征增值税试点有关事项的规定》（财税〔2016〕36 号印发）第一条第（四）项第 1 点、第二条第（一）项第 1 点停止执行，纳税人取得不动产或者不动产在建工程的进项税额不再分 2 年抵扣。此前按照上述规定尚未抵扣完毕的待抵扣进项税额，可自 2019 年 4 月税款所属期起从销项税额中抵扣。

所以，如果按照最新的文件规定，【例 3-3】的经济业务，取得不动产时，应在当年全部抵扣 100% 进项税。编制会计分录如下：

借：固定资产 76 700 000

应交增值税——应交税金（进项税额） 3 300 000

贷：财政拨款收入 80 000 000

同时，预算会计分录如下：

借：事业支出 80 000 000

贷：财政拨款预算收入 80 000 000

（4）进项税额抵扣情况发生改变业务。

①根据规定，单位因发生非正常损失或改变用途等，原已计入进项税额、待抵扣进项税额或待认证进项税额，但按照现行增值税制度规定不得从销项税额中抵扣时，应进行如下会计处理：

借：待处理财产损益、固定资产、无形资产（等）

贷：应交增值税——应交税金（进项税额转出）

——待抵扣进项税额

——待认证进项税额

②对于原不得抵扣且未抵扣进项税额的固定资产、无形资产等，因改变用途等用于允许抵扣进项税额的应税项目的，应按照允许抵扣的进项税额，

编制如下会计分录：

借：应交增值税——应交税金（进项税额）

贷：固定资产、无形资产（等）

固定资产、无形资产等经上述调整后，应按照调整后的账面价值在剩余尚可使用年限内计提折旧或摊销。

请你回答：为贯彻落实党中央、国务院决策部署，推进增值税实质性减税，2019年增值税的改革中，增值税一般纳税人发生增值税应税销售行为或者进口货物时，增值税税率发生变化了吗？

答案提示：已经发生变化。自2019年4月1日起，增值税一般纳税人发生增值税应税销售行为或者进口货物，原适用16%税率的，税率调整为13%；原适用10%税率的，税率调整为9%。

---

3. 单位销售资产或提供服务等业务涉税的核算

（1）通常情况下，对于销售资产或提供服务业务，应进行如下会计处理：

①单位正常地销售货物或提供服务。

借：应收账款、应收票据、银行存款（等）

贷：经营收入、事业收入（等）

应交增值税——应交税金（销项税额）

②如果按照规定确认收入的时点早于按照增值税制度确认增值税纳税义务发生时点的，应将相关销项税额先计入“待转销项税额”明细科目，即：

借：应收账款、应收票据、银行存款（等）

贷：经营收入、事业收入（等）

应交增值税——待转销项税额

待实际发生纳税义务时再转入“应交增值税——应交税金（销项税额）”，即：

借：应交增值税——待转销项税额

贷：应交增值税——应交税金（销项税额）

③如果按照增值税制度确认增值税纳税义务发生时点早于按照本制度及相关政府会计准则确认收入的时点的，应按照应纳增值税额，直接计入“销

项税额”明细科目，即：

借：应收账款

贷：应交增值税——销项税额

（2）金融商品转让按照规定以盈亏相抵后的余额作为销售额的会计处理。

①金融商品实际转让月末，如产生转让收益，则按照应纳税额：

借：投资收益

贷：应交增值税——转让金融商品应交增值税

②金融商品实际转让月末，如产生转让损失，则按照可结转下月抵扣税额：

借：应交增值税——转让金融商品应交增值税

贷：投资收益

③交纳增值税时：

借：应交增值税——转让金融商品应交增值税

贷：银行存款

同时编制预算会计分录如下：

借：预算投资收益

贷：资金结存——货币资金

④年末，如果“应交增值税——转让金融商品应交增值税”有借方余额，则：

借：投资收益

贷：应交增值税——转让金融商品应交增值税

4. 缴纳增值税

（1）月末转出未交增值税和多交增值税业务。

①月度终了，单位应当将当月应交未交转入“未交税金”明细科目。对于当月应交未交的增值税：

借：应交增值税——应交税金（转出未交增值税）

贷：应交增值税——未交税金

②对于当月多交的增值税，应编制会计分录如下：

借：应交增值税——未交税金

贷：应交增值税——应交税金（转出多交增值税）

（2）缴纳增值税业务。

①缴纳当月应交增值税：

借：应交增值税——应交税金（已交税金）

贷：银行存款、零余额账户用款额度（等）

②缴纳以前期间未交增值税：

借：应交增值税——未交税金

贷：银行存款、零余额账户用款额度（等）

③预交增值税——预交时：

借：应交增值税——预交税金

贷：银行存款 、零余额账户用款额度（等）

预交增值税——月末时：

借：应交增值税——未交税金

贷：应交增值税——预交税金

请你回答：上述缴纳增值税的会计处理，有预算会计处理吗？如果有，试编会计分录？

答案提示：上述缴纳增值税的会计处理中，只要涉及有现金资产减少（贷记），就会存在预算会计处理，编制分录如下：

借：事业支出或经营支出

贷：资金结存——货币资金

——零余额账户用额度

（二）增值税小规模纳税人应交增值税的核算

对于增值税的小规模纳税人，其发生的应税行为采用简易计税方法计税。在购买资产或服务时，其支付的增值税税额均不计入进项税额，也不得由销项税额抵扣，应直接计入相关成本或费用。销售资产或提供服务时，按照销售额和增值税征收率计算增值税，不得抵扣进项税额。简易计税方法的销售额不包括其应纳税额。

【例3-4】 某小规模纳税单位本期购入一批材料物品，按照增值税发票上记载的材料价款为100万元，支付的增值税额16万元。单位开出承兑的商业汇票，材料物品已经验收入库。本期销售产品共计90万元（含税），假定符合收入确认条件，货款尚未收到。该单位使用的增值税征收率为3%；根据上述业务，该单位相关会计处理如下：

（1）购买材料物品并入库时：

借：库存物品　　1 160 000

　　贷：应付票据　　1 160 000

（2）销售货物时：

不含税价格＝900 000÷（1＋3%）＝873 786（元）

应交增值税＝873 786×3%＝26 214（元）

借：应收账款　　900 000

　　贷：事业收入/经营收入　　873 786

　　　　应交增值说——简易计税　　26 214

请你回答：某行政单位2019年1月，收取老办公楼1季度出租收入（合同签订于2010年，租期10年）105 000元（含税），该单位出租收入符合简易计税办法，适用的增值税征收率5%；根据规定，在取得国有资产出租和处置收入时需要计算交纳增值税，应交纳增值税从取得的国有资产出租和处置收入中扣除。

要求：根据上述业务和要求，编制该行政单位所涉及的全部会计分录。

答案提示：行政单位取得的租金收入应上缴财政。

应交增值税＝105 000/（1＋5%）×5%＝5 000元

（1）收取租金：

借：银行存款　　105 000

　　贷：应缴财政款－国有资产出租收入　　100 000

　　　　应交增值税　　5 000

（2）缴纳税费时：

借：应交增值税　　5 000

　　贷：银行存款（等）　　5 000

（3）将出租净收入上缴财政时：

借：应缴财政款－国有资产出租收入　　100 000

　　贷：银行存款　　100 000

四、应付职工薪酬

应付职工薪酬，是指政府会计主体为获得职工（含长期聘用人员）提供的服务而给予各种形式的报酬或因辞退等原因而给予职工补偿所形成的负债。职工薪酬包括工资、津贴补贴、奖金、社会保险费等。

（一）会计科目的设置

单位应当设置“应付职工薪酬”科目，用来核算按照有关规定应付给职工（含长期聘用人员）及为职工支付的各种薪酬，包括基本工资、国家统一规定的津贴补贴、规范津贴补贴（绩效工资）、改革性补贴、社会保险费（如职工基本养老保险费、职业年金、基本医疗保险费等）、住房公积金等。

“应付职工薪酬”科目应当根据国家有关规定按照“基本工资（含离退休费）”“国家统一规定的津贴补贴”“规范津贴补贴（绩效工资）”“改革性补贴”“社会保险费”“住房公积金”“其他个人收入”等进行明细核算。其中，“社会保险费”“住房公积金”明细科目核算内容包括单位从职工工资中代扣代缴的社会保险费、住房公积金，以及单位为职工计算缴纳的社会保险费、住房公积金。

（二）应付职工薪酬会计处理要点

（1）计算确认当期应付职工薪酬

根据《政府会计准则第8号——负债》的规定，政府会计主体应当在职工为其提供服务的会计期间，将应支付的职工薪酬确认为负债，除了以下三种情况外，均应计入当期费用。政府会计主体应当根据职工提供服务的受益对象，将下列职工薪酬分情况处理：

①应由自制物品负担的职工薪酬，计入自制物品成本。

②应由工程项目负担的职工薪酬，比照本准则第十二条有关借款费用的处理原则计入工程成本或当期费用。

③应由自行研发项目负担的职工薪酬，在研究阶段发生的，计入当期费用；在开发阶段发生并且最终形成无形资产的，计入无形资产成本。

对于政府会计主体按照有关规定为职工缴纳的医疗保险费、养老保险费、职业年金等社会保险费和住房公积金，应当在职工为其提供服务的会计期间，计算并确认为负债，并根据职工提供服务的受益对象，按照以上原则计入有关费用或成本。

根据以上原则规定，编制计提职工薪酬的会计分录如下：

借：业务活动费用、单位管理费用、经营费用
　　在建工程、加工物品、研发支出（等）
　　贷：应付职工薪酬——基本工资
　　　　　　　　　　——国家统一规定的津贴补贴
　　　　　　　　　　——规范津贴补贴
　　　　　　　　　　——改革性补贴
　　　　　　　　　　——社会保险费、住房公积金

（2）向职工支付工资、津贴补贴等薪酬时，按照实际支付的金额：

借：应付职工薪酬——基本工资
　　　　　　　　——国家统一规定的津贴补贴
　　　　　　　　——规范津贴补贴
　　　　　　　　——改革性补贴
　　贷：财政拨款收入、零余额账户用款额度、银行存款（等）

（3）各种代扣款项：

借：应付职工薪酬——基本工资
　　贷：其他应交税费——应交个人所得税
　　　　其他应收款
　　　　应付职工薪酬——社会保险费、住房公积金

（4）按照国家有关规定缴纳职工社会保险费、住房公积金以及代缴个人所得税时：

借：其他应交税费——应交个人所得税
　　应付职工薪酬——社会保险费、住房公积金
　　贷：财政拨款收入、零余额账户用款额度、银行存款（等）

---

1. 请你回答：以上哪些步骤的会计处理涉及预算会计核算？如何核算？

答案提示：以上实际支付工资（第2步骤）和缴纳社会保险费、住房公积金以及代缴个人所有税（第4步骤）时涉及预算会计处理，具体地：

借：行政支出/事业支出/经营支出（等）

贷：财政拨款预算收入、资金结存

2. 请你分析：政府会计主体因辞退等原因给予职工的补偿，是否可以使用“应付职工薪酬”会计科目吗？其对应的会计科目是什么？

答案提示：根据《政府会计准则第8号——负债》准则规定：“政府会计主体因辞退等原因给予职工的补偿，应当于相关补偿金额报经批准时确认为负债，并计入当期费用”。

可见，政府会计主体因辞退等原因给予职工的补偿，可以使用“应付职工薪酬”会计科目，并应当将其计入单位的当期费用（单位管理费用或业务活动费用）。

【例3-5】某事业单位20×8年8月应发工资690 000元，其中“工资费用分配汇总表”中列示的专业业务人员工资为550 000元，行政管理人员工资为140 000元。

根据所在地政府规定，单位分别按照职工工资总额的10%和8%计提医疗保险费和住房公积金，缴纳给当地社会保险经办机构和住房公积金管理机构。该单位还按照工资总额的2%计提工会经费。假定不考虑其他因素。

应计入业务活动费用的职工薪酬 = 550 000 + 550 000 ×（10% + 8% + 2%）= 660 000（元）

应计入单位管理费用的职工薪酬 = 140 000 + 140 000 ×（10% + 8% + 2%）= 168 000（元）

应编制会计分录如下：

借：业务活动费用　　660 000

　　单位管理费用　　168 000

　　贷：应付职工薪酬——基本工资　　690 000

　　　　　　　　　　——社会保险费　　69 000

　　　　　　　　　　——住房公积金　　55 200

　　　　　　　　　　——工会经费　　13 800

请你回答：上例中的社会保险费和住房公积金是个人负担的部分还是单位负担的部分？

答案提示：是单位负担的社会保险费和住房公积金。

【例3－6】承【例3－5】，本月该事业单位实际发放工资总计472 000元。其中单位代扣款项如下：（1）代扣职工房租30 000元，（2）代扣职工水电费8 000元，（3）代扣代缴的个人所得税为60 000元，（4）代扣代缴的社会保险费72 000元，（5）代扣代缴的住房公积金为48 000元。假设不考虑有关津贴补贴因素，依据上述资料进行如下相关的会计处理：

（1）通过财政直接支付发放工资时：

借：应付职工薪酬——基本工资　　472 000
　贷：财政拨款收入　　472 000

借：行政支出/事业支出/经营支出等　　472 000
　贷：财政拨款预算收入　　472 000

（2）各种代扣款项：

借：应付职工薪酬——基本工资　　218 000
　贷：其他应交税费——应交个人所得税　　60 000
　　应付职工薪酬——社会保险费　　72 000
　　　　——住房公积金　　48 000
　　其他应收款　　38 000

（3）支付以上相关款项时：

①通过财政直接支付社会保险费和住房公积金：

借：应付职工薪酬——社会保险费　　141 000
　　——住房公积金　　103 200
　贷：财政拨款收入　　244 200

借：事业支出　　244 200
　贷：财政拨款预算收入　　244 200

②通过财政授权支付个人所得税：

借：其他应交税费——应交个人所得税　　60 000
　贷：零余额账户用款额度　　60 000

③通过存款账户将工会经费拨付给工会组织：

借：应付职工薪酬——工会经费　　13 800

　贷：银行存款　　13 800

请你回答：上述单位缴纳的社会保险费 141 000 元和住房公积金 103 200 元的数据是如何形成的？

答案提示：以上社会保险费 141 000 元和住房公积金 103 200 元均各自包括两部分，即单位负担部分和个人负担部分。具体地：社会保险费 141 000 元 =69 000（单位负担）+72 000（个人负担）；住房公积金 103 200 元 =55 200（单位负担）+ 48 000（个人负担）。

五、应付及暂收款项

应付及暂收款项包括应付账款、应付票据、预收账款、应付利息、应付政府补贴款、其他应付款等。

（1）应付票据（即为会计科目名称）核算事业单位因购买材料、物资等而开出、承兑的商业汇票，包括银行承兑汇票和商业承兑汇票。

（2）应付账款（即为会计科目名称）核算单位因购买物资、接受服务、开展工程建设等而应付的偿还期限在 1 年以内（含 1 年）的款项。“应付账款”科目应当按照债权人进行明细核算。对于建设项目，还应设置“应付器材款”“应付工程款”等明细科目，并按照具体项目进行明细核算。

（3）应付政府补贴款（即为会计科目名称）核算负责发放政府补贴的行政单位，按照规定应当支付给政府补贴接受者的各种政府补贴款。

（4）应付利息（即为会计科目名称）核算事业单位按照合同约定应支付的借款利息，包括短期借款、分期付息到期还本的长期借款等应支付的利息。

（5）其他应交税费（即为会计科目名称）核算单位按照税法等规定计算应缴纳的除增值税以外的各种税费，包括城市维护建设税、教育费附加、地方教育费附加、车船税、房产税、城镇土地使用税和企业所得税等。单位代扣代缴的个人所得税，也通过“其他应交税费”科目核算。单位应缴纳的印花税不需要预提应交税费，直接通过“业务活动费用”“单位管理费用”“经营费用”等科目核算。

(6) 应缴财政款（即为会计科目名称）核算单位取得或应收的按照规定应当上缴财政的款项，包括应缴国库的款项和应缴财政专户的款项。

由于上述负债大多在前述有关会计要素核算中已经或多或少地涉及，并且核算比较简单，故，此不再赘述。

【例 3－7】 20×8 年 12 月 21 日，某预算单位购入一批图书，价值 40 000 元，该批图书已经验收入库。20×9 年 1 月 20 日，该单位通过财政授权支付方式偿还以上图书欠款。

①20×8 年 12 月 21 日，该批图书已经验收入库时。

借：固定资产 40 000

　　贷：应付账款 40 000

②20×9 年 1 月 20 日，偿还图书欠款时。

借：应付账款 40 000

　　贷：零余额账户用款额度 40 000

同时，编制预算会计分录如下：

借：行政支出或事业支出 40 000

　　贷：资金结存——零余额账户用款额度 40 000

请你分析：某行政单位 2019 年 3 月经批准拍卖公车 1 辆，取得收入 60 000 元，支付评估费 3 000 元，交易佣金 3 000 元。适用的增值税征收率 3%（减按 2% 缴纳），城市建设维护税以及教育费附加的税率分别为 7%、3%；根据规定，在取得国有资产出租和处置收入时需要计算交纳增值税以及相关的城市建设维护税和教育费附加，以上税费均从取得的国有资产出租和处置收入中扣除。

要求：根据上述业务和要求，编制该行政单位所涉及的税费会计分录。

答案提示：行政单位取得的租金收入应上缴财政。

应交增值税 = 60 000/（1 + 3%）×2% = 1 165 元

应交城市建设维护税 = 1 165 ×7% = 81.55 元

教育费附加 = 1 165 ×3% = 34.95 元

(1) 取得拍卖收入：

借：银行存款　60 000
　贷：应缴财政款——国有资产处置收入　58 835
　　应交增值税　1 165

（2）计算其他应交税费：

借：应缴财政款——国有资产处置收入　116.50
　贷：其他应交税费——城市建设维护税　81.55
　　　　——教育费附加　34.95

（3）支付评估费、交易佣金：

借：应缴财政款——国有资产处置收入　6 000
　贷：银行存款　6 000

（4）缴纳税费：

借：应交增值税　1 165.00
　其他应交税费——城市建设维护税　81.55
　　　——教育费附加　34.95
　贷：银行存款　1 281.50

（5）将处置净收入上缴财政：

借：应缴财政款——国有资产处置收入　52 718.50
　贷：银行存款　52 718.50

六、预提费用

预提费用（即为会计科目名称）核算单位预先提取的已经发生但尚未支付的费用，如预提租金费用等。其贷方反映已经计入费用尚未支付的款项；借方登记实际支付的款项；本科目期末贷方余额，反映单位已预提但尚未支付的各项费用。

“预提费用”科目应当按照预提费用的种类进行明细核算。如果单位从科研项目收入中提取的项目间接费用或管理费，也通过该科目核算，并应当在科目下设置“项目间接费用或管理费”明细科目，并按项目进行明细核算。

1. 请你回答：事业单位计提的借款利息费用，通过“应付利息”“长期借款”科目核算，它们属于预提性质吗？为什么不使用“预提费用”会计科目核算？

答案提示：事业单位计提的借款利息费用，通过“应付利息”“长期借款”科目核算，本质上也属于预提性质，只不过为了专门反映借款的预提，专设了“应付利息”“长期借款”科目，所以就不再使用“预提费用”会计科目核算了。

2. 请你小结：预提费用与待摊费用的联系与区别？

答案提示：两者的联系：（1）账户设置的目的相同。两者都属于跨期摊提（配）类账户，此类账户的设置目的是按权责发生制原则，严格划分费用的受益期间，正确计算各个会计期间的成本费用和盈余，换句话说就是“谁受益，谁负担费用”。（2）账户的用途和结构相同。两者是用来核算和监督应由若干个会计期间共同负担的费用，并将这些费用摊提（配）到各个会计期间的账户。（3）两者均具有流动性。两者的受益期皆在1年以下，所以都具有流动性，待摊费用为流动资产，预提费用为流动负债。

两者的区别：（1）概念特性不同。待摊费用是指企业已经支出，但应当由本期和以后各期分别负担的、分摊期在1年以内（含1年）的各项费用，如预付财产保险费、预付经营租赁固定资产租金、预付报刊订阅费等。待摊费用的特点是支付在前，受益、摊销在后。预提费用则恰恰相反，它是指单位从成本费用中预先列支但尚未实际支付的各项费用，如预提的租金和保险费等。（2）账户的性质不同。账户按经济内容分类中，“待摊费用”属于资产类账户。因为它是先支付后分摊，占用了单位的资金。该账户借方记录各项资产的增加额，贷方记录减少额（即摊销额），余额一般出现在借方，表示期末某一时点单位实际拥有的资产数额（尚未摊销数）。“预提费用”属于负债类账户。因为它是预先提取，该支付而尚未支付的费用，成为单位的负债。该账户的贷方记录负债的增加额（计提的费用），借方记录减少额，余额一般出现在贷方，反映单位在期末某一时点所承担债务的实际数额。（3）两种费用的发生和记录受益期的时间不一致。待摊费用是发生或支付在先，摊入受益期在后即：按实际数支付，按平均数在以后受益期内分摊；预提费用是先将费用计入受益期，支付费用在后即：按平均数在受益期预提，以后按实际数支付。

预提费用的主要账务处理如下：

1. 按期预提租金等业务

（1）期末预提费用时，按照预提的金额：

借：业务活动费用、单位管理费用、经营费用（等）

　　贷：预提费用

（2）实际支付款项时，按照支付金额：

借：预提费用

　　贷：零余额账户用款额度、银行存款（等）

同时编制预算会计分录：

借：行政支出/事业支出/经营支出（等）

　　贷：资金结存

2. 科研项目收入中提取项目间接费用或管理费业务

（1）按规定从科研项目收入中提取项目间接费用或管理费时，按照提取的金额：

借：单位管理费用

　　贷：预提费用——项目间接费用或管理费

同时，调整预算会计信息，编制分录如下：

借：非财政拨款结转——项目间接费用或管理费

　　贷：非财政拨款结余——项目间接费用或管理费

（2）实际使用计提的项目间接费用或管理费时：

借：预提费用——项目间接费用或管理费

　　贷：银行存款、库存现金（等）

同时，编制预算会计分录如下：

借：事业支出（等）

　　贷：资金结存

【例 3-8】 20×8 年 12 月初某行政单位因业务需要，租入一台专用设备。经双方协商，设备租金每月 3 000 元，待年末租赁期满时再以授权支付方式支付全年的租金。20×8 年 12 月末，某事业单位通过银行存款账户预付下年度的保险费 120 000 元。针对以上两类经济业务，相关的会计处理如下：

(1) 20×8 年 12 月初某行政单位租入设备，应于租赁期间的每个月末计提租金，编制财务会计分录如下：

借：业务活动费用　　3 000

　　贷：预提费用　　3 000

待年末一次性支付租金时：

财务会计分录如下：

借：预提费用　　36 000

　　贷：零余额账户用款额度　　36 000

同时编制预算会计分录如下：

借：行政支出　　36 000

　　贷：资金结存——零余额账户用款额度　　36 000

(2) 20×8 年 12 月末，某事业单位通过银行存款账户预付下年度保险费，先编制付款的会计分录如下：

财务会计分录：

借：待摊费用　　120 000

　　贷：银行存款　　120 000

预算会计分录：

借：事业支出　　120 000

　　贷：资金结存——货币资金　　120 000

自 20×9 年 1 月末开始，每月的受益期末，将前期支付发生的待摊费用，逐渐分摊至 20×9 年的每个月末，分录如下：

借：业务活动费用或单位管理费用（等）　　10 000

　　贷：待摊费用　　10 000

七、预收账款

市场经济条件下，有时会根据有关协议或合同的约定，由一方预先支付给另一方一部分（或全部）货款。这对收到价款的一方而言，便产生了一项负债，这项负债要用以后的劳务等来偿付。

单位应当设置“预收账款”会计科目，用来专门核算事业单位预先收取但尚未结算的款项。预收账款一般包括预收的货款、预收购货定金等。单位在收到该笔资金时，劳务的提供或职能的履行尚未实现，因而不能作为收入等项目入账，只能确认为一项负债，即贷记“预收账款”账户。待单位按合同规定提供劳务商品或履行了相关职能（或者提供商品）后，再根据合同的履行情况，逐期将未实现收入转成已实现收入，即借记“预收账款”” 账户，贷记有关收入账户。

“预收账款”科目应当按照债权人进行明细核算。本科目期末贷方余额，反映事业单位预收但尚未结算的款项金额。

预收账款的主要账务处理如下：

（1）从付款方预收款项时，按照实际预收的金额：

借：银行存款（等）

　　贷：预收账款

同时编制预算会计分录：

借：资金结存——货币资金

　　贷：事业预算收入或经营预算收入

（2）确认有关收入时，按照预收账款账面余额：

借：预收账款

　　贷：事业收入、经营收入（等）

（3）无法偿付或债权人豁免偿还的预收账款，应当按照规定报经批准后核销：

借：预收账款

　　贷：其他收入

核销的预收账款应在备查簿中保留登记。

八、其他应付款

其他应付款核算单位除应交增值税、其他应交税费、应缴财政款、应付职工薪酬、应付票据、应付账款、应付政府补贴款、应付利息、预收账款以外，其他各项偿还期限在 1 年内（含 1 年）的应付及暂收款项，如收取的押金、存入保证金、已经报销但尚未偿还银行的本单位公务卡欠款等。

同级政府财政部门预拨的下期预算款和没有纳入预算的暂付款项，以及采用实拨资金方式通过本单位转拨给下属单位的财政拨款，也通过“其他应付款”科目核算。本科目应当按照其他应付款的类别以及债权人等进行明细核算。该科目期末贷方余额，反映单位尚未支付的其他应付款金额。

其他应付款的主要账务处理如下：

（1）发生其他应付及暂收款项时：

借：银行存款（等）

　　贷：其他应付款

支付（或退回）其他应付及暂收款项时：

借：其他应付款

　　贷：银行存款（等）

将暂收款项转为收入时：

借：其他应付款

　　贷：事业收入（等）

同时编制预算会计分录：

借：资金结存——货币资金

　　贷：事业预算收入（等）

（2）收到同级政府财政部门预拨的下期预算款和没有纳入预算的暂付款项，按照实际收到的金额：

借：银行存款（等）

　　贷：其他应付款

待到下一预算期或批准纳入预算时或经批准纳入预算时：

借：其他应付款

　　贷：财政拨款收入

同时编制预算会计分录：

借：资金结存

　　贷：财政拨款预算收入

采用实拨资金方式通过本单位转拨给下属单位的财政拨款，按照实际收到的金额：

借：银行存款

贷：其他应付款

向下属单位转拨财政拨款时，按照转拨的金额：

借：其他应付款

贷：银行存款

（3）本单位公务卡持卡人报销时，按照审核报销的金额：

借：业务活动费用、单位管理费用（等）

贷：其他应付款

偿还公务卡欠款时：

借：其他应付款

贷：零余额账户用款额度（等）

同时编制预算会计分录：

借：行政支出或事业支出

贷：资金结存

注：如果公务卡报销与还款在同一个时点，则无须使用“其他应付款”科目。

（4）无法偿付或债权人豁免偿还的其他应付款项，按照规定报经批准后核销：

借：其他应付款

贷：其他收入

核销的其他应付款应在备查簿中保留登记。

【例 3-9】 20×8 年 1 月初，某预算单位将一重要设备出租，并收取对方押金 50 000 元。20×9 年 1 月初该单位与对方签订的租赁合约到期，对方不再租用，该单位返还押金。

①20×8 年 1 月初，收取对方押金 50 000 元时：

借：银行存款	50 000	
贷：其他应付款		50 000

②20×9 年 1 月初返还押金时：

借：其他应付款	50 000	
贷：银行存款		50 000

【例 3-10】 某单位 20×8 年存在如下会计信息：

①单位“其他应付款”科目数额较大，其中有 50% 的内容属于接受上级或有关单位委托承办的各种培训所发生的款项收支。

②单位“其他应收款”科目数额较大，其中有80%的内容属于开展专业辅助活动发生的应收款项。

要求：分析其会计信息的合理性，并说明理由。

例题分析

①业务会计信息不正确。因为对于接受上级或有关单位委托承办的各种培训发生的款项收支业务，应作为经营收支进行核算。

②业务会计信息不正确。因为开展专业辅助活动发生的应收款项，应属于“应收账款”科目核算。

请你选择：下列各项中，应通过“其他应付款”科目核算的是（　　）。

A. 应付购买材料款　　B. 本月应交增值税

C. 应付租入包装物租金　　D. 应付长期聘用人员工资

答案提示：正确答案应为C。

A选项应付购买材料款通过“应付账款”科目核算；

B选项应交增值税通过“应交增值税”科目核算；

C选项应付租入包装物租金通过“其他应付款”科目核算；

D选项应付长期聘用人员工资通过“应付职工薪酬”科目核算。

第二节　非流动负债

一、长期借款

1. 长期借款概述

长期借款，是指单位经批准从银行或其他金融机构借入的期限在1年以上（不含1年）的各项借款，一般用于固定资产的购建、改扩建工程、大修理工程以及为了保持单位长期运行能力等方面。单位长期借款一般借款额度较大，期限比较长，因此，必须加强管理和核算。一方面，严格监督借款的使用，努力提高资金的使用效率，确保借款资金发挥最大效益，尽可能地降低长期借款给单位带来的财务风险；另一方面，及时反映和监督长期借款的借入、借款利息的计算以及本息的偿还情况，遵守信贷纪律，重视单位的信誉，提高信用等级。

2. 长期借款的核算

（1）账户设置。

单位应当设置“长期借款”科目，用来核算事业单位经批准向银行或其他金融机构等借入的期限超过 1 年（不含 1 年）的各种借款本息。该科目应当设置“本金”和“应计利息”明细科目，并按照贷款单位和贷款种类进行明细核算。对于建设项目借款，还应按照具体项目进行明细核算。贷方登记长期借款本息的增加额；借方登记本息的减少额；科目期末贷方余额，反映事业单位尚未偿还的长期借款本息金额。

（2）长期借款的账务处理。

长期借款的账务处理主要分为三个环节的核算：

①取得长期借款。单位借入各项长期借款时，按照实际借入的金额，借记“银行存款”科目，贷“长期借款——本金”科目。

【例 3－11】甲事业单位为改建一办公楼房，20×7 年 1 月 1 日借入期限为 3 年的长期专门借款 300 万元，款项已存入银行。借款利率为 9%，每年末付息一次，期满后一次还清本金。根据上述业务编制有关会计分录如下：

借：银行存款	3 000 000	
贷：长期借款——本金		3 000 000

预算会计分录：

借：资金结存——货币资金	3 000 000	
贷：债务预算收入		3 000 000

②长期借款的利息。根据《政府会计准则第 8 号——负债》会计准则的规定，单位因举借债务发生的借款费用分别计入工程成本或当期费用。

借款费用，是指政府会计主体因举借债务而发生的利息及其他相关费用，包括借款利息、辅助费用以及因外币借款而发生的汇兑差额等。其中，辅助费用是指政府会计主体在举借债务过程中发生的手续费、佣金等费用。

政府以外的其他政府会计主体为购建固定资产等工程项目借入专门借款的，对于发生的专门借款费用，应当按照借款费用减去尚未动用的借款资金产生的利息收入后的金额，属于工程项目建设期间发生的，计入工程成本；不属于工程项目建设期间发生的，计入当期费用。工程项目建设期间是指自工程项目开始建造起至交付使用时止的期间。

【例 3－12】 承【例 3－11】，20×7 年初，以银行存款支付工程价款共计 200 万元，20×8 年初又以银行存款支付工程费用 100 万元。该厂房于 20×8 年 8 月底完工，交付使用。假定 20×7 年闲置专门借款资金存款的利息收入为 5 万元。根据上述业务编制有关会计分录如下：

20×7 年初，支付工程款时：

借：在建工程　2 000 000

　　贷：银行存款　2 000 000

同时，编制预算会计分录如下：

借：事业支出　2 000 000

　　贷：资金结存——货币资金　2 000 000

20×7 年 12 月 31 日，计算 20×7 年应计入工程成本的利息时：

借款利息＝3 000 000×9%＝270 000（元）

借：在建工程　220 000

　　应收利息（或银行存款）　50 000

　　贷：应付利息　270 000

20×7 年 12 月 31 日支付借款利息时：

借：应付利息　270 000

　　贷：银行存款　270 000

同时，编制预算会计分录如下：

借：其他支出　270 000

　　贷：资金结存——货币资金　270 000

20×8 年初支付工程款时：

借：在建工程　1 000 000

　　贷：银行存款　1 000 000

同时，编制预算会计分录如下：

借：事业支出　1 000 000

　　贷：资金结存——货币资金　1 000 000

20×8 年 8 月底完工，交付使用：

该期应计入工程成本的利息 = 3 000 000 × 9% × 8/12 = 180 000（元）。

借：在建工程　　180 000

　　贷：应付利息　　180 000

同时，结转完工的在建工程：

在建工程总成本 = 2 000 000 + 220 000 + 1 000 000 + 180 000 = 3 400 000（元）。

借：固定资产　　3 400 000

　　贷：在建工程　　3 400 000

---

1. 请你回答：承【例 3 - 12】，20 × 8 年 9 月至 12 月的利息应该计入什么账户？

答案提示：由于 20 × 8 年 9 月至 12 月属于工程项目完工交付使用后发生的利息，计入当期费用，按照计算确定的应支付的利息金额。

借：其他费用

　　贷：应付利息

2. 请你回答：如果上述借款属于一次还本付息，那么年末计提利息还使用“应付利息”科目？为什么？

答案提示：如果上述借款属于一次还本付息，那么年末计提利息不能使用“应付利息”科目，因为“应付利息”属于流动负债，而计提的利息偿还期大于一年，需要使用长期负债科目，即“长期借款——应计利息”科目。

---

③归还长期借款

归还长期借款本金时，借记“长期借款——本金”科目，贷记“银行存款”科目；按归还的利息，借记“应付利息”科目；按归还的本息之和，贷记“银行存款”科目。对到期一次还本付息的长期借款，其利息应通过“长期借款——应计利息”科目核算。

【例 3 - 13】 承上例【例 3 - 11】和【例 3 - 12】，20 × 0 年 1 月 1 日，借款到期，编制会计分录如下：

20 × 9 年 12 月 31 日支付一年的利息。

借：应付利息　　270 000

贷：银行存款 270 000

同时，编制预算会计分录如下：

借：其他支出 270 000

贷：资金结存——货币资金 270 000

20×0 年 1 月 1 日，到期还本时：

借：长期借款——本金 3 000 000

贷：银行存款 3 000 000

同时，编制预算会计分录如下：

借：债务还本支出 3 000 000

贷：资金结存——货币资金 3 000 000

二、预计负债

1. 预计负债的特征和会计科目的设置

预计负债虽然也属于单位的负债，但它与一般负债不同的是，预计负债是由或有事项引发的，并且导致经济利益流出的可能性尚未达到基本确定的程度，金额往往需要估计。

或有事项，是指由过去的经济业务或者事项形成的，其结果须由某些未来事项的发生或不发生才能决定的不确定事项。未来事项是否发生不在政府会计主体控制范围内。

为了正确核算预计负债，并与其他负债项目相区别，单位应设置“预计负债”账户，该账户核算各项预计的负债，政府会计主体常见的或有事项主要包括：未决诉讼或未决仲裁、对外国政府或国际经济组织的贷款担保、承诺（补贴、代偿）、自然灾害或公共事件的救助等。该账户应按预计负债项目设置明细账，进行明细核算。该账户期末贷方余额，反映已预计尚未支付的债务。

2. 预计负债的会计处理要点

（1）确认预计负债时，按照预计的金额：

借：业务活动费用、经营费用、其他费用（等）

贷：预计负债

（2）根据确凿证据需要对已确认的预计负债账面余额进行调整时：

借或贷：有关科目

　　贷或借：预计负债

（3）实际偿付预计负债时，按照偿付的金额：

借：预计负债

　　贷：银行存款、零余额账户用款额度（等）

【例3－14】某事业（或行政）单位20×8年10月12日因没有按照规定履行其应尽的义务，给某企业造成了严重的经济损失。故被该企业向法院起诉。截至20×9年12月31日，法院尚未对该企业提起的诉讼进行审理。如无特殊情况，该行政事业单位要败诉，并有可能支付罚款及诉讼费等费用。假定估计罚息及诉讼费等费用为10万～16万元之间，其中对方的诉讼费2万元。

（1）该单位应在20×9年12月31日确认一项负债金额＝（10＋16）/2＝13（万元）。

借：业务活动费用或单位管理费用——诉讼费	20 000	
其他费用——罚款支出	110 000	
贷：预计负债——未决诉讼		130 000

（2）假设20×0年5月30日法院最终判决：该行政（事业）单位罚款12万元（其中诉讼费2万元）。双方服从判决，单位通过银行存款转账支付。

借：预计负债——未决诉讼	130 000	
贷：银行存款		120 000
其他费用——罚款支出		10 000

同时，编制预算会计分录如下：

借：事业支出、经营支出、其他支出	120 000	
贷：资金结存——货币资金		120 000

1. 请你分析：上述法院判决（即第2步骤）后的会计处理中的会计分录，如果说里面存在不正确之处，有可能是哪里？为什么？

答案提示：如果有可能存在错误，那么应该是指“其他费用——罚款支出10 000”。第1步骤会计处理与第2步骤会计处理不在一个年份（已经跨年度）。所以如果修正“其他费用”，应该使用“以前年度盈余调整”科目。除非10 000元数额不大时可以直接调整该费用科目。

2. 请你思考：承【例 3-14】，如果在法院尚未判决之前，有新的证据表明，原来预计的负债偏低，会计处理会有变化吗？

答案提示：会有变化，如果偏低，则需要调高原“预计负债”和相关的费用。以确保会计信息的质量更高。

3. 请你判断：以下是否属于预计负债？资料如下：20×8 年 5 月初，某事业单位将所持乙企业承兑的商业汇票向银行申请贴现，贴现期 75 天，该汇票到期值为 100 万元。6 月底，该事业单位得知乙企业财务困难，估计无法偿付即将到期的票据款。

答案提示：某事业单位因为贴现承担了一项现时义务，金额为 100 万元，根据 6 月底的情况判断，该贴现的商业汇票到期时，事业单位很可能要履行连带清偿责任。在这种情况下，该事业单位应于 6 月底将已贴现的商业承兑汇票确认为预计负债。会计处理为：

借：应收账款——乙企业　　1 000 000

　贷：预计负债　　1 000 000

该汇票到期，事业单位将票款支付给贴现银行时：

借：预计负债　　1 000 000

　贷：银行存款　　1 000 000

根据《政府会计准则第 8 号——负债》的规定，预计负债应当按照履行相关现时义务所需支出的最佳估计数进行初始计量。具体地：

（1）所需支出存在一个连续范围，且该范围内各种结果发生的可能性相同的，最佳估计数应当按照该范围内的中间值确定。

（2）在其他情形下，最佳估计数应当分别下列情况确定：第一，或有事项涉及单个项目的，按照最可能发生金额确定。第二，或有事项涉及多个项目的，按照各种可能结果及相关概率计算确定。总之，政府会计主体在确定最佳估计数时，一般应当综合考虑与或有事项有关的风险、不确定性等因素。

政府会计主体清偿预计负债所需支出预期全部或部分由第三方补偿的，补偿金额只有在基本确定能够收到时才能作为资产单独确认。确认的补偿金额不应当超过预计负债的账面余额。

三、长期应付款

长期应付款是指对其他单位发生的偿还期限超过 1 年（不含 1 年）的应付款项，主要有融资租入固定资产时而发生的应付租赁费等。

为了反映单位发生的长期应付款及以后归还情况的核算与监督，单位应当设置“长期应付款”，该科目属于负债类科目，其贷方登记发生的长期应付款，借方登记长期应付款的归还数；期末余额的贷方，本科目期末贷方余额，反映单位尚未支付的长期应付款金额。该科目应当按照长期应付款的类别以及债权人进行明细核算。

长期应付款的主要账务处理如下：

（1）发生长期应付款时：

借：固定资产、在建工程（等）

　　贷：长期应付款

（2）支付长期应付款时，按照实际支付的金额：

借：长期应付款

　　贷：财政拨款收入、零余额账户用款额度、银行存款（等）

同时编制预算会计分录：

借：行政支出/事业支出/经营支出

　　贷：财政拨款预算收入、资金结存

（3）无法偿付或债权人豁免偿还的长期应付款，应当按照规定报经批准后：

借：长期应付款

　　贷：其他收入

核销的长期应付款应在备查簿中保留登记。

1. 请你回答：单位在购买固定资产，如果有质保金扣留时，是否需要使用“长期应付款”会计科目？

答案提示：单位在购买固定资产，如果有质保金扣留时，可能需要使用“长期应付款”会计科目，即在质保金超过一年以上时间需要付清时。

2. 请你回答：政府会计主体所使用的负债科目中，哪些负债科目是通用的？哪些负债科目是专用的？

答案提示：

政府会计主体负债科目表

会计科目（有括号标注的为专用科目）	会计科目（有括号标注的为专用科目）
短期借款（事业单位）	应付利息（事业单位）
应交增值税	预收账款（事业单位）
其他应交税费	其他应付款
应缴财政款	预提费用
应付职工薪酬	长期借款（事业单位）
应付票据（事业单位）	长期应付款
应付账款	预计负债
应付政府补贴款（行政单位）	受托代理负债

第四章
政府会计收入与费用

本章要点

◇ 了解政府会计收入与费用的确认条件

◇ 注意区分不同收入之间各自核算的范围

◇ 重点掌握以下收入的会计核算

- 财政拨款收入
- 非同级财政拨款收入
- 事业收入
- 其他收入

◇ 重点掌握以下费用的会计核算

- 业务活动费用
- 单位管理费用
- 资产处置费用
- 其他费用

第一节 收 入

一、收入概述

收入是指报告期内导致政府会计主体净资产增加的、含有服务潜力或者经济利益的经济资源的流入。

政府会计主体的收入按照内容来分，包括财政拨款收入、事业收入、上级补助收入、附属单位上缴收入、经营收入、非同级财政拨款收入、投资收益、捐赠收入、利息收入、租金收入和其他收入。

政府会计主体收入的确认应当同时满足以下条件（除了捐赠收入和利息收入外）：(1) 与收入相关的含有服务潜力或者经济利益的经济资源很可能流入政府会计主体；(2) 含有服务潜力或者经济利益的经济资源流入会导致政府会计主体资产增加或者负债减少；(3) 流入金额能够可靠地计量。

捐赠收入和利息收入应在实际收到相关资产时，方可确认。

政府会计主体的各种收入待期末（月末）均转入"本期盈余"（净资产）账户。

请你分析：政府会计主体对于需要上缴财政产生的应收账款，其会计处理怎样？是否应该确认收入？说明其理由。

答案提示：政府会计主体对于需要上缴财政产生的应收账款，其会计处理如下：

借：应收账款

　　贷：应缴财政款

之所以没有确认为一笔收入，就是因为它不满足上述收入确认条件的第二条，即此时产生的应收款，由于以后收回时不归单位所有，不具备"含有服务潜力或者经济利益的经济资源流入会导致政府会计主体资产增加或者负债减少"这一条件，所以不得确认收入。

二、政府会计主体共有的收入

不管是行政单位还是事业单位，以下收入属于共同使用的收入会计科目，即"财政拨款收入""非同级财政拨款收入""捐赠收入""利息收入""租金收入"和"其他收入"。

(1) 财政拨款收入。财政拨款收入科目核算单位从同级政府财政部门取得的各类财政拨款。本科目可按照一般公共预算财政拨款、政府性基金预算财政拨款等拨款种类进行明细核算。

同级政府财政部门预拨的下期预算款和没有纳入预算的暂付款项，以及采用实拨资金方式通过本单位转拨给下属单位的财政拨款，通过“其他应付款”科目核算，不通过“财政拨款收入”科目核算。

（2）非同级财政拨款收入。“非同级财政拨款收入”科目核算单位从非同级政府财政部门取得的经费拨款，包括从同级政府其他部门取得的横向转拨财政款、从上级或下级政府财政部门取得的经费拨款等。本科目应当按照本级横向转拨财政款和非本级财政拨款进行明细核算，并按照收入来源进行明细核算。

事业单位因开展科研及其辅助活动从非同级政府财政部门取得的经费拨款，应当通过“事业收入——非同级财政拨款”科目核算，不通过“非同级财政拨款收入”科目核算。

（3）捐赠收入。“捐赠收入”科目核算单位接受其他单位或者个人捐赠取得的收入。本科目应当按照捐赠资产的用途和捐赠单位等进行明细核算。

（4）利息收入。“利息收入”科目核算单位取得的银行存款利息收入。

（5）租金收入。“租金收入”科目核算单位经批准利用国有资产出租取得并按照规定纳入本单位预算管理的租金收入。本科目应当按照出租国有资产类别和收入来源等进行明细核算。

（6）其他收入。“其他收入”科目核算单位取得的除财政拨款收入、事业收入、上级补助收入、附属单位上缴收入、经营收入、非同级财政拨款收入、投资收益、捐赠收入、利息收入、租金收入以外的各项收入，包括现金盘盈收入、按照规定纳入单位预算管理的科技成果转化收入、行政单位收回已核销的其他应收款、无法偿付的应付及预收款项、置换换出资产评估增值等。本科目应当按照其他收入的类别、来源等进行明细核算。

【例4-1】20×9年，甲省级预算单位发生以下业务。根据以下业务内容，判断是否应该归属本期（年）收入，如果是，指出应该归属的收入会计科目名称。

（1）年初，甲单位收到代理银行提出的授权支付额度恢复到账通知书和财政部门批复的上年末未下达零余额账户用款额度。

（2）3月12日，采用实拨资金方式，收到一笔款项500万元，该款项属于通过本单位转拨给下属单位的财政拨款。

（3）4月15日，乙公司许诺向该单位捐赠一批电脑设备，价值100万元。

（4）5 月 1 日，根据批准的预算和用款计划，向同级财政部门申请财政授权支付 2 000 万元，5 月 8 日，财政部门批准下达额度为 1 800 万元，5 月 10 日该单位收到了额度到账通知书。

（5）6 月 12 日，某省级司法行政单位收到其主管单位拨来一笔专项资金 200 万元。

（6）7 月 22 日，某单位将以一闲置资产出租给外单位使用，租期一年。双方约定：承租方一次性交来全年的租金 20 万元（假定该租金不需上缴财政）。

（7）8 月 2 日，从市财政局得到一笔专项资金款项 300 万元。

（8）10 月 8 日，年初通过财政直接支付方式购买的物资，今日因质量问题发生购货退回，收到国库直接支付退回的款项。

（9）年末，根据本年度财政授权支付预算指标数大于零余额账户用款额度实际下达数的差额（即未下达的那一部分）60 万元。

（10）年末，根据本年度财政直接支付预算指标数与当年财政直接支付实际支付数的差额，补记该部分差额指标数 80 万元。

例题分析

（1）不确认收入（因上年末已经确认收入），应列入“零余额账户用款额度”和“财政应返还额度”科目。

（2）作为“其他应付款”。

（3）承诺、许诺都不是业务发生，更何况捐赠收入是在实际收到相关资产时方可确认，故没有任何会计处理下的信息。

（4）5 月 10 日，确认“财政拨款收入”。

（5）资料中的款项既不是来自于财政部门，又不属于同级，故作为“其他收入”。

（6）先期交来不需上缴财政的租金，属于预收款性质，应列入“预收账款”科目。

（7）确认“非同级财政拨款收入”。

（8）冲减“财政拨款收入”。

（9）确认“财政拨款收入”。

（10）确认“财政拨款收入”。

三、事业单位特有的收入

事业单位日常业务发生，除了会使用以上共有的收入科目外，还会根据自身业务特点，使用以下专用的会计科目："事业收入""上级补助收入""附属单位上缴收入""经营收入"和"投资收益"。

（1）事业收入。"事业收入"科目核算事业单位开展专业业务活动及其辅助活动实现的收入，不包括从同级政府财政部门取得的各类财政拨款。该科目应当按照事业收入的类别、来源等进行明细核算。

对于因开展科研及其辅助活动从非同级政府财政部门取得的经费拨款，应当在"事业收入"科目下单设"非同级财政拨款"明细科目进行核算。

（2）上级补助收入。"上级补助收入"科目核算事业单位从主管部门和上级单位取得的非财政拨款收入。该科目应当按照发放补助单位、补助项目等进行明细核算。

（3）附属单位上缴收入。"附属单位上缴收入"科目核算事业单位取得的附属独立核算单位按照有关规定上缴的收入。该科目应当按照附属单位、缴款项目等进行明细核算。

（4）经营收入。"经营收入"科目核算事业单位在专业业务活动及其辅助活动之外开展非独立核算经营活动取得的收入。该科目应当按照经营活动类别、项目和收入来源等进行明细核算。

经营收入应当在提供服务或发出存货，同时收讫价款或者取得索取价款的凭据时，按照实际收到或应收的金额予以确认。

（5）投资收益。"投资收益"科目核算事业单位股权投资和债券投资所实现的收益或发生的损失。该科目应当按照投资的种类等进行明细核算。

【例 4-2】 根据以下业务内容，判断是否应该归属本期收入，如果是，指出应该归属的收入会计科目名称。

（1）事业单位在专业业务活动及其辅助活动之外开展经营活动（非独立核算）取得的收入 100 万元。

（2）一家事业单位通过财政专户收到返还的事业收入 200 万元。

（3）一家事业单位采用预收款方式开展专业活动。前期已经预先收到 500 万元；本期基于合同完成进度计算，已经实现了（完成）60% 的部分，即 300 万元。

（4）一家省级高校收到财政部下拨的用于开展科研活动的经费拨款 300 万元。

（5）某省级事业单位收到主管单位拨来一笔专项资金 120 万元。

（6）某省级事业单位持有一笔分期付息、一次还本的长期债券投资，年末计算确认当期利息收入 5 万元。

（7）某事业单位由于一辆公车发生交通事故，获得保险公司赔偿的车损款共计 20 万元。

（8）某事业单位按规定年初应从上级单位取得 200 万元的非财政拨款收入，但由于各种原因，该收入本期才实际收到。

（9）年初，单位与其所属的独立核算的培训中心签订协议约定：培训中心每年向本单位上缴管理费 300 万元；双方结算金额以本单位在培训中心发生的会议等费用开支直接冲抵管理费用后的差额进行结算转账。每半年结算一次。20×9 年下半年，本单位在培训中心发生的会议等费用开支共计 50 万元，冲抵下半年管理费用后，单位于 12 月 31 日转账收到培训中心支付的 100 万元。

例题分析

（1）确认“经营收入”。

（2）确认“事业收入”。

（3）确认“事业收入”300 万元。

（4）确认“事业收入——非同级财政拨款”。

（5）确认“上级补助收入”。

（6）确认“投资收益”。

（7）保险理赔收入属于国有资产处置收入，只要无特殊规定，一般应当实行“收支两条线”管理，即上缴财政，计入“应缴财政款”。

（8）由于该收入属于以前期间的收入，其收入在前期已经确认（上级补助收入），所以实际收到时不再确认收入，而应注销“其他应收款”即可。

（9）按照应收或收到的金额记入“附属单位上缴收入”150 万元，本单位在培训中心的开支应列入相关费用科目 50 万元。

第二节　费　　用

一、费用概述

费用是指报告期内导致政府会计主体净资产减少的、含有服务潜力或者经济利益的经济资源的流出。

政府会计主体费用的确认应当同时满足以下条件：(1) 与费用相关的含有服务潜力或者经济利益的经济资源很可能流出政府会计主体；(2) 含有服务潜力或者经济利益的经济资源流出会导致政府会计主体资产减少或者负债增加；(3) 流出金额能够可靠地计量。

费用的分类主要有费用功能分类和费用性质分类。费用功能分类就是指将费用按照其功能进行分类并加以列报，就政府会计部门而言，其日常活动通常可以划分开展专业业务活动、辅助活动以及其他活动等，每一种活动领域费用的发生并不是偶然的，也就是说，费用的发生总是为了达到一定的目的而必需产生的。费用在不同的活动领域所发挥的功能并不相同，因此，按照费用功能法将其分开列报，有助于使用者了解费用发生的活动领域。这种方法通常能向报表使用者提供具有结构性的信息，能更清楚地揭示业绩的主要来源和构成，提供的信息更为相关，更为以后政府会计的成本核算奠定基础。

政府会计主体所使用的会计科目是按照费用功能分类设置的，包括业务活动费用、单位管理费用、经营费用、资产处置费用、上缴上级费用、对附属单位补助费用、所得税费用和其他费用。

费用还有另一种分类，即费用按照性质分类，诸如一个单位的折旧费用、材料费用、工资薪酬费用、运输费用等；费用按照性质分类，可以反映单位一定时期内消耗了哪些性质的费用？其数额为多少？进而了解费用的构成和比重，其缺点是不能反映费用的经济用途以及费用与成本的对应关系；不利于分析成本的高低，因此不能有效地评价管理水平。

政府会计主体的各种费用，除所得税费用年末结转外，其他费用均月末转入“本期盈余”（净资产）账户。

二、政府会计主体共有的费用

不管是行政单位还是事业单位，以下费用属于共同使用的费用会计科目，即“业务活动费用”“资产处置费用”和“其他费用”。

（1）业务活动费用（即为会计科目名称）。“业务活动费用”科目核算单位为实现其职能目标，依法履职或开展专业业务活动及其辅助活动所发生的各项费用。该科目应当按照项目、服务或者业务类别、支付对象等进行明细核算。

为了满足成本核算需要，“业务活动费用”科目下还可按照“工资福利费用”“商品和服务费用”“对个人和家庭的补助费用”“对企业补助费用”“固定资产折旧费”“无形资产摊销费”“公共基础设施折旧（摊销）费”“保障性住房折旧费”“计提专用基金”等成本项目设置明细科目，归集能够直接计入业务活动或采用一定方法计算后计入业务活动的费用。

（2）资产处置费用（即为会计科目名称）。“资产处置费用”科目核算单位经批准处置资产时发生的费用，包括转销的被处置资产价值，以及在处置过程中发生的相关费用或者处置收入小于相关费用形成的净支出。资产处置的形式按照规定包括无偿调拨、出售、出让、转让、置换、对外捐赠（非现金资产）、报废、毁损以及货币性资产损失核销等。

单位在资产清查中查明的资产盘亏、毁损以及资产报废等，应当先通过“待处理财产损溢”科目进行核算，再将处理资产价值和处理净支出计入本科目。

（3）其他费用（即为会计科目名称）。“其他费用”科目核算单位发生的除业务活动费用、单位管理费用、经营费用、资产处置费用、上缴上级费用、附属单位补助费用、所得税费用以外的各项费用，包括利息费用、坏账损失、罚没支出、现金资产捐赠支出以及相关税费、运输费等。该科目应当按照其他费用的类别等进行明细核算。

请你判断：以下支付是否可以作为费用？如果是，指出所属的费用科目。

(1) 某行政单位经批准确认的坏账损失 80 万元；

(2) 某事业单位年末计提的坏账准备 6 万元；

(3) 某事业单位因改建固定资产发生的专门借款的利息 5 万元，该改建工程正在进行中；

(4) 某事业单位向外单位捐赠现金资产 100 万元；

(5) 某行政单位接受捐赠一批物资，发生运输费用 1 万元，该物资按规定以名义金额计价；

(6) 某事业单位购买一批物资，发生运输费用 1 万元；

(7) 接受其他事业单位无偿调入一批物资，调入时以银行存款支付运输费 2 万元；

(8) 经批准，报废一固定资产，账面价值 20 万元；

(9) 某民政部门向当地贫困家庭、五保户等支付的特困补助；

(10) 预支明年报纸杂志、保险等费用 12 万元。

答案提示：(1) 资产处置费用；(2) 其他费用；(3) 不能确认为费用，计入“在建工程”；(4) 其他费用；(5) 其他费用；(6) 不能确认为费用，计入资产价值；(7) 不能确认为费用，计入资产价值；(8) 资产处置费用；(9) 业务活动费用；(10) 预支时作为“待摊费用”，等来年时再列入“业务活动费用”或“单位管理费用”等。

三、事业单位特有的费用

(1) 单位管理费用（即为会计科目名称）。“单位管理费用”科目核算事业单位本级行政及后勤管理部门开展管理活动发生的各项费用，包括单位行政及后勤管理部门发生的人员经费、公用经费、资产折旧（摊销）等费用，以及由单位统一负担的离退休人员经费、工会经费、诉讼费、中介费等。本科目应当按照项目、费用类别、支付对象等进行明细核算。为了满足成本核算需要，该科目下还可按照“工资福利费用”“商品和服务费用”

“对个人和家庭的补助费用”“固定资产折旧费”“无形资产摊销费”等成本项目设置明细科目，归集能够直接计入单位管理活动或采用一定方法计算后计入单位管理活动的费用。

（2）经营费用（即为会计科目名称）。“经营费用”科目核算事业单位在专业业务活动及其辅助活动之外开展非独立核算经营活动发生的各项费用。本科目应当按照经营活动类别、项目、支付对象等进行明细核算。

为了满足成本核算需要，该科目下还可按照“工资福利费用”“商品和服务费用”“对个人和家庭的补助费用”“固定资产折旧费”“无形资产摊销费”等成本项目设置明细科目，归集能够直接计入单位经营活动或采用一定方法计算后计入单位经营活动的费用。

（3）上缴上级费用（即为会计科目名称）。“上缴上级费用”科目核算事业单位按照财政部门和主管部门的规定上缴上级单位款项发生的费用。该科目应当按照收缴款项单位、缴款项目等进行明细核算。

（4）对附属单位补助费用（即为会计科目名称）。“对附属单位补助费用”科目核算事业单位用财政拨款收入之外的收入对附属单位补助发生的费用。该科目应当按照接受补助单位、补助项目等进行明细核算。

（5）所得税费用（即为会计科目名称）。“所得税费用”科目核算有企业所得税缴纳义务的事业单位按规定缴纳企业所得税所形成的费用。

请你判断：以下支付是否可以作为费用？如果是，指出所属的费用科目。

（1）某事业单位行政及后勤管理部门开展管理活动发生的各项费用10万元；

（2）某行政单位行政及后勤管理部门开展管理活动发生的各项费用15万元；

（3）当年发现去年有一笔其他费用多计20万元（重要差错），予以更正；

（4）某事业单位对经营活动使用的固定资产计提折旧2万元；

（5）某行政单位的一项设备年久失修，符合报废条件。该设备原值100万元，已经提足折旧，但尚未报经批准；

（6）年末单位财产清查，发现某项资产盘亏，账面价值为5万元；

(7) 承上，上述盘亏资产报经批准；

(8) 某事业单位按照主管部门的规定上缴上级单位50万元款项；

(9) 某事业单位使用非财政拨款对附属单位发放补助200万元；

(10) 某事业单位因经营活动实现盈利，实际缴纳本年所得税100万元。

答案提示：(1) 单位管理费用；(2) 业务活动费用；(3) 不能确认为费用，使用“以前年度盈余调整”科目；(4) 经营费用；(5) 不能确认为费用，将固定资产账面价值转入“待处理财产损溢”科目；(6) 不能确认为费用，将固定资产账面价值转入“待处理财产损溢”科目；(7) 资产处置费用；(8) 上缴上级费用；(9) 对附属单位补助费用；(10) 不能确认为费用（按照税法规定计算时确认为“所得税费用”），应使用“其他应交税费”科目。

【例4-3】某行政单位某年度发生以下业务，请鉴别以下哪些业务涉及财务会计收入或费用，并指出有关收入费用所使用的会计科目名称。

(1) 财政直接支付购买零星办公用品；

(2) 经批准，一笔长期挂账的“其他应收款”予以核销；

(3) 无偿调入一批物资，并支付有关税费；

(4) 对外捐赠一台设备，并支付有关税费；

(5) 月末，对单位固定资产计提折旧；

(6) 出租一闲置资产，按照约定，收到一笔押金；

(7) 接受捐赠一项资产，按名义金额计价，捐赠中支付运费。

例题分析

(1) 涉及财务会计收入和费用，即“财政拨款收入”和“业务活动费用”；

(2) 涉及财务会计费用，即“资产处置费用”；

(3) 不涉及财务会计费用，因为税费构成调入资产价值；

(4) 涉及财务会计费用，即“资产处置费用”；

(5) 涉及财务会计费用，即“业务活动费用”；

(6) 不涉及财务会计收入，列入“其他应付款”；

(7) 涉及财务会计收入与费用，即“捐赠收入”和“其他费用”。

第五章
政府会计净资产

本章要点

◇ 了解政府会计净资产的内容

◇ 重点掌握以下净资产的会计核算

- 累计盈余
- 本期盈余
- 无偿调拨净资产
- 以前年度盈余调整
- 专用基金

◇ 熟知净资产在报表中的填报规律

第一节　通用的净资产

净资产是指政府会计主体资产扣除负债后的净额。净资产金额取决于资产和负债的计量。净资产包括本期盈余、本年盈余分配、无偿调拨净资产、以前年度盈余调整、累计盈余、专用基金和权益法调整。

政府会计主体通用的净资产包括：本期盈余、本年盈余分配、无偿调拨净资产、以前年度盈余调整和累计盈余。

一、本期盈余

1. 本期盈余的形成

单位应当设置“本期盈余”会计科目，用来核算单位本期各项收入、费用相抵后的余额。年末结账后，本科目应无余额。

期末（一般月末），将各类收入科目，诸如“财政拨款收入”“事业收入”“上级补助收入”“附属单位上缴收入”“经营收入”“非同级财政拨款收入”“投资收益”“捐赠收入”“利息收入”“租金收入”和“其他收入”科目发生额转入“本期盈余”，编制会计分录如下：

借：财政拨款收入/事业收入/上级补助收入/附属单位上缴收入/经营收入/非同级财政拨款收入/捐赠收入/利息收入/租金收入/其他收入

贷：本期盈余

期末（一般月末，除“所得税费用”按年结转外）将各类费用，诸如“业务活动费用”“单位管理费用”“经营费用”“所得税费用”“资产处置费用”“上缴上级费用”“对附属单位补助费用”“其他费用”科目本期发生额转入本期盈余，编制会计分录如下：

借：本期盈余

贷：业务活动费用/单位管理费用/经营费用/所得税费用/资产处置费用/上缴上级费用/对附属单位补助费用/其他费用

2. 本期盈余的转销

年末，完成上述结转后，将“本期盈余”科目余额转入“本年盈余分配”科目，编制会计分录如下：

借或贷：本期盈余

贷或借：本年盈余分配

“本期盈余”科目转销之后，年末不再有余额。

上述会计分录，既是“本期盈余”的转销，也是另一净资产“本年盈余分配”的形成。而作为资产负债表中净资产项目的“本期盈余”，月份报表中应当属于必填项目，只是根据“本期盈余”期末余额的方向，借方余额填负数，贷方余额填正数；年报时由于“本期盈余”已经转销，则无须填报。

二、本年盈余分配

单位应当设置“本年盈余分配”会计科目，用来核算单位本年度盈余分配的情况和结果。年末结账后，该科目由于年末形成并于年末转销，所以最终应无余额。

1. 本年盈余分配的形成

如上所述，年末将“本期盈余”科目余额转入本年盈余分配，该净资产由此形成：

借或贷：本期盈余

　　贷或借：本年盈余分配

2. 本年盈余的分配

年末，事业单位根据有关规定从本年度非财政拨款结余或经营结余中提取专用基金的，按照预算会计下计算的提取金额：

借：本年盈余分配

　　贷：专用基金

同时，编制预算会计分录如下：

借：非财政拨款结余分配

　　贷：专用结余

以上步骤的会计处理，只适用于事业单位。

3. 本年盈余分配的转销

年末，按照规定完成上述会计处理后，将“本年盈余分配”的余额转销，转入另一个净资产“累计盈余”科目，编制会计分录如下：

借或贷：本年盈余分配

　　贷或借：累计盈余

“本年盈余分配”科目转销之后，年末不再有余额。

上述会计分录，既是“本年盈余分配”的转销，也是另一净资产“累计盈余”的形成。由于“本年盈余分配”年末形成后即转销，故，该项目不作为资产负债表中净资产的填报项目，即月报和年报均无须填报。

三、无偿调拨净资产

单位应当设置“无偿调拨净资产”会计科目，用来核算单位无偿调入或调出非现金资产所引起的净资产变动金额。

1. 无偿调拨净资产的形成

顾名思义，无偿调拨净资产的形成主要来自于无偿调拨业务。

【例5-1】某行政单位接受其他事业单位无偿调入一批物资，根据调出单位提供的相关凭证证明，该物资在调出方的账面价值为300万元，该行政单位在调入时以银行存款支付运输费20万元，调入物资已经验收入库。

该笔无偿调拨业务，无论交易哪一方，均涉及“无偿调拨净资产”科目的变化。交易双方的会计处理如下：

(1) 调入方——某行政单位。

借：库存物品　　320

　贷：银行存款　　20

　　无偿调拨净资产　　300

同时，编制预算会计分录如下：

借：其他支出　　20

　贷：资金结存——货币资金　　20

(2) 调出方——某事业单位。

借：无偿调拨净资产　　300

　贷：库存物品　　300

请你回答：为什么调出方没有预算会计处理？如果有的话，它与调入方的会计处理相似吗？

答案提示：上述例题中，调出方（即某事业单位）之所以没有预算会计处理，是因为资料中调出方没有其他款项（相关税费）的支付，如果存在现金资产的支付，同样会编制预算会计分录，即：

借：其他支出

　贷：资金结存——货币资金

可见，预算会计分录与上述调入方的预算会计处理相似；但是从财务会计角度来看，即使有现金款项的支付，其会计处理也不相同，即这里（调出方）应将有关税费的支付计入“资产处置费用”科目。编制会计分录如下：

借：资产处置费用

　贷：银行存款（等）

如果单位存在为建设项目配套而建成的、产权不归属本单位的专用设施，按照规定，可以将在建工程中的相应部分的实际成本予以冲销转出，列

入“无偿调拨净资产”科目，编制会计分录如下：

借：无偿调拨净资产

贷：在建工程——基建转出投资

2. 无偿调拨净资产的转销

年末，将“无偿调拨净资产”科目余额转入“累计盈余”，编制会计分录如下：

借或贷：无偿调拨净资产

贷：或借：累计盈余

“无偿调拨净资产”科目转销之后，年末不再有余额。

上述会计分录，既是“无偿调拨净资产”的转销，也是另一净资产“累计盈余”的形成。而作为资产负债表中净资产项目的“无偿调拨净资产”，月报中根据该净资产是否存在而决定是否填列，只是根据“无偿调拨净资产”期末余额的方向，借方余额填负数，贷方余额填正数；年报时由于“无偿调拨净资产”已经转销，则无须填报。

四、以前年度盈余调整

单位应当设置“以前年度盈余调整”会计科目，用来核算单位本年度发生的调整以前年度盈余的事项，包括本年度发生的重要前期差错更正涉及调整以前年度盈余的事项。

1. 以前年度盈余调整的形成

以前年度盈余调整主要来源于以下渠道：

（1）盘盈的各种非流动资产，并且是由以前年度造就的，报经批准后处理时：

借：待处理财产损溢

贷：以前年度盈余调整

（2）对以前年度财务报表中重大差错的更正。这种错误包括计算错误、会计分录差错以及漏记事项。更正重大会计差错时：

借或贷：以前年度盈余调整

贷或借：相关会计科目

1. 请你思考：这里的更正差错是指的所有会计要素差错吗？

答案提示：不是，是指收入或费用差错，并且属于重大会计差错，才会使用“以前年度盈余调整”科目。

2. 请你分析：什么属于重大会计差错？

答案提示：根据《政府会计准则第7号——会计调整》规定（第14条）：重大会计差错，是指政府会计主体发现的使本期编制的报表不再具有可靠性的会计差错，一般是指差错的性质比较严重或者差错的金额比较大。该差错会影响报表使用者对政府会计主体过去、现在或者未来的情况做出评价或者预测，则认为性质比较严重，如未遵循政府会计准则制度、财务舞弊等原因产生的差错。通常情况下，导致差错的经济业务或者事项对报表某一具体项目的影响或者累积影响金额占该类经济业务或者事项对报表同一项目的影响金额的10%及以上，则认为金额比较大。

（3）调整以前年度有关盈余（即收入或费用）的事项时：

借或贷：以前年度盈余调整

　　贷或借：相关会计科目

【例5-2】某预算单位20×9年发现20×8年度某类业务用固定资产多提固定资产折旧100万元。

该差错一方面使得20×8年度多计“业务活动费用”100万元，另一方面也多计入“固定资产累计折旧”100万元。由于“固定资产累计折旧”科目属于资产类，直接调整即可，而往年的“业务活动费用”则需要使用“以前年度盈余调整”进行更正，以达到调整期初数的目的。

借：固定资产累计折旧　　1 000 000

　　贷：以前年度盈余调整——20×8业务活动费用　　1 000 000

通过以上会计分录的编制，并加以记账，便可以调整发现当期期初的相关净资产项目，并调整其他相关项目的期初数。

请你回答：如果上述造成的差错数额不大（例如多计1 000元）。其会计处理会有什么变化？

答案提示：如果上述造成的差错数额不大（例如多计 1 000 元）。其会计处理只是将“以前年度盈余调整”改为当年费用的调整即可。

借：固定资产累计折旧　　1 000

　　贷：业务活动费用　　1 000

2. 以前年度盈余调整的转销

经上述调整后，应将“以前年度盈余调整”的余额转入累计盈余。

借或贷：累计盈余

　　贷或借：以前年度盈余调整

结转后“以前年度盈余调整”应无余额。上述会计分录，既是“以前年度盈余调整”的转销，也是另一净资产“累计盈余”的形成。由于以前年度盈余调整形成后已经及时转销，该项目不作为资产负债表中净资产的填报项目，即月报和年报均无须填报。

五、累计盈余

累计盈余是每一个政府会计主体，尤其是行政事业单位净资产中最重要的一个净资产。单位应当设置“累计盈余”会计科目，用来核算单位历年实现的盈余扣除盈余分配后滚存的金额，以及因无偿调入调出资产产生的净资产变动额。按照规定上缴、缴回、单位间调剂结转结余资金产生的净资产变动额，以及对以前年度盈余的调整金额，也通过该科目核算。

1. 累计盈余的形成

(1) 年末，将“本年盈余分配”科目的余额转入“累计盈余”：

借或贷：本年盈余分配

　　贷或借：累计盈余

(2) 年末，将“无偿调拨净资产”科目的余额转入“累计盈余”：

借或贷：无偿调拨净资产

　　贷或借：累计盈余

(3) 将“以前年度盈余调整”科目的余额转入“累计盈余”：

借或贷：以前年度盈余调整

　　贷或借：累计盈余

2. 累计盈余的日常增减变化

(1) 减少的变化——按照规定上缴财政拨款结转结余、缴回非财政拨款结转资金、向其他单位调出财政拨款结转资金时：

借：累计盈余

　　贷：财政应返还额度/零余额账户用款额度/银行存款（等）

借：财政拨款结转——归集上缴

　　财政拨款结余——归集上缴

　　贷：资金结存——财政应返还额度

　　　　　　　　——零余额账户用款额度

　　　　　　　　——货币资金

借：财政拨款结转——归集调出

　　贷：资金结存——财政应返还额度

　　　　　　　　——零余额账户用款额度

　　　　　　　　——货币资金

借：累计盈余

　　贷：银行存款（等）

借：非财政拨款结转——缴回资金

　　贷：资金结存——货币资金

请你分辨：以上会计处理的分录中，哪些分录属于上述标题所阐述的具体内容？请予以一一"对号入座"。

答案提示：

①以下分录属于按照规定上缴财政拨款结转或结余资金、向其他单位调出财政拨款结转资金的会计处理：

借：累计盈余

　　贷：财政应返还额度/零余额账户用款额度/银行存款（等）

借：财政拨款结转——归集上缴

　　财政拨款结余——归集上缴

　　贷：资金结存——财政应返还额度

　　　　　　　　——零余额账户用款额度

　　　　　　　　——货币资金

借：财政拨款结转——归集调出

贷：资金结存——财政应返还额度

——零余额账户用款额度

——货币资金

②以下分录属于按照规定缴回非财政拨款结转资金的会计处理：

借：累计盈余

贷：银行存款（等）

借：非财政拨款结转——缴回资金

贷：资金结存——货币资金

（2）增加的变化——按照规定从其他单位调入财政拨款结转资金时：

借：零余额账户用款额度/银行存款等

贷：累计盈余

借：资金结存——零余额账户用款额度/货币资金

贷：财政拨款结转——归集调入

另外，事业单位按照规定使用专用基金购置固定资产、无形资产时，也会引起累计盈余发生增加的变化。详见专用基金部分，此略。

以上行政单位和事业单位共有的净资产，除了累计盈余之外，其他净资产，包括木期盈余、本年盈余分配、无偿调拨净资产和以前年度盈余调整，期末（尤其年末）均无余额。

第二节 事业单位特有的净资产

事业单位除了具有上述与行政单位通用的本期盈余、本年盈余分配、无偿调拨净资产、以前年度盈余调整以及累计盈余外，根据事业单位自身的业务特点，还有以下专用的净资产，包括专用基金和权益法调整。

一、专用基金

专用基金亦称专用资金。是单位（事业单位）按规定通过一定渠道提取形成的具有专门用途的资金。

事业单位应当设置“专用基金”科目，用来核算事业单位按照规定提取或设置的具有专门用途的净资产，主要包括职工福利基金、科技成果转换基金等。该科目应当按照专用基金的类别进行明细核算。该科目期末贷方余额，反映事业单位累计提取或设置的尚未使用的专用基金。

1. 专用基金的形成

（1）年末，根据有关规定从本年度非财政拨款结余或经营结余中提取专用基金的，按照预算会计下计算的提取金额：

借：本年盈余分配

　　贷：专用基金

同时，编制预算会计分录如下：

借：非财政拨款结余分配

　　贷：专用结余

（2）根据有关规定从收入中提取专用基金并计入费用的，一般按照预算会计下基于预算收入计算提取的金额：

借：业务活动费用（等）

　　贷：专用基金

（3）根据有关规定设置的其他专用基金，按照实际收到的基金数额：

借：银行存款（等）

　　贷：专用基金

请你回答：专用基金形成的第二个渠道和第三个渠道是否需要进行预算会计处理？

答案提示：不需要进行预算会计处理。

2. 专用基金的使用

（1）使用提取的专用基金购置固定资产、无形资产时：

借：固定资产/无形资产

　　贷：累计盈余

借：专用基金

　　贷：银行存款（等）

（2）使用专用基金没有形成固定资产、无形资产情况下：

借：专用基金

　　贷：银行存款（等）

1. 请你思考：使用专用基金一定会做的会计分录是？

答案提示：使用专用基金一定会做的会计分录是：

借：专用基金

　　贷：银行存款（等）

至于是否编制另一组资产（长期资产）增加的会计分录，取决于使用专用基金构成类似固定资产、无形资产没有。如果构成了固定资产、无形资产等，则需要编制另外一组会计分录（在上一个分录基础上）：

借：固定资产/无形资产

　　贷：累计盈余

2. 请你思考：使用专用基金是否需要进行预算会计处理？

答案提示：究竟预算会计是否进行会计处理以及进行怎样的会计处理，取决于专用基金使用的是哪个渠道形成的资金。

（1）如果使用第一个渠道形成的资金（即结余中形成的），则需要进行如下预算会计处理：

借：专用结余

　　贷：资金结存

（2）如果使用的是第二渠道形成的资金（即预算收入中形成的），则需要进行如下预算会计处理：

借：事业支出（等）

　　贷：资金结存

（3）如果使用的是第三渠道形成的资金（即专设形成的），则无须进行预算会计处理。

二、权益法调整

权益法调整产生于事业单位持有的长期股权投资采用权益法核算时，被投资单位除净损益和利润分配以外的所有者权益变动而形成的净资产。

事业单位应当设置“权益法调整”科目，用来核算事业单位持有的长期股权投资采用权益法核算时，按照被投资单位除净损益和利润分配以外的所有者权益变动份额调整长期股权投资账面余额而计入净资产的金额。该科目应当按照被投资单位进行明细核算。

1. 权益法调整的形成

年末，按照被投资单位除净损益和利润分配以外的所有者权益变动应享有（或应分担）的份额：

借或贷：长期股权投资——其他权益变动

　　贷或借：权益法调整

2. 权益法调整的转销

处置长期股权投资（采用权益法核算）时，当初因被投资单位除净损益和利润分配以外的所有者权益变动而将应享有（或应分担）的份额计入单位权益法调整的部分，也应一并予以转销，即：

借或贷：权益法调整

　　贷或借：投资收益

“权益法调整”的期末余额，反映事业单位在被投资单位除净损益和利润分配以外的所有者权益变动中累积享有（或分担）的份额。

第六章
政府会计财务报告

本章要点

◇ 了解政府财务报表的构成

◇ 重点掌握以下会计报表的编制：

- 资产负债表
- 收入费用表
- 净资产变动表

◇ 重视并了解附注的作用及填列要求

第一节　财务报告概述

一、财务报告

1. 财务报告的构成

政府财务报告是反映政府会计主体某一特定日期的财务状况和某一会计期间的运行情况和现金流量等信息的文件。

财务报告的目标是向财务报告使用者提供与政府的财务状况、运行情况（含运行成本）和现金流量等有关信息，反映政府会计主体公共受托责任履行情况，有助于财务报告使用者做出决策或者进行有效的监督和管理。政府财务报告使用者包括各级人民代表大会常务委员会、债权人、各级政府及其有关部门、政府会计主体自身和其他利益相关者。

政府财务报告应当包括财务报表和其他应当在财务报告中披露的相关信

息和资料。

2. 财务报告的分类

政府财务报告包括政府综合财务报告和政府部门财务报告。

(1) 政府综合财务报告是指由政府财政部门编制的，反映各级政府整体财务状况、运行情况和财政中长期可持续性的报告。

(2) 政府部门财务报告是指政府各部门、各单位按规定编制的财务报告。

二、财务报表

1. 财务报表的构成

作为财务报告最为重要的组成部分，财务报表既是对会计要素确认、计量结果的综合性描述，又是对政府会计主体财务状况、运行情况和现金流量等信息的结构性表述。

财务报表包括会计报表和附注。附注是对在资产负债表、收入费用表、净资产变动表和现金流量表等报表中列示项目所做的进一步说明，以及对未能在这些报表中列示项目的说明。

2. 财务报表的分类

财务报表可以按照不同的标准进行分类。

(1) 按财务报表编报期间的不同，可以分为中期财务报表和年度财务报表。中期财务报表是以短于一个完整会计年度的报告期间为基础编制的财务报表，包括月报、季报和半年报等。现阶段，我国政府会计主体中期财务报表至少应当包括资产负债表、收入费用表，其中，中期资产负债表、收入费用表应当是完整报表，其格式和内容应当与年度财务报表相一致。

按照我国的规定，政府会计主体至少按年编制财务报表。年度财务报表涵盖的期间短于1年的，应当披露年度财务报表的涵盖期间，以及短于1年的原因以及报表数据不具可比性的事实。

(2) 按财务报表编报主体的不同，可以分为部门（个别）财务报表和合并财务报表（政府会计主体应当根据相关规定编制合并财务报表）。部门（个别）财务报表是由基层单位在自身会计核算基础上对账簿记录进行加工而编制的财务报表，它主要用以反映单位自身的财务状况、运行情况、净资产变化情况和现金流量等情况。合并财务报表，是指反映合并主体和其全部被合并主体形成的报告主体整体财务状况与运行情况的财务报表。根据规定，部门（单位）合并财务报表的合并范围一般应当以财政预算拨款关系为基础予以确定，部门（单位）所属的企业不纳入部门（单位）合并财务报表的合并范围；本级政府合并财务报表的合并范围一般应当以财政预算拨款关系为基础予以确定；行政区政府合并财务报表的合并范围一般应当以行政隶属关系为基础予以确定。另外，考虑到列报准则主要侧重规范合并范围确定的原则，具体合并范围将由财政部另行规定。

第二节 资产负债表

一、资产负债表概述

资产负债表是反映单位在某一特定日期的财务状况的会计报表。例如，公历每年 12 月 31 日的财务状况，它反映的就是该日的情况。资产负债表主要回答以下基本问题：一家单位拥有什么资源，它又担负什么义务。所以，资产负债表是对基本会计恒等式的表述：

资产 = 负债 + 所有者权益

在我国，资产负债表采用账户式结构，报表分为左右两方，左方列示资产各项目，反映单位全部资产的分布及存在形态；右方列示负债和净资产各项目，反映全部负债和净资产的内容及其结构情况（具体格式见表 6 - 1）。根据基本会计恒等式的规律要求，资产负债表左右双方应当平衡，即资产总计等于负债与净资产总计。

资产负债表在一个单位的资产、负债及净资产的三个会计要素基本框架之下，我国资产负债表中展示的资产、负债具体项目与国际会计标准一样，即资产负债表的各项目一般分为流动（或短期）项目和非流动（或长期）各项目。至于流动意味着多长时间？一般来讲，流动意味着一年（含 1 年）之内。

二、资产负债表的填列方法

根据规定，单位需要提供比较资产负债表，以便报表使用者通过比较不同时点资产负债表的数据，掌握政府会计主体财务状况的变动情况及发展趋势。所以，资产负债表的各项目分为“年初余额”和“期末余额”两栏分别填列。

（一）资产负债表中的“年初余额”栏

资产负债表中的“年初余额”栏通常根据上年末有关项目的期末余额填列，且与上年末资产负债表“期末余额”栏相一致。

如果本年度资产负债表规定的项目的名称和内容同上年度不一致，应当对上年年末资产负债表项目的名称和数字按照本年度的规定进行调整，将调整后数字填入本表“年初余额”栏内。

如果本年度单位发生了因前期差错更正、会计政策变更等调整以前年度盈余的事项，还应当对“年初余额”栏中的有关项目金额进行相应调整。

（二）资产负债表的“期末余额”栏

资产负债表的“期末余额”栏一般应根据资产、负债和净资产类科目的期末余额填列。具体地：

1. 资产类项目

（1）“货币资金”项目，反映单位期末库存现金、银行存款、零余额账户用款额度、其他货币资金的合计数。本项目应当根据“库存现金”“银行存款”“零余额账户用款额度”“其他货币资金”科目的期末余额的合计数填列；若单位存在通过“库存现金”“银行存款”科目核算的受托代理资产还应当按照前述合计数扣减“库存现金”“银行存款”科目下“受托代理资产”明细科目的期末余额后的金额填列。

（2）“短期投资”项目，反映事业单位期末持有的短期投资账面余额。本项目应当根据“短期投资”科目的期末余额填列。

（3）“财政应返还额度”项目，反映单位期末财政应返还额度的金额。本项目应当根据“财政应返还额度”科目的期末余额填列。

（4）“应收票据”项目，反映事业单位期末持有的应收票据的票面金额。本项目应当根据“应收票据”科目的期末余额填列。

(5)“应收账款净额”项目，反映单位期末尚未收回的应收账款减去已计提的坏账准备后的净额。本项目应当根据“应收账款”科目的期末余额，减去“坏账准备”科目中对应收账款计提的坏账准备的期末余额后的金额填列。

(6)“预付账款”项目，反映单位期末预付给商品或者劳务供应单位的款项。本项目应当根据“预付账款”科目的期末余额填列。

(7)“应收股利”项目，反映事业单位期末因股权投资而应收取的现金股利或应当分得的利润。本项目应当根据“应收股利”科目的期末余额填列。

(8)“应收利息”项目，反映事业单位期末因债券投资等而应收取的利息。事业单位购入的到期一次还本付息的长期债券投资持有期间应收的利息，不包括在本项目内。本项目应当根据“应收利息”科目的期末余额填列。

(9)“其他应收款净额”项目，反映单位期末尚未收回的其他应收款减去已计提的坏账准备后的净额。本项目应当根据“其他应收款”科目的期末余额减去“坏账准备”科目中对其他应收款计提的坏账准备的期末余额后的金额填列。

(10)“存货”项目，反映单位期末存储的存货的实际成本。本项目应当根据“在途物品”“库存物品”“加工物品”科目的期末余额的合计数填列。

(11)“待摊费用”项目，反映单位期末已经支出，但应当由本期和以后各期负担的分摊期在1年以内（含1年）的各项费用。本项目应当根据“待摊费用”科目的期末余额填列。

(12)“一年内到期的非流动资产”项目，反映单位期末非流动资产项目中将在1年内（含1年）到期的金额，如事业单位将在1年内（含1年）到期的长期债券投资金额。本项目应当根据“长期债券投资”等科目的明细科目的期末余额分析填列。

(13)“其他流动资产”项目，反映单位期末除本表中上述各项之外的其他流动资产的合计金额。本项目应当根据有关科目期末余额的合计数填列。

(14)“流动资产合计”项目，反映单位期末流动资产的合计数。本项目应当根据本表中“货币资金”“短期投资”“财政应返还额度”“应收票据”“应收账款净额”“预付账款”“应收股利”“应收利息”“其他应收款净额”“存货”“待摊费用”“一年内到期的非流动资产”“其他流动资产”项目金额的合计数填列。

(15)“长期股权投资”项目，反映事业单位期末持有的长期股权投资的账面余额。本项目应当根据“长期股权投资”科目的期末余额填列。

(16)“长期债券投资”项目，反映事业单位期末持有的长期债券投资的账面余额。本项目应当根据“长期债券投资”科目的期末余额减去其中将于1年内（含1年）到期的长期债券投资余额后的金额填列。

(17)“固定资产原值”项目，反映单位期末固定资产的原值。本项目应当根据“固定资产”科目的期末余额填列。

“固定资产累计折旧”项目，反映单位期末固定资产已计提的累计折旧金额。本项目应当根据“固定资产累计折旧”科目的期末余额填列。

“固定资产净值”项目，反映单位期末固定资产的账面价值。本项目应当根据“固定资产”科目期末余额减去“固定资产累计折旧”科目期末余额后的金额填列。

(18)“工程物资”项目，反映单位期末为在建工程准备的各种物资的实际成本。本项目应当根据“工程物资”科目的期末余额填列。

(19)“在建工程”项目，反映单位期末所有的建设项目工程的实际成本。本项目应当根据“在建工程”科目的期末余额填列。

(20)“无形资产原值”项目，反映单位期末无形资产的原值。本项目应当根据“无形资产”科目的期末余额填列。

“无形资产累计摊销”项目，反映单位期末无形资产已计提的累计摊销金额。本项目应当根据“无形资产累计摊销”科目的期末余额填列。

“无形资产净值”项目，反映单位期末无形资产的账面价值。本项目应当根据“无形资产”科目期末余额减去“无形资产累计摊销”科目期末余额后的金额填列。

(21)“研发支出”项目，反映单位期末正在进行的无形资产开发项目开发阶段发生的累计支出数。本项目应当根据“研发支出”科目的期末余额填列。

(22)“公共基础设施原值”项目，反映单位期末控制的公共基础设施的原值。本项目应当根据“公共基础设施”科目的期末余额填列。

“公共基础设施累计折旧（摊销）”项目，反映单位期末控制的公共基础设施已计提的累计折旧和累计摊销金额。本项目应当根据“公共基础设施累计折旧（摊销）”科目的期末余额填列。

“公共基础设施净值”项目，反映单位期末控制的公共基础设施的账面价值。本项目应当根据“公共基础设施”科目期末余额减去“公共基础设施累计折旧（摊销）”科目期末余额后的金额填列。

（23）“政府储备物资”项目，反映单位期末控制的政府储备物资的实际成本。本项目应当根据“政府储备物资”科目的期末余额填列。

（24）“文物文化资产”项目，反映单位期末控制的文物文化资产的成本。本项目应当根据“文物文化资产”科目的期末余额填列。

（25）“保障性住房原值”项目，反映单位期末控制的保障性住房的原值。本项目应当根据“保障性住房”科目的期末余额填列。

“保障性住房累计折旧”项目，反映单位期末控制的保障性住房已计提的累计折旧金额。本项目应当根据“保障性住房累计折旧”科目的期末余额填列。

“保障性住房净值”项目，反映单位期末控制的保障性住房的账面价值。本项目应当根据“保障性住房”科目期末余额减去“保障性住房累计折旧”科目期末余额后的金额填列。

（26）“长期待摊费用”项目，反映单位期末已经支出，但应由本期和以后各期负担的分摊期限在 1 年以上（不含 1 年）的各项费用。本项目应当根据“长期待摊费用”科目的期末余额填列。

（27）“待处理财产损溢”项目，反映单位期末尚未处理完毕的各种资产的净损失或净溢余。本项目应当根据“待处理财产损溢”科目的期末借方余额填列；如“待处理财产损溢”科目期末为贷方余额，以“-”号填列。

（28）“其他非流动资产”项目，反映单位期末除本表中上述各项之外的其他非流动资产的合计数。本项目应当根据有关科目的期末余额合计数填列。

（29）“非流动资产合计”项目，反映单位期末非流动资产的合计数。本项目应当根据本表中“长期股权投资”“长期债券投资”“固定资产净值”

“工程物资”“在建工程”“无形资产净值”“研发支出”“公共基础设施净值”“政府储备物资”“文物文化资产”“保障性住房净值”“长期待摊费用”“待处理财产损溢”“其他非流动资产”项目金额的合计数填列。

(30)“受托代理资产”项目，反映单位期末受托代理资产的价值。本项目应当根据“受托代理资产”科目的期末余额与“库存现金”“银行存款”科目下“受托代理资产”明细科目的期末余额的合计数填列。

(31)“资产总计”项目，反映单位期末资产的合计数。本项目应当根据本表中“流动资产合计”“非流动资产合计”“受托代理资产”项目金额的合计数填列。

2. 负债类项目

(1)“短期借款”项目，反映事业单位期末短期借款的余额。本项目应当根据“短期借款”科目的期末余额填列。

(2)“应交增值税”项目，反映单位期末应缴未缴的增值税税额。本项目应当根据“应交增值税”科目的期末余额填列；如“应交增值税”科目期末为借方余额，以“-”号填列。

(3)“其他应交税费”项目，反映单位期末应缴未缴的除增值税以外的税费金额。本项目应当根据“其他应交税费”科目的期末余额填列；如“其他应交税费”科目期末为借方余额，以“-”号填列。

(4)“应缴财政款”项目，反映单位期末应当上缴财政但尚未缴纳的款项。本项目应当根据“应缴财政款”科目的期末余额填列。

(5)“应付职工薪酬”项目，反映单位期末按有关规定应付给职工及为职工支付的各种薪酬。本项目应当根据“应付职工薪酬”科目的期末余额填列。

(6)“应付票据”项目，反映事业单位期末应付票据的金额。本项目应当根据“应付票据”科目的期末余额填列。

(7)“应付账款”项目，反映单位期末应当支付但尚未支付的偿还期限在1年以内（含1年）的应付账款的金额。本项目应当根据“应付账款”科目的期末余额填列。

(8)“应付政府补贴款”项目，反映负责发放政府补贴的行政单位期末按照规定应当支付给政府补贴接受者的各种政府补贴款余额。本项目应当根据“应付政府补贴款”科目的期末余额填列。

(9)“应付利息”项目，反映事业单位期末按照合同约定应支付的借款利息。事业单位到期一次还本付息的长期借款利息不包括在本项目内。本项目应当根据“应付利息”科目的期末余额填列。

(10)“预收账款”项目，反映事业单位期末预先收取但尚未确认收入和实际结算的款项余额。本项目应当根据“预收账款”科目的期末余额填列。

(11)“其他应付款”项目，反映单位期末其他各项偿还期限在1年内(含1年)的应付及暂收款项余额。本项目应当根据“其他应付款”科目的期末余额填列。

(12)“预提费用”项目，反映单位期末已预先提取的已经发生但尚未支付的各项费用。本项目应当根据“预提费用”科目的期末余额填列。

(13)“一年内到期的非流动负债”项目，反映单位期末将于1年内(含1年)偿还的非流动负债的余额。本项目应当根据“长期应付款”“长期借款”等科目的明细科目的期末余额分析填列。

(14)“其他流动负债”项目，反映单位期末除本表中上述各项之外的其他流动负债的合计数。本项目应当根据有关科目的期末余额的合计数填列。

(15)“流动负债合计”项目，反映单位期末流动负债合计数。本项目应当根据本表“短期借款”“应交增值税”“其他应交税费”“应缴财政款”“应付职工薪酬”“应付票据”“应付账款”“应付政府补贴款”“应付利息”“预收账款”“其他应付款”“预提费用”“一年内到期的非流动负债”“其他流动负债”项目金额的合计数填列。

(16)“长期借款”项目，反映事业单位期末长期借款的余额。本项目应当根据“长期借款”科目的期末余额减去其中将于1年内(含1年)到期的长期借款余额后的金额填列。

(17)“长期应付款”项目，反映单位期末长期应付款的余额。本项目应当根据“长期应付款”科目的期末余额减去其中将于1年内(含1年)到期的长期应付款余额后的金额填列。

(18)“预计负债”项目，反映单位期末已确认但尚未偿付的预计负债的余额。本项目应当根据“预计负债”科目的期末余额填列。

(19)“其他非流动负债”项目，反映单位期末除本表中上述各项之外的其他非流动负债的合计数。本项目应当根据有关科目的期末余额合计数填列。

（20）“非流动负债合计”项目，反映单位期末非流动负债合计数。本项目应当根据本表中“长期借款”“长期应付款”“预计负债”“其他非流动负债”项目金额的合计数填列。

（21）“受托代理负债”项目，反映单位期末受托代理负债的金额。本项目应当根据“受托代理负债”科目的期末余额填列。

（22）“负债合计”项目，反映单位期末负债的合计数。本项目应当根据本表中“流动负债合计”“非流动负债合计”“受托代理负债”项目金额的合计数填列。

3. 净资产类项目

（1）“累计盈余”项目，反映单位期末未分配盈余（或未弥补亏损）以及无偿调拨净资产变动的累计数。本项目应当根据“累计盈余”科目的期末余额填列。

（2）“专用基金”项目，反映事业单位期末累计提取或设置但尚未使用的专用基金余额。本项目应当根据“专用基金”科目的期末余额填列。

（3）“权益法调整”项目，反映事业单位期末在被投资单位除净损益和利润分配以外的所有者权益变动中累积享有的份额。本项目应当根据“权益法调整”科目的期末余额填列。如“权益法调整”科目期末为借方余额，以“-”号填列。

（4）“无偿调拨净资产”项目，反映单位本年度截至报告期期末无偿调入的非现金资产价值扣减无偿调出的非现金资产价值后的净值。本项目仅在月度报表中列示，年度报表中不列示。月度报表中本项目应当根据“无偿调拨净资产”科目的期末余额填列；“无偿调拨净资产”科目期末为借方余额时，以“-”号填列。

（5）“本期盈余”项目，反映单位本年度截至报告期期末实现的累计盈余或亏损。本项目仅在月度报表中列示，年度报表中不列示。月度报表中本项目应当根据“本期盈余”科目的期末余额填列；“本期盈余”科目期末为借方余额时，以“-”号填列。

（6）“净资产合计”项目，反映单位期末净资产合计数。本项目应当根据本表中“累计盈余”“专用基金”“权益法调整”“无偿调拨净资产”（月度报表）“本期盈余”（月度报表）项目金额的合计数填列。

（7）“负债和净资产总计”项目，应当按照本表中“负债合计”“净资产合计”项目金额的合计数填列。

【例 6-1】某政府会计主体 20×8 年 12 月 31 日的资产负债表如下（见表 6-1）：

表 6-1 **资产负债表** 会政财 01 表

编制单位：某单位 20×8 年 12 月 31 日 单位：万元

资产	期末余额	年初余额	负债和所有者权益（或股东权益）	期末余额	年初余额
流动资产：			流动负债：		
货币资金	150		短期借款		
短期投资			应交增值税		
财政应返还额度	25		其他应交税费	20	
应收票据			应缴财政款	240	
应收账款净额	30		应付职工薪酬	20	
预付账款			应付票据		
应收股利			应付账款	180	
应收利息			应付政府补贴款		
其他应收款净额	10		应付利息		
存货	100		预收账款		
待摊费用	15		其他应付款	100	
一年内到期的非流动资产			预提费用	90	
其他流动资产			一年内到期的非流动负债		
流动资产合计	330		其他流动负债		
非流动资产：					
长期股权投资			**流动负债合计**	650	
长期债券投资			非流动负债：		
固定资产原值	1 000		长期借款		
减：固定资产累计折旧	400		长期应付款	150	
固定资产净值	600		预计负债		
工程物资			其他非流动负债		
在建工程	150		**非流动负债合计**	150	

续表

资产	期末余额	年初余额	负债和所有者权益（或股东权益）	期末余额	年初余额
无形资产原值	500		受托代理负债	50	
减：无形资产累计摊销	200		**负债合计**	850	
无形资产净值	300				
研发支出					
公共基础设施原值					
减：公共基础设施累计折旧					
公共基础设施净值					
政府储备物资					
文物文化资产					
保障性住房原值					
减：保障性住房累计折旧			**净资产：**		
保障性住房净值			累计盈余	400	
长摊待摊费用	20		专用基金	200	
待处理财产损溢			权益法调整		
其他非流动资产			无偿调拨净资产		
非流动资产合计	1 070		本期盈余		
受托代理资产	50		**净资产合计**	600	
资产总计	1 450		**负债和净资产合计**	1 450	

某政府会计主体20×9年12月31日的会计科目余额表如下（表6－2）：

表6－2 **会计科目余额表**

20×9年12月31日　　单位：万元

科目名称	借方余额	科目名称	贷方余额
库存现金	0.50	其他应交税费	30
银行存款	185	应缴财政款	65
其他货币资金	20.50	应付账款	100
财政应返还额度	30	其他应付款	140
应收账款	100	预提费用	60
坏账准备	－30	长期应付款	150
其他应收款	50	预计负债	220
在途物品	20	受托代理负债	5

续表

科目名称	借方余额	科目名称	贷方余额
库存物品	280	累计盈余	820
固定资产	1 200	专用基金	310
固定资产累计折旧	-450		
在建工程	150		
无形资产	500		
无形资产累计摊销	-220		
长期待摊费用	40		
待处理财产损溢	24		
合计	1 900	合计	1 900

上述科目余额表中，有关账户明细情况如下：

(1)“银行存款——受托代理存款”5万元；

(2)“坏账准备——应收账款”为20万元；

“——其他应收款”为10万元；

(3)“长期待摊费用”中不满一年的为10万元；

(4)“长期应付款”中已不满一年的为50万元。

该政府会计主体根据科目余额表及其明细资料，编制20×9年12月31日的资产负债表如下（见表6-3）：

表6-3 **资产负债表** 会政财01表

编制单位：某单位 20×9年12月31日 单位：万元

资　产	期末余额	年初余额	负债和所有者权益（或股东权益）	期末余额	年初余额
流动资产：			流动负债：		
货币资金	150	201	短期借款		
短期投资			应交增值税		
财政应返还额度	25	30	其他应交税费	20	30
应收票据			应缴财政款	240	65
应收账款净额	30	80	应付职工薪酬	20	
预付账款			应付票据		
应收股利			应付账款	180	100
应收利息			应付政府补贴款		
其他应收款净额	10	40	应付利息		

续表

资　产	期末余额	年初余额	负债和所有者权益（或股东权益）	期末余额	年初余额
存货	100	300	预收账款		
待摊费用	15		其他应付款	100	140
一年内到期的非流动资产		10	预提费用	90	60
其他流动资产			一年内到期的非流动负债		50
流动资产合计	330	661	其他流动负债		
非流动资产：					
长期股权投资			**流动负债合计**	650	445
长期债券投资			非流动负债：		
固定资产原值	1 000	1 200	长期借款		
减：固定资产累计折旧	400	450	长期应付款	150	100
固定资产净值	600	750	预计负债		220
工程物资			其他非流动负债		
在建工程	150	150	**非流动负债合计**	150	320
无形资产原值	500	500	受托代理负债	50	5
减：无形资产累计摊销	200	220	**负债合计**	850	770
无形资产净值	300	280			
研发支出					
公共基础设施原值					
减：公共基础设施累计折旧					
公共基础设施净值					
政府储备物资					
文物文化资产					
保障性住房原值					
减：保障性住房累计折旧			**净资产：**		
保障性住房净值			累计盈余	400	820
长摊待摊费用	20	30	专用基金	200	310
待处理财产损溢		24	权益法调整		
其他非流动资产			无偿调拨净资产		
非流动资产合计	1 070	1 234	本期盈余		
受托代理资产	50	5	**净资产合计**	600	1 130
资产总计	1 450	1 900	**负债和净资产合计**	1 450	1 900

第三节　收入费用表

一、收入费用表概述

收入费用表反映政府会计主体在某一会计期间内发生的收入、费用及当期盈余情况。通过收入费用表，一方面，可以反映政府会计主体一定会计期间收入的实现情况，如实现的财政拨款收入有多少、产生的盈余有多少等，也可以反映一定会计期间的费用耗费情况，如耗费的业务活动费用有多少、资产处置费用和其他费用各有多少等；另一方面，可以监督检查政府会计主体各种费用结构的合理性，规范政府会计主体的业务活动行为。

收入费用表的格式采用的是单步式。单步式收入费用表是将当期所有的收入列在一起，然后将所有的费用列在一起，两者相减得出当期盈余。在这种结构中，本期盈余的计算仅通过一个相减的步骤，“单步式”由此得名。单步式收入费用表的优点在于简单明了，而且能够清楚地表明收入和费用项目的同等重要性，可以避免可能使人误以为收入与费用的配比有先后顺序。

二、收入费用表的填列方法

收入费用表“本月数”栏反映各项目的本月实际发生数。编制年度收入费用表时，应当将本栏改为“本年数”，反映本年度各项目的实际发生数。

收入费用表“本年累计数”栏反映各项目自年初至报告期期末的累计实际发生数。编制年度收入费用表时，应当将本栏改为“上年数”，反映上年度各项目的实际发生数，“上年数”栏应当根据上年年度收入费用表中“本年数”栏内所列数字填列。

如果本年度收入费用表规定的项目的名称和内容同上年度不一致，应当对上年度收入费用表项目的名称和数字按照本年度的规定进行调整，将调整后的金额填入本年度收入费用表的“上年数”栏内。

如果本年度单位发生了因前期差错更正、会计政策变更等调整以前年度盈余的事项，还应当对年度收入费用表中“上年数”栏中的有关项目金额进行相应调整。

收入费用表的“本月数”栏各项目的内容和填列方法如下：

1. 本期收入

（1）“本期收入”项目，反映单位本期收入总额。本项目应当根据本表中“财政拨款收入”“事业收入”“上级补助收入”“附属单位上缴收入”“经营收入”“非同级财政拨款收入”“投资收益”“捐赠收入”“利息收入”“租金收入”“其他收入”项目金额的合计数填列。

（2）“财政拨款收入”项目，反映单位本期从同级政府财政部门取得的各类财政拨款。本项目应当根据“财政拨款收入”科目的本期发生额填列。

“政府性基金收入”项目，反映单位本期取得的财政拨款收入中属于政府性基金预算拨款的金额。本项目应当根据“财政拨款收入”相关明细科目的本期发生额填列。

（3）“事业收入”项目，反映事业单位本期开展专业业务活动及其辅助活动实现的收入。本项目应当根据“事业收入”科目的本期发生额填列。

（4）“上级补助收入”项目，反映事业单位本期从主管部门和上级单位收到或应收的非财政拨款收入。本项目应当根据“上级补助收入”科目的本期发生额填列。

（5）“附属单位上缴收入”项目，反映事业单位本期收到或应收的独立核算的附属单位按照有关规定上缴的收入。本项目应当根据“附属单位上缴收入”科目的本期发生额填列。

（6）“经营收入”项目，反映事业单位本期在专业业务活动及其辅助活动之外开展非独立核算经营活动实现的收入。本项目应当根据“经营收入”科目的本期发生额填列。

（7）“非同级财政拨款收入”项目，反映单位本期从非同级政府财政部门取得的财政拨款，不包括事业单位因开展科研及其辅助活动从非同级财政部门取得的经费拨款。本项目应当根据“非同级财政拨款收入”科目的本期发生额填列。

（8）“投资收益”项目，反映事业单位本期股权投资和债券投资所实现的收益或发生的损失。本项目应当根据“投资收益”科目的本期发生额填列；如为投资净损失，以“-”号填列。

(9)“捐赠收入”项目，反映单位本期接受捐赠取得的收入。本项目应当根据“捐赠收入”科目的本期发生额填列。

(10)“利息收入”项目，反映单位本期取得的银行存款利息收入。本项目应当根据“利息收入”科目的本期发生额填列。

(11)“租金收入”项目，反映单位本期经批准利用国有资产出租取得并按规定纳入本单位预算管理的租金收入。本项目应当根据“租金收入”科目的本期发生额填列。

(12)“其他收入”项目，反映单位本期取得的除以上收入项目外的其他收入的总额。本项目应当根据“其他收入”科目的本期发生额填列。

2. 本期费用

(1)“本期费用”项目，反映单位本期费用总额。本项目应当根据本表中“业务活动费用”“单位管理费用”“经营费用”“资产处置费用”“上缴上级费用”“对附属单位补助费用”“所得税费用”和“其他费用”项目金额的合计数填列。

(2)“业务活动费用”项目，反映单位本期为实现其职能目标，依法履职或开展专业业务活动及其辅助活动所发生的各项费用。本项目应当根据“业务活动费用”科目本期发生额填列。

(3)“单位管理费用”项目，反映事业单位本期本级行政及后勤管理部门开展管理活动发生的各项费用，以及由单位统一负担的离退休人员经费、工会经费、诉讼费、中介费等。本项目应当根据“单位管理费用”科目的本期发生额填列。

(4)“经营费用”项目，反映事业单位本期在专业业务活动及其辅助活动之外开展非独立核算经营活动发生的各项费用。本项目应当根据“经营费用”科目的本期发生额填列。

(5)“资产处置费用”项目，反映单位本期经批准处置资产时转销的资产价值以及在处置过程中发生的相关费用或者处置收入小于处置费用形成的净支出。本项目应当根据“资产处置费用”科目的本期发生额填列。

(6)“上缴上级费用”项目，反映事业单位按照规定上缴上级单位款项发生的费用。本项目应当根据“上缴上级费用”科目的本期发生额填列。

（7）“对附属单位补助费用”项目，反映事业单位用财政拨款收入之外的收入对附属单位补助发生的费用。本项目应当根据“对附属单位补助费用”科目的本期发生额填列。

（8）“所得税费用”项目，反映有企业所得税缴纳义务的事业单位本期计算应交纳的企业所得税。本项目应当根据“所得税费用”科目的本期发生额填列。

（9）“其他费用”项目，反映单位本期发生的除以上费用项目外的其他费用的总额。本项目应当根据“其他费用”科目的本期发生额填列。

3. 本期盈余

“本期盈余”项目，反映单位本期收入扣除本期费用后的净额。本项目应当根据本表中“本期收入”项目金额减去“本期费用”项目金额后的金额填列；如为负数，以“－”号填列。

【例 6－2】某政府会计主体 20×9 年度有关收入和费用类账户本年累计发生净额如下（见表 6－4）。

表 6－4　　某单位 20×9 年度有关收入费用类本年累计发生净额　　单位：万元

账户名称	借方发生额	贷方发生额
财政拨款收入		330
业务活动费用	350	
事业收入		270
单位管理费用	180	
非同级财政拨款收入		100
资产处置费用	120	
捐赠收入		150
其他费用	220	
其他收入		150
合计	870	1 000

根据上述资料，编制该会计主体 20×9 年度收入费用表（见表 6－5，“上年数”栏省略）

表 6-5　　收入费用表　　会政财 02 表

编制单位：某单位　　20×9 年度　　单位：万元

项　目	本年数	上年数（此略）
一、本期收入	1 000	
（一）财政拨款收入	330	
其中：政府性基金收入		
（二）事业收入	270	
（三）上级补助收入		
（四）附属单位上缴收入		
（五）经营收入		
（六）非同级财政拨款收入	100	
（七）投资收益		
（八）捐赠收入	150	
（九）利息收入		
（十）租金收入		
（十一）其他收入	150	
二、本期费用	870	
（一）业务活动费用	350	
（二）单位管理费用	180	
（二）经营费用		
（四）资产处置费用	120	
（五）上缴上级费用		
（六）对附属单位补助费用		
（七）所得税费用		
（八）其他费用	220	
三、本期盈余	130	

第四节　净资产变动表

一、净资产变动表概述

净资产变动表反映单位在某一会计年度内净资产项目的变动情况。

净资产变动表的结构为矩阵式。通过该表的结构一方面可以了解导致净资产变动的交易或事项，使报表使用者准确理解净资产增减变动的根源；另一方面，按照净资产各组成部分（包括累计盈余、专用基金和权益法调整）及其总额列示交易或事项对净资产的影响，可以对净资产的变化有一个全面的概括的认识。

净资产变动表还就各项目进一步分为“本年金额”和“上年金额”两栏分别填列。所有者权益变动表的具体格式详见表6-6。

二、净资产变动表的填列

（一）净资产变动表“上年数”的填列

净资产变动表“上年数”栏反映上年度各项目的实际变动数，应当根据上年度净资产变动表中“本年数”栏内所列数字填列。

如果上年度净资产变动表规定的项目的名称和内容与本年度不一致，应对上年度净资产变动表项目的名称和数字按照本年度的规定进行调整，将调整后金额填入本年度净资产变动表“上年数”栏内。

（二）净资产变动表“本年数”栏各项目的内容和填列方法

净资产变动表“本年数”栏反映本年度各项目的实际变动数。

（1）“上年年末余额”行，反映单位净资产各项目上年年末的余额。本行各项目应当根据“累计盈余”“专用基金”“权益法调整”科目上年年末余额填列。

（2）“以前年度盈余调整”行，反映单位本年度调整以前年度盈余的事项对累计盈余进行调整的金额。本行“累计盈余”项目应当根据本年度“以前年度盈余调整”科目转入“累计盈余”科目的金额填列；如调整减少累计盈余，以“-”号填列。

（3）“本年年初余额”行，反映经过以前年度盈余调整后，单位净资产各项目的本年年初余额。本行“累计盈余”“专用基金”“权益法调整”项目应当根据其各自在“上年年末余额”和“以前年度盈余调整”行对应项目金额的合计数填列。

（4）“本年变动金额”行，反映单位净资产各项目本年变动总金额。本行“累计盈余”“专用基金”“权益法调整”项目应当根据其各自在“本年盈余”“无偿调拨净资产”“归集调整预算结转结余”“提取或设置专用基金”“使用专用基金”“权益法调整”行对应项目金额的合计数填列。

(5)“本年盈余”行，反映单位本年发生的收入、费用对净资产的影响。本行“累计盈余”项目应当根据年末由“本期盈余”科目转入“本年盈余分配”科目的金额填列；如转入时借记“本年盈余分配”科目，则以“-”号填列。

(6)“无偿调拨净资产”行，反映单位本年无偿调入、调出非现金资产事项对净资产的影响。本行“累计盈余”项目应当根据年末由“无偿调拨净资产”科目转入“累计盈余”科目的金额填列；如转入时借记“累计盈余”科目，则以“-”号填列。

(7)“归集调整预算结转结余”行，反映单位本年财政拨款结转结余资金归集调入、归集上缴或调出，以及非财政拨款结转资金缴回对净资产的影响。本行“累计盈余”项目应当根据“累计盈余”科目明细账记录分析填列；如归集调整减少预算结转结余，则以“-”号填列。

(8)“提取或设置专用基金”行，反映单位本年提取或设置专用基金对净资产的影响。本行“累计盈余”项目应当根据“从预算结余中提取”行“累计盈余”项目的金额填列。本行“专用基金”项目应当根据“从预算收入中提取”“从预算结余中提取”“设置的专用基金”行“专用基金”项目金额的合计数填列。

①“从预算收入中提取”行，反映单位本年从预算收入中提取专用基金对净资产的影响。本行“专用基金”项目应当通过对“专用基金”科目明细账记录的分析，根据本年按有关规定从预算收入中提取基金的金额填列。

②“从预算结余中提取”行，反映单位本年根据有关规定从本年度非财政拨款结余或经营结余中提取专用基金对净资产的影响。本行“累计盈余”“专用基金”项目应当通过对“专用基金”科目明细账记录的分析，根据本年按有关规定从本年度非财政拨款结余或经营结余中提取专用基金的金额填列；本行“累计盈余”项目以“-”号填列。

③“设置的专用基金”行，反映单位本年根据有关规定设置的其他专用基金对净资产的影响。本行“专用基金”项目应当通过对“专用基金”科目明细账记录的分析，根据本年按有关规定设置的其他专用基金的金额填列。

(9)“使用专用基金”行，反映单位本年按规定使用专用基金对净资产的影响。本行“累计盈余”“专用基金”项目应当通过对“专用基金”科目明细账记录的分析，根据本年按规定使用专用基金的金额填列；本行“专用基金”项目以“-”号填列。

(10)“权益法调整”行，反映单位本年按照被投资单位除净损益和利润分配以外的所有者权益变动份额而调整长期股权投资账面余额对净资产的影响。本行“权益法调整”项目应当根据“权益法调整”科目本年发生额填列；若本年净发生额为借方时，以“-”号填列。

(11)“本年年末余额”行，反映单位本年各净资产项目的年末余额。本行“累计盈余”“专用基金”“权益法调整”项目应当根据其各自在“本年年初余额”“本年变动金额”行对应项目金额的合计数填列。

(12)本表各行“净资产合计”项目，应当根据所在行“累计盈余”“专用基金”“权益法调整”项目金额的合计数填列。

【例6-3】承【例6-1】、【例6-2】资料，某政府会计主体20×9年度有关净资产变化如下：

(1)当年2月份，无偿调入一批物资，共计40万元；

(2)当年6月份，按规定从其他单位调入财政拨款结转资金，共计50万元；

(3)当年共形成专用基金400万元(其中从预算收入中提取330万元，专门设置的专用基金70万元)；

(4)当年共支付专用基金290万元(其中支付90万元购买一般性耗材，支付200万元购买一项专用设备)。

根据上述资料，某政府会计主体编制20×9年度净资产变动表(上年数略，见表6-6)。

表6-6 **净资产变动表** 会政财03表

编制单位：某单位 20×9年度 单位：万元

项目	本年数				上年数
	累计盈余	专用基金	权益法调整	净资产合计	此略
一、上年年末余额	400	200		600	
二、以前年度盈余调整					
三、本年年初余额	400	200		600	

续表

项 目	本年数				上年数
	累计盈余	专用基金	权益法调整	净资产合计	此略
四、本年变动金额	420	110		530	
（一）本年盈余	130			130	
（二）无偿调拨净资产	40			40	
（三）归集调整预算结转结余	50			50	
（四）提取或设置专用基金		400		400	
其中：从预算收入中提取		330		330	
从预算结余中提取					
设置的专用基金		70		70	
（五）使用专用基金	200	-290		-90	
（六）权益法调整					
五、本年年末余额	820	310		1 130	

第五节 财务报表附注

一、财务报表附注概述

政府会计主体基本的会计报表只提供一个足够简短以供理解并且尽量完整的，以满足信息使用者需要的会计信息，但它不能提供使用者所需要的全部信息。会计信息使用者对单位提供的会计报表中的数字需要进一步弄清单位使用的是什么样的会计方法以达到会计报表中的数额。所以，为了解释包含在会计报表中的数字，就需要财务报表附注。

财务报表附注属于表外的会计信息，是财务报表的一个必备的、不可或缺的组成部分，它是对在资产负债表、收入费用表、净资产变动表和现金流量表等报表中列示项目的文字描述或明细资料，以及对未能在这些报表中列示项目的说明等。

财务报表附注与资产负债表、收入费用表、净资产变动表和现金流量表等报表具有同等的重要性。报表使用者了解一个政府会计主体的财务状况、运行情况、净资产变动和现金流量，应当全面阅读财务报表附注。

请你判断：通过前面资产负债表的学习，你已经清楚资产负债表上只提供了固定资产的一个总括信息，而固定资产在一个单位，尤其是行政事业单位来讲，是最重要的一项资产，其种类多、金额大。你能判断出报表附注中需要提供什么样的详细信息才能满足信息使用者来了解资产负债表中固定资产的具体情况吗？

答案提示：根据《政府会计准则第3号——固定资产》准则中的规定：政府会计主体应当在附注中披露与固定资产有关的下列九项信息。

（一）固定资产的分类和折旧方法；

（二）各类固定资产的使用年限、折旧率；

（三）各类固定资产账面余额、累计折旧额、账面价值的期初、期末数及其本期变动情况；

（四）以名义金额计量的固定资产名称、数量，以及以名义金额计量的理由；

（五）已提足折旧的固定资产名称、数量等情况；

（六）接受捐赠、无偿调入的固定资产名称、数量等情况；

（七）出租、出借固定资产以及以固定资产投资的情况；

（八）固定资产对外捐赠、无偿调出、毁损等重要资产处置的情况；

（九）暂估入账的固定资产账面价值变动情况。

二、财务报表附注披露的基本要求

（1）附注披露的信息应是定量、定性信息的结合，从而能从量和质两个角度对单位经济事项完整的进行反映，也才能满足信息使用者的决策需求。

（2）附注应当按照一定的结构进行系统合理的排列和分类，有顺序地披露信息。由于附注的内容繁多，因此，更应按逻辑顺序排列，分类披露，条理清晰，具有一定的组织结构，以便于使用者理解和掌握，更好地实现财务报表的可比性。

(3) 附注相关信息应当与资产负债表、收入费用表、净资产变动表和现金流量表等报表中列示的项目相互参照，以有助于使用者联系相关联的信息，并由此从整体上更好地理解财务报表。

三、财务报表附注的主要内容

根据政府会计改革的进展情况，未来几年政府会计主体财务报表附注主要包括下列内容：

(1) 单位的基本情况。单位应当简要披露其基本情况，包括单位主要职能、主要业务活动、所在地、预算管理关系等。

(2) 会计报表编制基础。

(3) 遵循政府会计准则、制度的声明。

(4) 重要会计政策和会计估计。

(5) 会计报表重要事项说明。

(6) 本年盈余与预算结余的差异情况说明。

(7) 其他重要事项说明。

第七章
政府会计预算收支

本章要点

◇ 了解政府预算会计收支的构成要素

◇ 重点掌握以下预算收入的会计处理

- 财政拨款预算收入
- 非同级财政拨款预算收入
- 其他预算收入

◇ 重点掌握以下预算支出的会计处理

- 行政支出
- 事业支出
- 其他支出

◇ 注意区分各种收入和各种支出彼此之间的不同

第一节 政府会计预算收入

一、通用的预算收入

政府预算会计要素包括预算收入、预算支出与预算结余。预算收入是指政府会计主体在预算年度内依法取得的并纳入预算管理的现金流入。预算收入一般在实际收到时予以确认，以实际收到的金额进行计量。

行政事业单位通用的预算收入包括财政拨款预算收入、非同级财政拨款预算收入和其他预算收入。

(一) 财政拨款预算收入

财政拨款预算收入核算单位从同级政府财政部门取得的各类财政拨款。单位应当设置“财政拨款预算收入”科目用来核算单位从同级政府财政部门取得的各类财政拨款。该科目应当设置“基本支出”和“项目支出”两个明细科目，并按照《政府收支分类科目》中“支出功能分类科目”的项级科目进行明细核算；同时，在“基本支出”明细科目下按照“人员经费”和“日常公用经费”进行明细核算，在“项目支出”明细科目下按照具体项目进行明细核算。

有一般公共预算财政拨款、政府性基金预算财政拨款等两种或两种以上财政拨款的单位，还应当按照财政拨款的种类进行明细核算。

财政拨款预算收入的会计处理要点如下：

(1) 财政直接支付方式下，单位根据收到的“财政直接支付入账通知书”及相关原始凭证，按照通知书中的直接支付金额：

借：行政支出、事业支出（等）

　　贷：财政拨款预算收入

年末，根据本年度财政直接支付预算指标数与当年财政直接支付实际支出数的差额：

借：资金结存——财政应返还额度

　　贷：财政拨款预算收入

请你回忆：以上会计处理存在财务会计核算吗？如果存在，说明原因并进行具体会计处理。

答案提示：存在财务会计核算，因为财务会计面对单位发生的所有经济业务都会进行相应的会计处理，因为财务会计的基础是权责发生制所要求的。具体上述业务财务会计处理如下：

第一步骤（按照通知书中的直接支付金额）：

借：有关费用、有关资产科目（等）

　　贷：财政拨款收入

第二步骤（年末，根据本年度财政直接支付预算指标数与当年财政直接支付实际支出数的差额）：

借：财政应返还额度

　　贷：财政拨款收入

(2) 财政授权支付方式下，单位根据收到的"财政授权支付额度到账通知书"，按照通知书中的授权支付额度：

借：资金结存——零余额账户用款额度

　　贷：财政拨款预算收入

年末，单位本年度财政授权支付预算指标数大于零余额账户用款额度下达数的，按照两者差额：

借：资金结存——财政应返还额度

　　贷：财政拨款预算收入

同时，编制财务会计分录如下：

借：财政应返还额度

　　贷：财政拨款收入

请你回答：单位收到下期预算的财政预拨款，是否需要预算会计处理？

答案提示：单位收到下期预算的财政预拨款，应当在下个预算期，按照收到的金额：

借：资金结存——货币资金

　　贷：财政拨款预算收入

同时，编制财务会计分录如下：

借：其他应付款

　　贷：财政拨款收入

注：前期收到预算款时，编制的是财务会计的会计分录，如下：

借：银行存款（等）

　　贷：其他应付款

(3) 年末，将"财政拨款预算收入"本年发生额转入财政拨款结转：

借：财政拨款预算收入

　　贷：财政拨款结转——本年收支结转

年末结转后，"财政拨款预算收入"科目应无余额。

【例 7－1】 某预算单位年初通过财政授权支付方式购买一批物资 12 万元，现因质量原因予以退货。为此发生国库直接支付款项退回，按照退回金额：

借：财政拨款预算收入 120 000

　　贷：行政支出、事业支出（等） 120 000

同时，编制财务会计分录如下：

借：财政拨款收入 120 000

　　贷：库存物品（等） 120 000

请你分析：上述业务，如果是跨年度退货而引起国库款项退回呢？

答案提示：财务会计分录如下：

借：财政应返还额度 120 000

　　贷：库存物品 120 000

预算会计分录如下：

借：资金结存——财政应返还额度 120 000

　　贷：财政拨款结转——年初余额调整 120 000

　　或：财政拨款结余——年初余额调整 120 000

（二）非同级财政拨款预算收入

非同级财政拨款预算收入核算单位从非同级政府财政部门取得的财政拨款，包括本级横向转拨财政款和非本级财政拨款。单位应当专设“非同级财政拨款预算收入”会计科目，用来专门核算单位从非同级政府财政部门取得的财政拨款。该科目应当按照非同级财政拨款预算收入的类别、来源、《政府收支分类科目》中“支出功能分类科目”的项级科目等进行明细核算。非同级财政拨款预算收入中如有专项资金收入，还应按照具体项目进行明细核算。

但是，对于因开展科研及其辅助活动从非同级政府财政部门取得的经费拨款，按照规定不通过“非同级财政拨款预算收入”科目核算，而应当列入“事业预算收入——非同级财政拨款”科目。

非同级财政拨款预算收入的会计处理要点如下：

（1）取得非同级财政拨款预算收入时，按照实际收到的金额：

借：资金结存——货币资金

　　贷：非同级财政拨款预算收入

（2）年末，将“非同级财政拨款预算收入”本年发生额中的专项资金收入转入“非财政拨款结转”：

借：非同级财政拨款预算收入——专项资金收入

　　贷：非财政拨款结转——本年收支结转

如果“非同级财政拨款预算收入”本年发生额为非专项资金收入，则转入“其他结余”：

借：非同级财政拨款预算收入——非专项资金收入

　　贷：其他结余

年末结转后，“非同级财政拨款预算收入”科目应无余额。

请你回答：上述“非同级财政拨款预算收入”转销的分录，存在财务会计的信息处理吗？

答案提示：上述非同级财政拨款预算收入转销的分录，不存在财务会计的信息处理；因为此时没有经济业务产生，是单纯的预算收入结转的信息处理。

【例7－2】某省级行政单位收到当地财政局拨来一笔300万元的专项资金。编制会计分录如下：

借：资金结存——货币资金　　3 000 000

　　贷：非同级财政拨款预算收入——专项资金收入　　3 000 000

同时，编制财务会计分录如下：

借：银行存款　　3 000 000

　　贷：非同级财政拨款收入　　3 000 000

（三）其他预算收入

其他预算收入核算单位除财政拨款预算收入、事业预算收入、上级补助预算收入、附属单位上缴预算收入、经营预算收入、债务预算收入、非同级财政拨款预算收入和投资预算收益之外的纳入部门预算管理的现金流入，包括捐赠预算收入、利息预算收入、租金预算收入和现金盘盈收入等。

“其他预算收入”科目应当按照其他收入类别、《政府收支分类科目》中“支出功能分类科目”的项级科目等进行明细核算。其他预算收入中如有专项资金收入，还应按照具体项目进行明细核算。

其他预算收入的会计处理要点如下：

（1）接受捐赠现金资产、收到银行存款利息、收到资产承租人支付的租金时：

借：资金结存——货币资金

　　贷：其他预算收入

---

1. 请你分析：上述接受捐赠现金资产、收到银行存款利息、收到资产承租人支付的租金的业务，财务会计应列入什么收入？是“其他收入”科目吗？

答案提示：财务会计应分别列入“捐赠收入”“利息收入”和“租金收入”科目，不是“其他收入”科目。

2. 请你分析：如果一家预算单位收到外单位捐赠的一批图书，该图书价值2万元，其会计处理属于这里的“其他预算收入”吗？为什么？

答案提示：不属于这里的“其他预算收入”，因为该笔业务没有涉及现金资产的增减变化，只需要进行财务会计的信息处理即可。

借：固定资产　　　　　　　　　　　　　　20 000

　　贷：捐赠收入　　　　　　　　　　　　　　20 000

（2）每日现金账款核对中如发现现金溢余，按照溢余的现金金额：

借：资金结存——货币资金

　　贷：其他预算收入

经核实，属于应支付给有关个人和单位的部分，按照实际支付的金额：

借：其他预算收入

　　贷：资金结存——货币资金

（3）年末，将“其他预算收入”科目本年发生额中的专项资金收入转入“非财政拨款结转”。

借：其他预算收入——专项资金收入

贷：非财政拨款结转——本年收支结转

年末，将“其他预算收入”科目本年发生额中的非专项资金收入转入“其他结余”。

借：其他预算收入——非专项资金收入

贷：其他结余

年末结转后，“其他预算收入”科目应无余额。

根据《政府会计制度》的规定，如果一个单位发生的捐赠预算收入、利息预算收入、租金预算收入金额较大或业务较多的，可单独设置“6603 捐赠预算收入”“6604 利息预算收入”和“6605 租金预算收入”等科目。

二、事业单位特有的预算收入

事业单位基于本身的业务特点，还有一些专用的预算收入，包括事业预算收入、上级补助预算收入、附属单位上缴预算收入、经营预算收入、债务预算收入和投资预算收益。

（一）事业预算收入

事业预算收入核算事业单位开展专业业务活动及其辅助活动取得的现金流入。单位应当设置“事业预算收入”会计科目，用来专门核算事业单位开展专业业务活动及其辅助活动取得的现金流入。事业单位因开展科研及其辅助活动从非同级政府财政部门取得的经费拨款，也通过“事业预算收入”会计科目核算。

“事业预算收入”科目应当按照事业预算收入类别、项目、来源、《政府收支分类科目》中“支出功能分类科目”项级科目等进行明细核算。对于因开展科研及其辅助活动从非同级政府财政部门取得的经费拨款，应当在本科目下单设“非同级财政拨款”明细科目进行明细核算；事业预算收入中如有专项资金收入，还应按照具体项目进行明细核算。

事业预算收入的会计处理要点如下：

（1）采用财政专户返还方式管理的事业预算收入，收到从财政专户返还的事业预算收入时，按照实际收到的返还金额：

借：资金结存——货币资金

　　贷：事业预算收入

（2）收到其他事业预算收入时，按照实际收到的款项金额：

借：资金结存——货币资金

　　贷：事业预算收入

（3）年末，将“事业预算收入”科目本年发生额中的专项资金收入转入“非财政拨款结转”：

借：事业预算收入——专项资金收入

　　贷：非财政拨款结转——本年收支结转

如果“事业预算收入”科目本年发生额中的非专项资金收入，则转入“其他结余”：

借：事业预算收入——非专项资金收入

　　贷：其他结余

年末结转后，“事业预算收入”应无余额。

请你回答：上述会计处理的三大步骤中，哪些步骤涉及财务会计核算？核算情况如何？

答案提示：上述会计处理的三大步骤中，第一步骤和第二步骤涉及财务会计核算，第三步骤之所以不涉及财务会计核算，是因为第三步骤属于预算会计收入转销（结转）的会计处理，并不是经济业务发生。

至于前两个步骤的财务会计处理，应编制会计分录如下（均为）：

借：银行存款（等）

　　贷：事业收入

（二）上级补助预算收入

上级补助预算收入核算事业单位从主管部门和上级单位取得的非财政补助现金流入。单位应当设置“上级补助预算收入”科目对事业单位从主管部门和上级单位取得的非财政补助现金流入进行核算。该科目应当按照发放补助单位、补助项目、《政府收支分类科目》中“支出功能分类科目”的项级科目等进行明细核算。上级补助预算收入中如有专项资金收入，还应按照具体项目进行明细核算。

上级补助预算收入的会计处理要点如下：

(1) 收到上级补助预算收入时，按照实际收到的金额：

借：资金结存——货币资金

  贷：上级补助预算收入

(2) 年末，将“上级补助预算收入”科目本年发生额中的专项资金收入转入“非财政拨款结转”：

借：上级补助预算收入——专项资金收入

  贷：非财政拨款结转——本年收支结转

如果“上级补助预算收入”科目本年发生额为非专项资金收入，则转入“其他结余”：

借：上级补助预算收入——非专项资金收入

  贷：其他结余

年末结转后，“上级补助预算收入”科目应无余额。

(三) 附属单位上缴预算收入

附属单位上缴预算收入核算事业单位取得附属独立核算单位根据有关规定上缴的现金流入。单位应当设置“附属单位上缴预算收入”事业单位取得附属独立核算单位上缴的现金流入进行核算。该科目应当按照附属单位、缴款项目、《政府收支分类科目》中“支出功能分类科目”的项级科目等进行明细核算。附属单位上缴预算收入中如有专项资金收入，还应按照具体项目进行明细核算。

附属单位上缴预算收入的会计处理要点如下：

(1) 收到附属单位缴来款项时，按照实际收到的金额：

借：资金结存——货币资金

  贷：附属单位上缴预算收入

同时，编制财务会计分录：

借：银行存款

  贷：附属单位上缴收入

(2) 年末，将“附属单位上缴预算收入”科目本年发生额中的专项资金收入转入“非财政拨款结转”：

借：附属单位上缴预算收入——专项资金收入

贷：非财政拨款结转——本年收支结转

如果“附属单位上缴预算收入”科目本年发生额为非专项资金收入，则转入“其他结余”：

借：附属单位上缴预算收入——非专项资金收入

贷：其他结余

年末结转后，“附属单位上缴预算收入”科目应无余额。

(四) 经营预算收入

经营预算收入核算事业单位在专业业务活动及其辅助活动之外开展非独立核算经营活动取得的现金流入。单位应当设置“经营预算收入”对事业单位在专业业务活动及其辅助活动之外开展非独立核算经营活动取得的现金流入进行核算。该科目应当按照经营活动类别、项目、《政府收支分类科目》中“支出功能分类科目”的项级科目等进行明细核算。

经营预算收入的会计处理要点如下：

(1) 收到经营预算收入时：

借：资金结存——货币资金

贷：经营预算收入

同时，编制财务会计分录：

借：银行存款

贷：经营收入

(2) 年末，将“经营预算收入”本科目本年发生额（贷方）转入“经营结余”：

借：经营预算收入

贷：经营结余

年末结转后，“经营预算收入”科目应无余额。

请你回答：经营预算收入核算事业单位在专业业务活动及其辅助活动之外开展非独立核算经营活动取得的现金流入。请问：如果将“非独立核算经营活动取得的现金流入”中的“非”字去掉，该事业单位会计核算应该如何对待？

答案提示：如果是事业单位在专业业务活动及其辅助活动之外开展独

立核算经营活动取得的现金流入。那么就不符合政府会计主体假设（第一章内容），当属于另一个会计主体进行独立的会计核算，不纳入本单位核算范围。

（五）债务预算收入

债务预算收入核算事业单位按照规定从银行和其他金融机构等借入的、纳入部门预算管理的、不以财政资金作为偿还来源的债务本金。单位应当设置"债务预算收入"从银行和其他金融机构等借入的、纳入部门预算管理的、不以财政资金作为偿还来源的债务本金进行核算。该科目应当按照贷款单位、贷款种类、《政府收支分类科目》中"支出功能分类科目"的项级科目等进行明细核算。债务预算收入中如有专项资金收入，还应按照具体项目进行明细核算。

债务预算收入的会计处理要点如下：

（1）借入各项短期或长期借款时，按照实际借入的金额：

借：资金结存——货币资金

　　贷：债务预算收入

同时，编制财务会计分录：

借：银行存款

　　贷：短期借款或长期借款

请你回忆：上述会计处理，曾经在财务会计部分出现过，回顾之。

答案提示：上述会计处理，在财务会计负债中的短期借款和长期借款中已经阐述过。这里是从预算会计角度的"历史重现"。

（2）年末，将"债务预算收入"科目本年发生额中的专项资金收入转入"非财政拨款结转"：

借：债务预算收入——专项资金收入

　　贷：非财政拨款结转——本年收支结转

如果"债务预算收入"科目本年发生额为非专项资金收入，则转入"其他结余"：

借：债务预算收入——非专项资金收入

　　贷：其他结余

年末结转后，“债务预算收入”科目应无余额。

(六) 投资预算收益

投资预算收益核算事业单位取得的按照规定纳入部门预算管理的属于投资收益性质的现金流入，包括股权投资收益、出售或收回债券投资所取得的收益和债券投资利息收入。单位应设置“投资预算收益”会计科目，用来核算事业单位因投资而产生的股权投资收益、出售或收回债券投资所取得的收益和债券投资利息收入。该科目应当按照《政府收支分类科目》中“支出功能分类科目”的项级科目等进行明细核算。

投资预算收益的会计处理要点如下：

(1) 出售或到期收回本年度取得的短期、长期债券：

借：资金结存——货币资金（按照实际取得的价款）

　　贷：投资支出　　　　　（取得时“投资支出”发生额）

　　贷或借：投资预算收益（按照其差额）

同时，编制财务会计分录如下：

借：银行存款　　　　　　　　　　　　（按照实际取得的价款）

　　贷：短期投资/长期债券投资/长期股权投资　（原账面余额）

　　贷或借：投资收益　　　　　　　　　　（按照其差额）

1. 请你思考：如果出售或到期收回以前年度取得的短期、长期债券，应该如何进行会计处理？关键的区别之处在哪里？

答案提示：

借：资金结存——货币资金　　（按照实际取得的价款）

　　贷：其他结余（取得债券时“投资支出”科目的发生额）

　　贷或借：投资预算收益　　（按照其差额）

可见，以上预算会计处理，与本年度取得并出售或到期收回投资业务相比，会计核算的不同之处在于：是作为“投资支出”冲销（本年）还是作为“其他结余”（往年）调整。

至于财务会计的处理不变，同上。

2. 请你思考：如果是出售、转让以货币资金取得的长期股权投资业务，其账务处理是否类似于上述情况？

答案提示：类似于上述出售或到期收回债券投资的会计处理。

（2）持有的短期投资以及分期付息、一次还本的长期债券投资收到利息时，按照实际收到的金额：

借：资金结存——货币资金

　　贷：投资预算收益

请你思考：以上业务，财务会计处理该怎样？什么时点确认投资收益？与预算会计确认收益的时点相同吗？

答案提示：

（1）以上业务，对于短期投资来说，财务会计处理与预算会计确认收益的时点相同，即均在收到利息时（或股利）是确认收入，财务会计编制分录如下：

借：银行存款

　　贷：投资收益

（2）对于长期投资（不管债券投资还是股权投资）业务，财务会计处理与预算会计确认收益的时点不相同，因为财务会计采用权责发生制的会计基础。即财务会计在期末确认债权投资利息（股权投资是在被投资方宣告分配利润时）时，财务会计编制会计分录如下：

借：应收利息/应收股利

　　贷：投资收益

而预算会计确认收入的时点采用收付实现制，即实际收到利息或股利时才确认投资预算收益。

（3）出售、转让以非货币性资产取得的长期股权投资时（按照规定纳入单位预算管理的）：

借：资金结存——货币资金

　　贷：投资预算收益

注："投资预算收益"的数额因出售、转让以非货币性资产取得的长期股权投资时的不同情形，其数额的计算也各有不同，并且仍然存在财务会计的核算，因财务会计中已经讲述。此略。

（4）年末，将"投资预算收益"科目本年发生额转入"其他结余"：

借或贷：投资预算收益

　　贷或借：其他结余

年末结转后，"投资预算收益"科目应无余额。

第二节　政府会计预算支出

一、通用的预算支出

政府会计主体通用的预算支出只有一个，即其他支出。

其他支出，是核算单位除行政支出、事业支出、经营支出、上缴上级支出、对附属单位补助支出、投资支出和债务还本支出以外的各项现金流出，包括利息支出、对外捐赠现金支出、现金盘亏损失、接受捐赠（调入）和对外捐赠（调出）非现金资产发生的税费支出、资产置换过程中发生的相关税费支出和罚没支出等。为此，单位应当设置"其他支出"会计科目进行专门的核算。

根据规定，"其他支出"科目应当按照其他支出的类别，"财政拨款支出""非财政专项资金支出"和"其他资金支出"，《政府收支分类科目》中"支出功能分类科目"的项级科目和"部门预算支出经济分类科目"的款级科目等进行明细核算。其他支出中如有专项资金支出，还应按照具体项目进行明细核算。

有一般公共预算财政拨款、政府性基金预算财政拨款等两种或两种以上财政拨款的事业单位，还应当在"财政拨款支出"明细科目下按照财政拨款的种类进行明细核算。

其他支出的会计处理要点如下：

（1）利息支出。支付银行借款利息时，按照实际支付金额：

借：其他支出——利息支出

　　贷：资金结存

请你回答：银行借款利息，从财务会计角度应计入哪一类会计要素？

答案提示：银行借款利息，从财务会计角度应具体分析，为购建固定资产等工程项目借入专门借款的，如果属于工程项目建设期间发生的，借款利息应计入工程成本（资产要素）；如果不属于工程项目建设期间发生的或虽属于工程项目建设期间发生但不是专门借款，其借款利息应计入当期费用（费用要素）。

（2）对外捐赠现金资产。对外捐赠现金资产时，按照捐赠金额：

借：其他支出——对外捐赠现金资产

　　贷：资金结存——货币资金

同时，编制财务会计分录：

借：其他费用

　　贷：银行存款（等）

【例 7－3】 某事业单位因特殊原因向另一事业单位捐赠一笔现金 300 万元。相关会计处理如下：

预算会计分录如下：

借：其他支出——对外捐赠现金资产　　3 000 000

　　贷：资金结存——货币资金　　3 000 000

财务会计分录如下：

借：其他费用　　3 000 000

　　贷：银行存款　　3 000 000

（3）现金盘亏损失。每日现金账款核对中如发现现金短缺，按照短缺的现金金额：

借：其他支出——现金盘亏损失

　　贷：资金结存——货币资金

经核实，属于应当由有关人员赔偿的，按照收到的赔偿金额：

借：资金结存——货币资金

　　贷：其他支出——现金盘亏损失

1. 请你思考：以上属于应当由有关人员赔偿的，收到的赔偿金额，为什么不计入有关预算收入科目？不是预算会计基础采用的收付实现制吗？

答案提示：从最终结果来看，以上属于应当由有关人员赔偿的，收到的赔偿金额，意味着单位最终并未产生之前刚刚发生现金短缺时而计入的“其他支出”账户，为了真实反映预算会计信息，应作为前述“其他支出”科目的调整更为合理。

2. 请你思考：上述现金盘亏，财务会计分录如何？

答案提示：现金盘亏，财务会计分录如下：

（1）发生时：

借：待处理财产损溢

　　贷：库存现金

（2）收到有关人员赔偿时：

借：库存现金

　　贷：待处理财产损溢

3. 请你分析：如果上述现金短缺属于无法查明原因的情况，报经批准后，单位的会计处理应该怎样？存在财务会计和预算会计平行记账吗？

答案提示：如果现金短缺属于无法查明原因的情况，报经批准后，单位的会计处理只存在财务会计核算，因为这里没有涉及现金资产的变化。

借：资产处置费用

　　贷：待处理财产损溢

（4）接受捐赠（无偿调入）和对外捐赠（无偿调出）非现金资产发生的税费支出。接受捐赠（无偿调入）非现金资产发生的归属于捐入方（调入方）的相关税费、运输费等，以及对外捐赠（无偿调出）非现金资产发生的归属于捐出方（调出方）的相关税费、运输费等，按照实际支付金额：

借：其他支出

　　贷：资金结存

（5）资产置换过程中发生的相关税费支出：

借：其他支出

　　贷：资金结存

(6) 其他支出。发生罚没等其他支出时，按照实际支出金额：

借：其他支出

　　贷：资金结存

请你回忆：以上 (4) (5) (6) 三方面的业务，从财务会计角度看，发生的款项付出应列入什么性质账户（科目）？

答案提示：

上述 (4) 接受捐赠（无偿调入）非现金资产发生的税费支出，就财务会计来讲，应计入相关资产的成本（除非按照名义金额之外）；对外捐赠（无偿调出）非现金资产发生的归属于捐出方（调出方）的相关税费、运输费等，就财务会计来讲，应列入“资产处置费用”科目。

上述 (5) 资产置换过程中发生的相关税费支出资产置换过程中发生的相关税费，就财务会计来讲，应计入相关换入资产的成本。

上述 (6) 其他支出。发生罚没等其他支出时，就财务会计来讲，应计入“其他费用”科目。

---

(7) 年末，将“其他支出”科目本年发生额中属于财政拨款支出部分转入“财政拨款结转”：

借：财政拨款结转——本年收支结转

　　贷：其他支出——财政拨款支出

如果“其他支出”科目本年发生额中为非财政专项资金支出的，应转入“非财政拨款结转”：

借：非财政拨款结转——本年收支结转

　　贷：其他支出——非财政专项资金支出

如果“其他支出”科目本年发生额中为其他资金支出的，应转入“其他结余”：

借：其他结余

　　贷：其他支出——其他资金支出

年末结转后，“其他支出”科目应无余额。根据规定，如果单位发生利息支出、捐赠支出等其他支出金额较大或业务较多的，可单独设置“7902 利息支出”和“7903 捐赠支出”等科目。

请你回忆：“其他支出”与前述的预算会计收入相比，相同之处是均为年末结转至预算结余类科目。但是它们的结转又有明显的不同。说说看？

答案提示：“其他支出”与前述的预算会计收入相比，其明显的一个不同，就是“其他支出”在年末结转至预算结余类科目时，细分了三种不同的内容，即：(1) 属于财政拨款支出部分；(2) 属于非财政专项资金支出部分；(3) 属于其他资金支出部分，三种不同内容结转至预算结余类科目的去处也各不相同。

而前述的有关预算收入，则没有这样的明细划分要求或标准，换句话说，就是它们各自的明细数据划分的口径是不一样的。虽然预算收入和预算支出均为年末结转，均会结转至有关的预算结余类科目。

二、行政事业单位特有的预算支出

(一) 行政支出和事业支出

1. 会计科目的设置

日常业务活动中，行政单位最重要的支出莫过于行政支出，事业单位则是事业支出。所以这些单位应各自设置“行政支出”和“事业支出”会计科目。

“行政支出”科目核算行政单位履行其职责实际发生的各项现金流出。“事业支出”科目核算事业单位开展专业业务活动及其辅助活动实际发生的各项现金流出。

两个科目具有一致的明细核算要求，即应当分别按照“财政拨款支出”“非财政专项资金支出”和“其他资金支出”，“基本支出”和“项目支出”等进行明细核算，并按照《政府收支分类科目》中“支出功能分类科目”的项级科目进行明细核算；“基本支出”和“项目支出”明细科目下应当按照《政府收支分类科目》中“部门预算支出经济分类科目”的款级科目进行明细核算，同时在“项目支出”明细科目下按照具体项目进行明细核算。

两个科目下，如果有一般公共预算财政拨款、政府性基金预算财政拨款等两种或两种以上财政拨款的行政单位，还应当在“财政拨款支出”明细科目下按照财政拨款的种类进行明细核算。

两个科目下，对于预付款项，可通过在本科目下设置“待处理”明细科目进行核算，待确认具体支出项目后再转入本科目下相关明细科目。年末结账前，应将本科目“待处理”明细科目余额全部转入本科目下相关明细科目。

可见，两个科目只是适用于不同性质的单位，由于都是各自最重要的预算支出，所以其核算要求基本一致。

2. 行政支出/事业支出的会计处理要点

（1）支付单位职工薪酬。向单位职工个人支付薪酬时，按照实际支付的金额：

借：行政支出/事业支出

　　贷：财政拨款预算收入、资金结存

---

1. 请你回答：如果事业单位对于经营部门人员支付薪酬时，是否也应列入“事业支出”？

答案提示：事业单位对于经营部门人员支付薪酬应列入“经营支出”。

2. 请你回答：按照规定，单位实际缴纳代扣代缴个人所得税以及代扣代缴或为职工缴纳职工社会保险费、住房公积金等时，预算会计如何处理？

答案提示：上述预算会计处理同上（只是金额不同，缴纳的部门不同），分录如下：

借：行政支出/事业支出

　　贷：财政拨款预算收入、资金结存

3. 请你回答：写出上述会计处理的财务会计分录。

答案提示：上述会计处理的财务会计分录如下：

借：应付职工薪酬

　　其他应交税费——应交个人所得税

　　贷：财政拨款收入、零余额账户用款额度、银行存款

（2）支付外部人员劳务费。按照实际支付给外部人员个人的金额：

借：行政支出/事业支出

　　贷：财政拨款预算收入、资金结存

按照规定代扣代缴个人所得税时，按照实际缴纳的金额：

借：行政支出/事业支出

　　贷：财政拨款预算收入、资金结存

请你思考：事业单位因开展专业业务活动及其辅助活动过程中缴纳的相关税费，应编制怎样的会计分录？

答案提示：事业单位因开展专业业务活动及其辅助活动过程中缴纳的相关税费，应编制会计分录如下：

借：事业支出

　　贷：财政拨款预算收入、资金结存

（3）为购买存货、固定资产、无形资产等以及在建工程支付相关款项时，按照实际支付的金额：

借：行政支出/事业支出

　　贷：财政拨款预算收入、资金结存

（4）发生预付账款时，按照实际支付的金额：

借：行政支出/事业支出

　　贷：财政拨款预算收入、资金结存

对于暂付款项，在支付款项时可不做预算会计处理，待结算或报销时，按照结算或报销的金额，再编制以上会计分录。

（5）发生其他各项支出时，按照实际支付的金额：

借：行政支出/事业支出

　　贷：财政拨款预算收入、资金结存

1. 请你思考：为什么以上所有的业务，其会计处理几乎是一样的？

答案提示：以上所有的业务，均是支付款项的业务，而且是一个单位日常发生的最基本的业务内容。而预算会计采用收付实现制的会计基础。所以，其会计处理几乎一样。

2. 请你回答：是不是所有的业务，只要支付款项，都会借记“行政支出”或“事业支出”？

答案提示：并不是。这要看支出用于哪些方面来决定，比如有时可能计入“其他支出”科目。

【例7-4】20×8年度某单位为开展专业活动和辅助活动发放工资600万元，津贴250万元，奖金100万元，代扣代缴个人所得税30万元，另支付其他相关费用800万元。

针对以上开支，应编制预算会计分录如下：

（1）实际支付职工工资时：

借：事业（行政）支出　　9 500 000

　　贷：资金结存——零余额账户　　9 500 000

（2）支付代缴个人所得税时：

借：事业（行政）支出　　300 000

　　贷：资金结存——零余额账户　　300 000

（3）支付其他费用时：

借：其他支出　　8 000 000

　　贷：资金结存——零余额账户　　8 000 000

请你分析：上述会计处理，是否意味着财务会计进行处理时也会涉及相关的费用科目？为什么？

答案提示：不会的，这里预算会计列支出与财务会计列费用没有必然的联系，因为两者的会计基础不同，所以造就的支出信息与费用信息的时点不存在必然的联系。比如支付的职工工资，财务会计早在前期计提时已经列入费用（一般会早于预算会计；而代扣代缴个人所得税时，财务会计不会列入费用）。

（4）年末，将“行政支出”和“事业支出”科目本年发生额中予以转销，具体地：

①将“行政支出”和“事业支出”科目本年发生额中的财政拨款支出转入“财政拨款结转”：

借：财政拨款结转——本年收支结转

　　贷：行政支出/事业支出——财政拨款支出

②将“行政支出”和“事业支出”科目本年发生额中的非财政专项资金支出转入“非财政拨款结转”：

借：非财政拨款结转——本年收支结

　　贷：行政支出/事业支出——非财政专项资金支出

③将“行政支出”和“事业支出”科目本年发生额中的其他资金支出（非财政非专项资金支出）转入“其他结余”：

借：其他结余

　　贷：行政支出/事业支出——其他资金支出

年末结转后，“行政支出”和“事业支出”科目应无余额。

请你回忆：以上“行政支出/事业支出”年末的结转，与“其他支出”年末的结转是否有相似的情形？

答案提示：对，都具体区分三种不同情况（财政拨款支出、非财政专项资金支出和其他资金支出），即不同的内容，其结转的结果也不一样。

对于事业单位发生教育、科研、医疗、行政管理、后勤保障等活动的，可在“事业支出”科目下设置相应的明细科目进行核算，或单设“7201 教育支出”“7202 科研支出”“7203 医疗支出”“7204 行政管理支出”和“7205 后勤保障支出”等一级会计科目进行核算。

（二）事业单位其他特有的支出

事业单位特有的支出，除了事业支出以外，还包括经营支出、上缴上级支出、对附属单位补助支出、投资支出和债务还本支出。

1. 经营支出

经营支出核算事业单位在专业业务活动及其辅助活动之外开展非独立核算经营活动实际发生的各项现金流出。事业单位应当设置“经营支出”会计科目，对事业单位开展非独立核算经营活动进行全面的核算。该科目应当按照经营活动类别、项目、《政府收支分类科目》中“支出功能分类科目”的项级科目和“部门预算支出经济分类科目”的款级科目等进行明细核算。

对于预付款项，可通过在本科目下设置“待处理”明细科目进行明细核算，待确认具体支出项目后再转入本科目下相关明细科目。年末结账前，应将本科目“待处理”明细科目余额全部转入本科目下相关明细科目。

通常情况下，经营支出的一般会计处理如下：

借：经营支出

　　贷：资金结存

以上会计处理所涵盖的业务内容包括：

（1）支付经营部门职工薪酬；

（2）为经营活动支付外部人员劳务费；

（3）为开展经营活动购买存货、固定资产、无形资产等以及在建工程支付相关款项；

（4）开展经营活动过程中发生预付账款支付；

（5）因开展经营活动缴纳的相关税费以及发生的其他各项支出；

（6）开展经营活动中因购货退回等发生款项退回，或者发生差错更正的，属于当年支出的收回。

年末，将本科目本年发生额转入“经营结余”：

借：经营结余

　　贷：经营支出

年末结转后，“经营支出”科目应无余额。

2. 上缴上级支出

上缴上级支出核算事业单位按照财政部门和主管部门的规定上缴上级单位款项发生的现金流出。事业单位应当设置“上缴上级支出”会计科目对事业单位上缴上级单位款项发生的现金流出进行核算。该科目应当按照收缴款项单位、缴款项目、《政府收支分类科目》中“支出功能分类科目”的项级科目和“部门预算支出经济分类科目”的款级科目等进行明细核算。

上缴上级支出的会计处理要点如下：

（1）按照规定将款项上缴上级单位的，按照实际上缴的金额：

借：上缴上级支出

贷：资金结存

同时，编制相关的财务会计分录：

借：其他应付款、上缴上级费用（等）

贷：银行存款（等）

（2）年末，将本科目本年发生额转入“其他结余”：

借：其他结余

贷：上缴上级支出

年末结转后，“上缴上级支出”科目应无余额。

3. 对附属单位补助支出

对附属单位补助支出核算事业单位用财政拨款预算收入之外的收入对附属单位补助发生的现金流出。事业单位应当设置“对附属单位补助支出”会计科目对事业单位用财政拨款预算收入之外的收入对附属单位补助发生的现金流出业务进行核算。该科目应当按照接受补助单位、补助项目、《政府收支分类科目》中“支出功能分类科目”的项级科目和“部门预算支出经济分类科目”的款级科目等进行明细核算。

对附属单位补助支出的会计处理要点如下：

（1）发生对附属单位补助支出的，按照实际补助的金额：

借：对附属单位补助支出

贷：资金结存

同时，编制相关的财务会计分录：

借：其他应付款、对附属单位补助费用（等）

贷：银行存款（等）

（2）年末，将本科目本年发生额转入“其他结余”：

借：其他结余

贷：对附属单位补助支出

年末结转后，“对附属单位补助支出”科目应无余额。

4. 投资支出

投资支出核算事业单位以货币资金对外投资发生的现金流出。事业单位应当设置“投资支出”会计科目对事业单位以货币资金对外投资业务进行核算。该科目应当按照投资类型、投资对象、《政府收支分类科目》中“支出功能分类科目”的项级科目和“部门预算支出经济分类科目”的款级科目等进行明细核算。

投资支出的会计处理要点如下：

（1）以货币资金对外投资时，按照投资金额和所支付的相关税费金额的合计数。

借：投资支出

　　贷：资金结存

同时，编制财务会计分录：

借：短期投资、长期债券投资、长期股权投资

　　贷：银行存款（等）

（2）出售、对外转让或到期收回本年度以货币资金取得的对外投资的，如果按规定将投资收益纳入单位预算，按照实际收到的金额：

借：资金结存

　　贷：投资支出　　　　　　（按照取得投资时发生额）

　　贷或借：投资预算收益　　（其差额）

【例7-5】某事业单位半年前以现金资产200万元，今天（注：未跨年度）将其投资予以出售。收到售价款230万元。

编制预算会计分录如下：

借：资金结存——货币资金	2 300 000	
贷：投资支出		2 000 000
投资预算收益		300 000

同时，编制财务会计分录如下：

借：银行存款	2 300 000	
贷：短期投资		2 000 000
投资收益		300 000

1. 请你分析：如果按规定将投资收益上缴财政，该笔业务的会计处理怎样？

答案提示：预算会计分录如下：

借：资金结存——货币资金	2 300 000	
贷：投资支出		2 000 000

应缴财政款　　300 000

财务会计不变，同上。

2. 请你分析：如果上述是两年前的投资，其他情况不变。其会计处理有变化吗？

答案提示：有变化，即：预算会计需要将“投资支出”改为“其他结余”。

(3) 出售、对外转让或到期收回以前年度以货币资金取得的对外投资的，如果按规定将投资收益纳入单位预算，按照实际收到的金额，借记“资金结存”科目，按照取得投资时“投资支出”科目的发生额，贷记“其他结余”科目，按照其差额，贷记或借记“投资预算收益”科目；如果按规定将投资收益上缴财政的，按照取得投资时“投资支出”科目的发生额，借记“资金结存”科目，贷记“其他结余”科目。其具体会计处理详见财务会计中投资部分，此略。

(4) 年末，将本科目本年发生额转入“其他结余”：

借：其他结余

　　贷：投资支出

年末结转后，“投资支出”科目应无余额。

5. 债务还本支出

债务还本支出核算事业单位偿还自身承担的纳入预算管理的从金融机构举借的债务本金的现金流出。事业单位应当设置“债务还本支出”会计科目对事业单位偿还自身承担的纳入预算管理的从金融机构举借的债务进行核算。该科目应当按照贷款单位、贷款种类、《政府收支分类科目》中“支出功能分类科目”的项级科目和“部门预算支出经济分类科目”的款级科目等进行明细核算。

债务还本支出的会计处理要点如下：

(1) 偿还各项短期或长期借款时，按照偿还的借款本金：

借：债务还本支出

　　贷：资金结存

(2) 年末，将本科目本年发生额转入“其他结余”：

借：其他结余

贷：债务还本支出

年末结转后，“债务还本支出”科目应无余额。

【例 7-6】某事业单位 20×8 年年初因对某固定资产进行技术改造，专门向银行借入 2 年期，利率为 8% 的长期借款 500 万元；该借款到期还本付息。所借款项年初借入时即全部投入工程改造使用。预计该固定资产改造当年末完成。为此，与借款业务相关的会计处理如下：

（1）年初取得该笔借款时：

编制预算会计分录如下：

借：资金结存——货币资金　5 000 000

　　贷：债务预算收入　5 000 000

编制财务会计分录如下：

借：银行存款　5 000 000

　　贷：长期借款　5 000 000

（2）20×8 年年末计提利息时，编制财务会计分录如下：

借：在建工程　400 000

　　贷：长期借款——应计利息　400 000

（3）20×0 年年初到期偿还借款本息时：

编制预算会计分录如下：

借：债务还本支出　5 000 000

　　其他支出　800 000

　　贷：资金结存　5 800 000

编制财务会计分录如下：

借：长期借款——本金　5 000 000

　　　　　　——应计利息　800 000

　　贷：银行存款　5 800 000

1. 请你回答：上述借款，第二年的利息也资本化计入“在建工程”吗？为什么？

答案提示：上述借款，第二年的利息不能资本化计入“在建工程”，因为虽然仍属于专门借款，但已不在资本化期间（20×8 年年末已经改造完成），所以后续利息应当费用化，计入“其他费用”会计科目。

2. 请你回答：如果将其他业务也都包含进去，还应当再进行哪些会计处理？

答案提示：如果将其他业务也都包含进去，还缺少以下业务：

(1) 年初所借款项投入改造：

借：在建工程　　5 000 000

　　贷：银行存款　　5 000 000

预算会计分录：

借：事业支出　　5 000 000

　　贷：资金结存——货币资金　　5 000 000

(2) 20×8 年年末完工，转入固定资产：

借：固定资产　　5 400 000

　　贷：在建工程　　5 400 000

【例 7-7】某市级行政单位某年发生如下业务，请指出应涉及预算收入或预算支出的业务有哪些？并指出所使用的预算收支会计科目。

(1) 财政直接支付购买一批办公用品。

(2) 收到省财政部门拨来专项经费。

(3) 经批准，本单位一笔被长期拖欠的“应收账款”予以核销。

(4) 接受捐赠资产一批，同时发生运费一笔，零余额账户支付。

(5) 期末，计提本单位职工工资。

(6) 与某供应商签订协议，委托其代为生产一专用设备。按照约定，通过授权支付方式预支 120 万元。

(7) 上述预定设备收到，通过财政直接支付剩余款项。

(8) 转账收到一笔存款，该存款为代管款项性质。

(9) 租用一资产，按照约定先期支付一笔押金。

例题分析

第（1）涉及“财政拨款预算收入”和“行政支出”。

第（2）涉及“非同级财政拨款预算收入”。

第（3）不涉及预算会计（收支）核算。

第（4）发生运费一笔涉及“其他支出”。

第（5）不涉及预算会计（收支）核算。

第（6）涉及“行政支出”。

第（7）对支付剩余款项，涉及“财政拨款预算收入”和“行政支出”。

第（8）代管款项性质的收款不涉及预算收入。

第（9）押金属于暂付款性质，不涉及预算支出。

【例7-8】20×8年某事业单位发生如下业务并进行了会计处理。请判断其会计处理是否正确，并说明理由。

（1）2月，单位通过财政授权支付方式支付8万元购入一批库存物品，购入当月已被业务部门全部领用。3月因部分物品质量有问题，经与供应商协商，单位将有问题物品予以退回，并收到供应商退款3万元支票，该单位将支票存入单位银行存款账户，并编制如下会计分录：

借：银行存款　　30 000

　　贷：其他收入　　30 000

（2）4月，单位业务部门在使用一批库存物品时，发现该批资产存在严重的质量问题。经查，该批资产系20×7年12月通过财政授权支付方式支付8万元从乙公司处购入。经与供应商乙公司协商，该供应商同意退回该批资产货款。该事业单位于4月末收到乙公司的退货款8万元，并按规定办理完毕零余额账户用款额度的恢复手续。该单位会计处理如下：

借：零余额账户用款额度　　80 000

　　贷：事业支出　　80 000

例题分析

业务（1）会计处理不正确。两处错误：一是不应确认收入；二是收到的退款应存入零余额账户。正确的会计处理如下：

财务会计分录：

借：零余额账户用款额度　　30 000

　　贷：业务活动费用　　30 000

预算会计分录：

借：资金结存——零余额账户用款额度　　30 000

　　贷：事业支出　　30 000

业务（2）会计处理不正确。也是两处错误：一是“零余额账户用款额度”是财务会计使用的会计科目，“事业支出”是预算会计规范的会计科目，两者不可能组成一组会计分录；二是对于跨年度的支出，应调整有关预算结余类会计科目。正确的会计处理如下。

财务会计分录：

借：零余额账户用款额度　　80 000

　　贷：库存物品或以前年度盈余调整　　80 000

预算会计分录：

借：资金结存——零余额账户用款额度　　80 000

　　贷：财政拨款结转——年初余额调整（等）　　80 000

第八章 政府会计预算结余

本章要点

◇ 区分政府预算结转资金与结余资金

◇ 弄清不同预算结转结余各自核算的范围

◇ 重点掌握各种预算收支与相关预算结转结余的联系

◇ 学会总结不同预算结转结余科目年末结转的规律

政府预算会计要素包括预算收入、预算支出与预算结余。预算结余是指政府会计主体预算年度内预算收入扣除预算支出后的资金余额，以及历年滚存的资金余额。

预算结余包括结余资金和结转资金。结余资金是指年度预算执行终了，预算收入实际完成数扣除预算支出和结转资金后剩余的资金。结转资金是指预算安排项目的支出年终尚未执行完毕或者因故未执行，且下年需要按原用途继续使用的资金。

政府会计预算结余的内容很多，其中包括行政事业单位通用的预算结余和事业单位特有的预算结余。

第一节 通用的预算结余

一、资金结存

（一）会计科目的设置

“资金结存”是伴随着我国政府会计改革的需要，基于政府会计分离出财务会计和预算会计两大分支，为了满足预算会计处理每笔业务“有借必有贷，借贷必相等”的需要而专设的一个会计科目。它专门用来核算单位纳入部门预算管理的资金流入、流出、调整和滚存等情况。严格地讲，“资金结存”不是一个真正意义上的预算结余类科目，它只是被归类到了结余类。

根据规定要求，“资金结存”科目应当设置下列明细科目：

（1）“零余额账户用款额度”：本明细科目核算实行国库集中支付的单位根据财政部门批复的用款计划收到和支用的零余额账户用款额度。年末结账后，本明细科目应无余额。

（2）“货币资金”：本明细科目核算单位以库存现金、银行存款、其他货币资金形态存在的资金。本明细科目年末借方余额，反映单位尚未使用的货币资金。

（3）“财政应返还额度”：本明细科目核算实行国库集中支付的单位可以使用的以前年度财政直接支付资金额度和财政应返还的财政授权支付资金额度。本明细科目下可设置“财政直接支付”“财政授权支付”两个明细科目进行明细核算。本明细科目年末借方余额，反映单位应收财政返还的资金额度。

（二）资金结存会计核算要点

（1）财政授权支付方式下，单位根据代理银行转来的财政授权支付额度到账通知书，按照通知书中的授权支付额度：

借：资金结存——零余额账户用款额度

　　贷：财政拨款预算收入

---

1. 请你思考：以上业务所涉及的财务会计应该如何编制会计分录？

答案提示：财政授权支付方式下，财务会计应该编制会计分录如下：

借：零余额账户用款额度

　　贷：财政拨款收入

2. 请你思考：以国库集中支付以外的其他支付方式取得预算收入时，预算会计应该如何进行会计处理？

答案提示：以国库集中支付以外的其他支付方式取得预算收入时，预算会计应按照实际收到的金额：

借：资金结存——货币资金

贷：事业预算收入、经营预算收入（等）

同时，财务会计应该编制会计分录如下：

借：银行存款

贷：事业收入、经营收入（等）

3. 请你思考：财政直接支付方式下，预算会计是否也会使用“资金结存”会计科目？为什么？

答案提示：财政直接支付方式下，不会涉及（使用）“资金结存”会计科目。

因为财政直接支付方式下，根据收到的“财政直接支付入账通知书”及相关原始凭证，按照通知书中的直接支付入账金额，列入“财政拨款预算收入”（贷方），并直接与“行政支出”“事业支出”等科目发生对应关系，组成一组会计分录。

（2）财政授权支付方式下，发生相关支出时，按照实际支付的金额：

借：行政支出、事业支出（等）

贷：资金结存——零余额账户用款额度

如果单位发生从零余额账户提取现金业务时。

借：资金结存——货币资金

贷：资金结存——零余额账户用款额度

---

1. 请你判断：根据以下会计处理（分录），分别判断其业务内容，并指出是否应当编制预算会计分录？并说明理由。

（1）	借：库存现金	8 000	
	贷：银行存款		8 000
（2）	借：库存现金	8 000	
	贷：零余额账户用款额度		8 000

答案提示：（1）某单位从银行存款户中提取 8 000 元现金备用；

（2）某单位从零余额账户提取 8 000 元现金备用；

上述业务中，第（1）项业务无须编制预算会计分录，因为“资金结存”明细科目内容没有本质的变化；第（2）项业务需要编制预算会计分录，因为“资金结存”明细科目内容发生了本质的变化；预算会计分录如下。

借：资金结存——货币资金　　8 000

　　贷：资金结存——零余额账户用款额度　　8 000

2. 请你思考：国库集中支付以外的其他支付方式下，发生相关支出时，预算会计应该如何进行会计处理？

答案提示：按国库集中支付以外的其他支付方式下，发生相关支出时，预算会计应照实际支付的金额：

借：事业支出、经营支出（等）

　　贷：资金结存——货币资金

（3）按照规定上缴财政拨款结转结余资金或注销财政拨款结转结余资金额度的，按照实际上缴资金数额或注销的资金额度数额：

借：财政拨款结转——归集上缴

或：财政拨款结余——归集上缴

　　贷：资金结存——财政应返还额度、零余额账户用款额度、货币资金

（4）按规定单位缴回非财政拨款结转资金的，按照实际缴回资金数额：

借：非财政拨款结转——缴回资金

　　贷：资金结存——货币资金

（5）收到从其他单位调入的财政拨款结转资金的，按照实际调入资金数额：

借：资金结存——财政应返还额度、零余额账户用款额度、货币资金

　　贷：财政拨款结转——归集调入

【例 8－1】 某单位 20×8 年按按照规定上缴财政拨款结转资金 300 万元，并按规定缴回非财政拨款资金 200 万元。假设上缴财政拨款结转资金通过授权支付方式支付，非财政拨款资金通过银行存款户转账支付。对此，有关会计处理如下。

①预算会计分录如下：

借：财政拨款结转——归集上缴　　3 000 000

　　贷：资金结存——零余额账户用款额度　　3 000 000

借：非财政拨款结转——缴回资金　　2 000 000

　　贷：资金结存——货币资金　　2 000 000

②同时，对以上业务编制财务会计分录如下：

借：累计盈余　　5 000 000

　　贷：零余额账户用款额度　　3 000 000

　　　　银行存款　　2 000 000

（6）按照规定使用专用基金时，按照实际支付金额：

借：专用结余/事业支出（等）

　　贷：资金结存——货币资金

---

1. 请你回顾：一个事业单位的专用基金会有几个形成渠道？

答案提示：一个事业单位的专用基金会有以下三个形成渠道：（1）从一定的结余中提取形成（如非财政拨款结余等）；（2）按照一定的预算收入提取形成；（3）专门设置形成。

2. 请你分析：如何理解上述使用专用基金的会计处理？

借：专用结余/事业支出（等）

　　贷：资金结存——货币资金

这是指所有使用专用基金的预算会计处理情形吗？

答案提示：上述中的借记“专用结余”，是指从非财政拨款结余中提取的专用基金；上述中的借记“事业支出”是指从预算收入中计提的专用基金。而专用基金的第三个形成渠道（即专设专用基金），无须做预算会计处理。

（7）因购货退回、发生差错更正等退回国库直接支付、授权支付款项，或者收回货币资金的，属于本年度支付的：

借：财政拨款预算收入

　　或资金结存——零余额账户用款额度、货币资金

　　贷：相关支出科目

属于以前年度支付的：

借：资金结存——财政应返还额度、零余额账户用款额度、货币资金

　　贷：财政拨款结转、财政拨款结余、非财政拨款结转、非财政拨款结余

注："财政拨款结转""财政拨款结余""非财政拨款结转"和"非财政拨款结余"四个科目所涉及的明细科目均为"年初余额调整"。

【例8－2】20×8年11月初，某事业单位购入需要安装的服务器2台，总价格200万元。安装过程中，发生安装费用40万元，以上款项均通过财政授权支付方式付款（使用非财政专项资金），完工后经验收合格交付使用。20×9年2月3日，2台设备投入使用后，其中一台设备总是处于非常规使用状态（即无法达到预计使用标准状态），经双方协商决定，将其予以退回，20×9年2月23日收到退回的国库款项100万元。对此，相关的会计处理如下。

①购入并收到2台设备时：

借：事业支出	2 000 000	
贷：资金结存——零余额账户用款额度		2 000 000

同时，编制财务会计分录如下：

借：在建工程	2 000 000	
贷：零余额账户用款额度		2 000 000

②发生安装费用时：

借：事业支出	400 000	
贷：资金结存——零余额账户用款额度		400 000

同时，编制财务会计分录如下：

借：在建工程	400 000	
贷：零余额账户用款额度		400 000

③交付使用时：

借：固定资产	2 400 000	
贷：在建工程		2 400 000

④20×9年2月23日收到退回的国库款项时：

借：资金结存——零余额账户用款额度	1 000 000	
贷：非财政拨款结转——年初余额调整		1 000 000

同时，编制财务会计分录如下：

借：零余额账户用款额度 1 000 000

　　贷：固定资产 1 000 000

---

1. 请你回答：上述业务，如果换作是行政单位，其会计处理是否可以一样？

答案提示：对！只是将“事业支出”改为“行政支出”即可。

2. 请你回答：上述业务，如果属于当年度退回，其会计处理的不同之处在哪里？

答案提示：上述业务，如果属于当年度退回，其会计处理的不同之处在第④步，即20×9年2月23日收到退回的国库款项时，直接作为当年的收支调整即可，即：

借：资金结存——零余额账户用款额度 1 200 000

　　贷：行政支出/事业支出 1 200 000

同时，编制财务会计分录如下：

借：零余额账户用款额度 1 200 000

　　贷：固定资产 1 200 000

（8）年末，根据本年度财政直接支付预算指标数与当年财政直接支付实际支出数的差额：

借：资金结存——财政应返还额度

　　贷：财政拨款预算收入

（9）年末，单位依据代理银行提供的对账单作注销额度的相关账务处理。

借：资金结存——财政应返还额度

　　贷：资金结存——零余额账户用款额度

本年度财政授权支付预算指标数大于零余额账户用款额度下达数的，根据未下达的用款额度：

借：资金结存——财政应返还额度

　　贷：财政拨款预算收入

(10) 下年初，单位依据代理银行提供的额度恢复到账通知书作恢复额度的相关账务处理：

借：资金结存——零余额账户用款额度

  贷：资金结存——财政应返还额度

单位收到财政部门批复的上年末未下达零余额账户用款额度的：

借：资金结存——零余额账户用款额度

  贷：资金结存——财政应返还额度

---

1. 请你比较：从上述表达可以看出，财政授权支付情况下（详见第九、第十步骤），会计处理既有年末，又有年初，即两个时点的会计处理；而财政直接支付却只有年末没有年初，即一个时点的会计处理（详见第八步骤）。为什么？

答案提示：这是由两种不同的国库集中支付方式的特点所决定的。财政直接支付，顾名思义，就是预算单位支付款项时，由财政将款项直接支付给收款人（或供应商），无须通过本单位账户，所以就少了一个环节。也就是说，上年度本单位的预算款，待来年实际支付时，财政直接付出就可以了。没有付出之前，无须进入本单位账户。

2. 请你回答：上述（8）（9）（10）项中是否均存在财务会计处理？

答案提示：上述（8）（9）（10）项中均存在财务会计处理，只不过将“资金结存”科目转换成货币资金（或财政应返还额度）科目而已，将预算会计收入科目，去掉“预算”两字。

例如第（8）项中：年末，根据本年度财政直接支付预算指标数与当年财政直接支付实际支出数的差额，换作财务会计，应编制会计分录如下：

借：财政应返还额度

  贷：财政拨款收入

第（9）项中：年末，单位依据代理银行提供的对账单作注销额度的相关账务处理，换作财务会计，应编制会计分录如下：

借：财政应返还额度

  贷：零余额账户用款额度

本年度财政授权支付预算指标数大于零余额账户用款额度下达数的，根据未下达的用款额度，换作财务会计，应编制会计分录如下：

借：财政应返还额度

　　贷：财政拨款收入

第（10）项中同样，此略（自己可以尝试一下）。

二、财政拨款结转和财政拨款结余

财政拨款结转和财政拨款结余都属于单位同级财政拨款而形成的预算资金，所不同的是一个是结转资金，一个属于结余资金。

（一）财政拨款结转

1. 会计科目的设置

根据规定，预算单位（即行政事业单位，本书通用）应当设置“财政拨款结转”会计科目，用以核算单位取得的同级财政拨款结转资金的调整、结转和滚存情况。该科目年末贷方余额，反映单位滚存的财政拨款结转资金数额。

“财政拨款结转”科目应当设置下列明细科目：

（1）“年初余额调整”：核算因发生会计差错更正、以前年度支出收回等原因，需要调整财政拨款结转的金额。年末结账后，本明细科目应无余额。

（2）“归集调入”：本明细科目核算按照规定从其他单位调入财政拨款结转资金时，实际调增的额度数额或调入的资金数额。年末结账后，本明细科目应无余额。

（3）“归集调出”：本明细科目核算按照规定向其他单位调出财政拨款结转资金时，实际调减的额度数额或调出的资金数额。年末结账后，本明细科目应无余额。

（4）“归集上缴”：本明细科目核算按照规定上缴财政拨款结转资金时，实际核销的额度数额或上缴的资金数额。年末结账后，本明细科目应无余额。

（5）“单位内部调剂”：本明细科目核算经财政部门批准对财政拨款结余资金改变用途，调整用于本单位其他未完成项目等的调整金额。年末结账后，本明细科目应无余额。

(6)“本年收支结转”：本明细科目核算单位本年度财政拨款收支相抵后的余额。年末结账后，本明细科目应无余额。

(7)“累计结转”：本明细科目核算单位滚存的财政拨款结转资金。本明细科目年末贷方余额，反映单位财政拨款滚存的结转资金数额。

其中，上述（1）至（6）项明细科目年末均转入（7）项“累计结转”明细科目，结转后各自明细科目均无余额。

“财政拨款结转”科目还应当设置“基本支出结转”“项目支出结转”两个明细科目，并在“基本支出结转”明细科目下按照“人员经费”“日常公用经费”进行明细核算，在“项目支出结转”明细科目下按照具体项目进行明细核算；同时，本科目还应按照《政府收支分类科目》中“支出功能分类科目”的相关科目进行明细核算。

有一般公共预算财政拨款、政府性基金预算财政拨款等两种或两种以上财政拨款的单位，还应当在本科目下按照财政拨款的种类进行明细核算。

2. 财政拨款结转的会计处理要点

(1)“年初余额调整”。“年初余额调整”的核算主要与前期会计差错更正、以前年度支出收回业务相关。

①因发生会计差错更正退回以前年度国库直接支付、授权支付款项或财政性货币资金，或者因发生会计差错更正增加以前年度国库直接支付、授权支付支出或财政性货币资金支出，属于以前年度财政拨款结转资金的：

借或贷：资金结存——财政应返还额度、零余额账户用款额度、货币资金

　　贷或借：财政拨款结转——年初余额调整

【例 8-3】某预算单位 20×9 年发现去年有一笔预借给本单位职工的借款 50 000 元误记为：

预算会计分录如下：

借：其他支出——财政拨款支出	50 000	
贷：资金结存——货币资金		50 000

同时编制的财务会计分录如下：

借：单位管理费用	50 000	
贷：库存现金		50 000

例题分析：向本单位职工的借款，应当有借必有还，不应列入支出或费用；为此应当予以更正如下：

预算会计分录如下：

借：资金结存——货币资金　　50 000

　　贷：财政拨款结转——年初余额调整　　50 000

同时编制的财务会计分录如下：

借：其他应收款——××职工　　50 000

　　贷：单位管理费用　　50 000

---

1. 请你回答：如何理解以上预算会计更正差错中借记“资金结存”？

答案提示：向本单位职工的借款，因为有借必有还，不应列支，所以无须进行预算会计处理。故将原分录中“资金结存”贷方科目予以冲回，即借记。

2. 请你回答：以上会计差错更正中，财务会计还有一种更正的可能。说说看？

答案提示：如果去年误记的“单位管理费用”金额较大，不应直接冲销“单位管理费用”，而应当使用“以前年度盈余调整”科目。

3. 请你回答：如果上述差错发生在当年，预算会计更正的分录会怎样？

答案提示：如果上述差错发生在当年，预算会计分录直接作为“其他支出”科目的冲销即可，不再使用“财政拨款结转——年初余额调整”。

4. 请你回答：即使如上述题意“20×9年发现去年有一笔预借给本单位职工的借款50 000元”，一定贷记“财政拨款结转——年初余额调整50 000”吗？

答案提示：不绝对，因为有可能去年的“其他支出”结转至了“非财政拨款结转”，甚至于“财政拨款结余”或“非财政拨款结余”科目，这都有可能。所以，“其他支出”最终结转到哪里，就应该将谁（结余科目）调整回来。

---

②因购货退回、预付款项收回等发生以前年度支出又收回国库直接支付、

授权支付款项或收回财政性货币资金，属于以前年度财政拨款结转资金的：

借：资金结存——财政应返还额度、零余额账户用款额度、货币资金

贷：财政拨款结转——年初余额调整

【例8－4】 某预算单位去年与某公司签订协议，通过财政直接支付方式预付给对方资金100万元，今年因特殊原因不再进行。故前期（去年）支付的100万元今收回国库。对此，相关会计处理如下：

预算会计分录如下：

借：资金结存——财政应返还额度　　1 000 000

贷：财政拨款结转——年初余额调整　　1 000 000

财务会计分录如下：

借：财政应返还额度　　1 000 000

贷：预付账款　　1 000 000

请你分析：根据上述资料，请你描述一下预算会计和财务会计去年预付100万元时的分录情形。

答案提示：去年预算会计分录如下：

借：行政支出/事业支出——财政拨款支出　　1 000 000

贷：财政拨款预算收入　　1 000 000

去年财务会计分录如下：

借：预付账款　　1 000 000

贷：财政拨款收入　　1 000 000

（2）“归集调入”“归集调出”“归集上缴”和“单位内部调剂”与财政资金调拨业务相关。

①按照规定从其他单位调入财政拨款结转资金的，按照实际调增的额度数额或调入的资金数额：

借：资金结存——财政应返还额度、零余额账户用款额度、货币资金

贷：财政拨款结转——归集调入

②按照规定向其他单位调出财政拨款结转资金的，按照实际调减的额度数额或调出的资金数额：

借：财政拨款结转——归集调出

贷：资金结存——财政应返还额度、零余额账户用款额度、货币资金

③按照规定上缴财政拨款结转资金或注销财政拨款结转资金额度的，按照实际上缴资金数额或注销的资金额度数额：

借：财政拨款结转——归集上缴

贷：资金结存——财政应返还额度、零余额账户用款额度、货币资金

④经财政部门批准对财政拨款结余资金改变用途，调整用于本单位基本支出或其他未完成项目支出的，按照批准调剂的金额：

借：财政拨款结余——单位内部调剂

贷：财政拨款结转——单位内部调剂

---

1. 请你回答：以上①②③④项在编制预算会计分录的同时，是否也应当编制财务会计分录？并且财务会计分录均涉及“累计盈余”的增减变化？

答案提示：以上①②③项在编制预算会计分录的同时，也应当编制财务会计分录，并且财务会计分录均涉及“累计盈余”的增减变化。但是，第④项并不需要编制财务会计分录，因为预算资金只是在单位内部做了一个调整，资金结余本质上没有发生变化。

2. 请你回忆：上述①②③项的会计处理原来是否已经学过？

答案提示：是的。起码在财务会计净资产“累计盈余”已经涉及过。

---

(3)“本年收支结转”。“本年收支结转”与年末财政拨款收支结转业务有关。

①年末，将财政拨款预算收入本年发生额转入本科目。

借：财政拨款预算收入

贷：财政拨款结转——本年收支结转

②年末，将各项支出中财政拨款支出本年发生额转入本科目。

借：财政拨款结转——本年收支结转

贷：行政支出/事业支出——财政拨款支出

其他支出——财政拨款支出

(4)“累计结转”：年末冲销有关明细科目余额，并将其一并转入“累计结转”明细账户。

年末，将“财政拨款结转——本年收支结转、年初余额调整、归集调入、归集调出、归集上缴、单位内部调剂”余额转入“财政拨款结转——累计结转”。

①必然转入“累计结转”贷方的情形：

借：财政拨款结转——年初余额调整 ［明细科目为贷方余额时］
——归集调入
——单位内部调剂
——本年收支结转 ［明细科目为贷方余额时］
贷：财政拨款结转——累计结转

②必然转入“累计结转”借方的情形：

借：财政拨款结转——累计结转
贷：财政拨款结转——归集上缴
——年初余额调整 ［明细科目为借方余额时］
——归集调出
——本年收支结转 ［明细科目为借方余额时］

1. 请你回答：上述会计处理存在财务会计核算吗？为什么？

答案提示：上述会计处理不存在财务会计核算，因为它纯属于预算账户的转账事宜，没有新的业务发生。

2. 请你回答：以上结转后，“财政拨款结转”科目是不是除了“累计结转”明细科目外，其他明细科目一定再无余额了？

答案提示：经过以上结转后，“财政拨款结转”科目除“累计结转”明细科目外，其他明细科目应无余额。

3. 请你分析：上述“行政支出”和“事业支出”结转至“财政拨款结转”，是不是它们（支出）就没有余额了？为什么？

答案提示：不是。对于“行政支出”和“事业支出”只是“万里长征只迈出了第一步”，还有以下明细等待结转，即：（1）非财政专项资金支出；（2）其他资金支出。

（5）年末完成上述结转后，应当对财政拨款结转各明细项目执行情况进行分析，按照有关规定将符合财政拨款结余性质的项目余额转入财政拨款结余。

借：财政拨款结转——累计结转

　　贷：财政拨款结余——结转转入

（二）财政拨款结余

1. 会计科目的设置

单位应当设置“财政拨款结余”科目，用来专门核算单位取得的同级财政拨款项目支出结余资金的调整、结转和滚存情况。本科目的年末贷方余额，反映单位滚存的财政拨款结余资金数额。

“财政拨款结余”科目应当设置下列明细科目。

（1）“年初余额调整”：本明细科目核算因发生会计差错更正、以前年度支出收回等原因，需要调整财政拨款结余的金额。年末结账后，本明细科目应无余额。

（2）“归集上缴”：本明细科目核算按照规定上缴财政拨款结余资金时，实际核销的额度数额或上缴的资金数额。年末结账后，本明细科目应无余额。

（3）“单位内部调剂”：本明细科目核算经财政部门批准对财政拨款结余资金改变用途，调整用于本单位其他未完成项目等的调整金额。年末结账后，本明细科目应无余额。

（4）“结转转入”：本明细科目核算单位按照规定转入财政拨款结余的财政拨款结转资金。年末结账后，本明细科目应无余额。

（5）“累计结余”：本明细科目核算单位滚存的财政拨款结余资金。本明细科目年末贷方余额，反映单位财政拨款滚存的结余资金数额。

其中，上述（1）至（4）明细账户，年末转入（5）“累计结余”明细账户，并且结转之后各自明细科目不再有余额。

“财政拨款结余”科目还应当按照具体项目、《政府收支分类科目》中“支出功能分类科目”的相关科目等进行明细核算。

有一般公共预算财政拨款、政府性基金预算财政拨款等两种或两种以上财政拨款的单位，还应当在本科目下按照财政拨款的种类进行明细核算。

2. 财政拨款结余的会计处理要点

(1)“年初余额调整”。“年初余额调整”与会计差错更正、以前年度支出收回业务相关。

①因以前年度发生会计差错更正退回以前年度国库直接支付、授权支付款项或财政性货币资金，或者因发生会计差错更正增加以前年度国库直接支付、授权支付支出或财政性货币资金支出，属于以前年度财政拨款结余资金的：

借或贷：资金结存——财政应返还额度、零余额账户用款额度、货币资金

　　贷或借：财政拨款结余——年初余额调整

②因购货退回、预付款项收回等发生以前年度支出又收回国库直接支付、授权支付款项或收回财政性货币资金，属于以前年度财政拨款结余资金的：

借：资金结存——财政应返还额度、零余额账户用款额度、货币资金

　　贷：财政拨款结余——年初余额调整

请你回答：预算单位的“财政拨款结余”为什么不像“财政拨款结转”科目那样，设置“本年收支结转”明细科目呢？

答案提示：预算单位的“财政拨款结余”之所以不像“财政拨款结转”科目那样，设置“本年收支结转”明细科目，是因为按照规定，预算单位的收支不得直接形成财政拨款结余资金。因为结余资金只有符合结余资金性质时方可结转形成。

---

(2)“单位内部调剂”和“归集上缴”。“单位内部调剂”和“归集上缴”与财政资金调拨业务相关。

①经财政部门批准对财政拨款结余资金改变用途，调整用于本单位基本支出或其他未完成项目支出的，按照批准调剂的金额：

借：财政拨款结余——单位内部调剂

　　贷：财政拨款结转——单位内部调剂

②按照规定上缴财政拨款结余资金或注销财政拨款结余资金额度的，按照实际上缴资金数额或注销的资金额度数额：

借：财政拨款结余——归集上缴

　　贷：资金结存——财政应返还额度、零余额账户用款额度、货币资金

（3）“结转转入”：“结转转入”与年末财政拨款结转和结余业务相关。

年末，对财政拨款结转各明细项目执行情况进行分析，按照有关规定将符合财政拨款结余性质的项目余额转入财政拨款结余：

借：财政拨款结转——累计结转

　　贷：财政拨款结余——结转转入

（4）年末冲销有关明细科目余额。将“年初余额调整、归集上缴、单位内部调剂、结转转入”明细账户的余额转入“财政拨款结余——累计结余”。结转后，“财政拨款结余”明细科目中，除“累计结余”明细科目外，其他明细科目应无余额。

借：财政拨款结余——年初余额调整　［明细科目为贷方余额时］

　　　　　　　　——结转转入

　　贷：财政拨款结余——累计结余

借：财政拨款结余——累计结余

　　贷：财政拨款结余——年初余额调整　［明细科目借方余额时］

　　　　　　　　——归集上缴

　　　　　　　　——单位内部调剂

---

1. 请你回忆：上述财政拨款结余中的“单位内部调剂”和“结转转入”，在前面财政拨款结转中是否已经讲述？

答案提示：确已讲述过，即在前述财政拨款结转中的会计处理要点部分的(2)-④和（5）中已经阐述。

2. 请你思考：对于本部分财政拨款结余中的“归集上缴”和年末冲销有关明细科目余额，其会计处理是否类似于前述的财政拨款结转？

答案提示：确实很类似。具体地：（1）“归集上缴”同样涉及财务会计“累计盈余”发生减少的变化，并同样引起预算会计结余资金科目发生减少（前述只是引起财政拨款结转资金减少）；（2）年末将“财政拨款结余”的具体有关明细科目余额冲销，转入“累计结余”的做法也相似于前述财政拨款结转的做法，即年末转销完后，其他明细科目应无余额，只剩“累计结余”明细科目存在余额。

3. 请你回答：以下预算会计分录的前提下，是否需要财务会计平行核算？为什么？

借：财政拨款结转——累计结转

贷：财政拨款结余——结转转入

答案提示：不需要，因为这是一个预算会计转账事项。即有一个资金转移到另一资金处，预算资金没有本质增减变化。

4. 请你回答：上述“财政拨款结余”的具体有关明细科目余额冲销的会计处理，哪一个明细科目转销之前，其借贷方向不稳定？

答案提示：转销之前借贷方向不稳定的科目是指“年初余额调整”，其他明细科目方向已经锁定。

三、非财政拨款结转和非财政拨款结余

非财政拨款结转和非财政拨款结余都属于单位非同级财政拨款而形成的预算资金，所不同的是一个是结转资金，一个属于结余资金。

（一）非财政拨款结转

1. 会计科目的设置

单位应当设置“非财政拨款结转”科目，用来专门核算单位除财政拨款收支、其他资金收支和经营收支以外各非同级财政拨款专项资金的调整、结转和滚存情况。本科目年末贷方余额，反映单位滚存的非同级财政拨款专项结转资金数额。

“非财政拨款结转”科目应当设置下列明细科目。

（1）“年初余额调整”：本明细科目核算因发生会计差错更正、以前年度支出收回等原因，需要调整非财政拨款结转的资金。年末结账后，本明细科目应无余额。

（2）“缴回资金”：本明细科目核算按照规定缴回非财政拨款结转资金时，实际缴回的资金数额。年末结账后，本明细科目应无余额。

（3）“项目间接费用或管理费”：本明细科目核算单位取得的科研项目预算收入中，按照规定计提项目间接费用或管理费的数额。年末结账后，本明细科目应无余额。

(4)“本年收支结转”：本明细科目核算单位本年度非同级财政拨款专项收支相抵后的余额。年末结账后，本明细科目应无余额。

(5)“累计结转”：本明细科目核算单位滚存的非同级财政拨款专项结转资金。本明细科目年末贷方余额，反映单位非同级财政拨款滚存的专项结转资金数额。

其中，上述（1）至（4）明细账户，年末转入（5）“累计结余”明细账户，并且结转之后各自明细科目不再有余额。

“非财政拨款结转”科目还应当按照具体项目、《政府收支分类科目》中“支出功能分类科目”的相关科目等进行明细核算。

2. 非财政拨款结转的会计处理要点

(1)“项目间接费用或管理费”：该明细科目与按照规定从科研项目预算收入中提取项目管理费或间接费业务有关。

按照规定从科研项目预算收入中提取项目管理费或间接费时，按照提取金额：

借：非财政拨款结转——项目间接费用或管理费

　　贷：非财政拨款结余——项目间接费用或管理费

同时，编制财务会计分录如下。

借：单位管理费用

　　贷：预提费用

【例 8-5】某事业单位根据规定，从其从科研项目预算收入中提取项目管理费或间接费 20 万元。对此，编制会计分录如下：

借：非财政拨款结转——项目间接费用或管理费　　200 000

　　贷：非财政拨款结余——项目间接费用或管理费　　200 000

同时，编制财务会计分录如下：

借：单位管理费用　　200 000

　　贷：预提费用　　200 000

(2)“年初余额调整”：该明细科目与以前年度收支差错更正或跨年度收到（或支付）非同级财政拨款货币资金业务有关。

①因以前年度会计差错更正、收到或支出非同级财政拨款货币资金，属于非财政拨款结转资金的，按照收到或支出的金额：

借或贷：资金结存——货币资金

贷或借：非财政拨款结转——年初余额调整

②因收回以前年度支出等收到非同级财政拨款货币资金，属于非财政拨款结转资金的，按照收到的金额：

借：资金结存——货币资金

　　贷：非财政拨款结转——年初余额调整

【例8-6】某预算单位于20×8年11月10日购进一批存货资产（用于专门项目并处于尚未领用状态），通过银行存款支付120万元；因供应商工作失误（计量错误，少计算10万元），该单位于20×9年3月1日再次通过银行存款补付10万元。对此，相关会计处理如下：

预算会计分录：

借：非财政拨款结转——年初余额调整	100 000	
贷：资金结存——货币资金		100 000

财务会计分录：

借：库存物品（等）	100 000	
贷：银行存款		100 000

1. 请你思考：如果上述业务没有跨年度，其会计处理的差别在哪里？

答案提示：如果上述业务没有跨年度，预算会计直接调整（增加）相关支出，而不用调整“非财政拨款结转——年初余额调整”；财务会计同上。

2. 请你思考：如果上述业务跨年度，并且财务会计处理时已经计入有关费用科目。请问其会计处理的修正情况如何？

答案提示：如果上述业务跨年度，并且财务会计处理时已经计入有关费用科目，那么财务会计应视以下情况进行处理：（1）如果属于数额较大情况，应作为“以前年度盈余调整”；（2）如果属于数额不大情况，修正时应该直接调整（补记）有关费用科目。一般来说，10万元通常属于数额比较大情况（不绝对）。

（3）“缴回资金”。该明细科目与单位按照规定缴回非财政拨款结转资金业务有关。

按照规定缴回非财政拨款结转资金的，按照实际缴回资金数额：

借：非财政拨款结转——缴回资金

贷：资金结存——货币资金

同时，编制财务会计分录如下：

借：累计盈余

贷：银行存款

（4）“本年收支结转”：该明细科目与年末非财政专项资金收支有关。

①年末，将事业预算收入、上级补助预算收入、附属单位上缴预算收入、非同级财政拨款预算收入、债务预算收入、其他预算收入本年发生额中的专项资金收入转入“非财政拨款结转”科目：

借：事业预算收入——专项资金收入

上级补助预算收入——专项资金收入

附属单位上缴预算收入——专项资金收入

非同级财政拨款预算收入——专项资金收入

债务预算收入——专项资金收入

其他预算收入——专项资金收入

贷：非财政拨款结转——本年收支结转

②同时，将行政支出、事业支出、其他支出本年发生额中的非财政拨款专项资金支出转入“非财政拨款结转”科目：

借：非财政拨款结转——本年收支结转

贷：行政支出——非财政拨款专项资金支出

事业支出——非财政拨款专项资金支出

其他支出——非财政拨款专项资金支出

（5）年末冲销有关明细科目余额。将“非财政拨款结转”科目的“年初余额调整、项目间接费用或管理费、缴回资金、本年收支结转”明细科目余额转入本科目“累计结转”明细科目。结转后，本科目除“累计结转”明细科目外，其他明细科目应无余额。

借：非财政拨款结转——年初余额调整　　[明细科目为贷方余额]

——本年收支结转　　[明细科目为贷方余额]

贷：非财政拨款结转——累计结转

借：非财政拨款结转——累计结转

贷：非财政拨款结转——年初余额调整　　［明细科目借方余额］
　　　　　　　　　——缴回资金
　　　　　　　　　——项目间接费用或管理费
　　　　　　　　　——本年收支结转　［明细科目为借方余额］

请你回答：上述“非财政拨款结转”的具体有关明细科目余额冲销的会计处理，哪一个明细科目转销之前，其借贷方向不稳定？

答案提示：转销之前借贷方向不稳定的科目是指“年初余额调整”和“本年收支结转”，其他明细科目方向已经锁定。

(6) 年末完成上述结转后，应当对非财政拨款专项结转资金各项目情况进行分析，将留归本单位使用的非财政拨款专项（项目已完成）剩余资金转入非财政拨款结余。

借：非财政拨款结转——累计结转
　　贷：非财政拨款结余——结转转入

请你思考：这里“非财政拨款结转”科目的核算与上述“财政拨款结转”的核算，哪一些方面存在着相似之处？哪一些又有不同？

答案提示：

相似之处：(1) 年末各具体明细科目均转销至“累计结转”科目，并且转销后各明细科目不再有余额；(2) 年末均存在结转资金转入结余资金的可能性（符合结余条件前提下）；(3) 结转资金均可能按照规定需要上缴或缴回，均会涉及预算会计结余类科目和财务会计“累计盈余”科目的减少。

不同之处：两个科目核算内容具有明显的区别：“财政拨款结转”科目核算同级财政资金，而“非财政拨款结转”科目核算非同级财政拨款的专项资金。

（二）非财政拨款结余

1. 会计科目的设置

单位应当设置“非财政拨款结余”科目，用来专门核算单位历年滚存的非限定用途的非同级财政拨款结余资金，主要为非财政拨款结余扣除结余分配后滚存的金额。本科目年末贷方余额，反映单位非同级财政拨款结余资金的累计滚存数额。

“非财政拨款结余”科目应当设置下列明细科目。

（1）“年初余额调整”：本明细科目核算因发生会计差错更正、以前年度支出收回等原因，需要调整非财政拨款结余的资金。年末结账后，本明细科目应无余额。

（2）“项目间接费用或管理费”：本明细科目核算单位取得的科研项目预算收入中，按照规定计提的项目间接费用或管理费数额。年末结账后，本明细科目应无余额。

（3）“结转转入”：本明细科目核算按照规定留归单位使用，由单位统筹调配，纳入单位非财政拨款结余的非同级财政拨款专项剩余资金。年末结账后，本明细科目应无余额。

（4）“累计结余”：本明细科目核算单位历年滚存的非同级财政拨款、非专项结余资金。本明细科目年末贷方余额，反映单位非同级财政拨款滚存的非专项结余资金数额。

其中，上述明细科目（1）至（3）结转到（4）“累计结余”后，年末不再有余额。

“非财政拨款结余”科目还应当按照《政府收支分类科目》中“支出功能分类科目”的相关科目进行明细核算。

2. 非财政拨款结余的会计处理要点

（1）按照规定从科研项目预算收入中提取项目管理费或间接费用时：

借：非财政拨款结转——项目间接费用或管理费

　　贷：非财政拨款结余——项目间接费用或管理费

请你回忆：这里的会计处理方法前面是否提到过？

答案提示：前文阐述非财政拨款结转时，在按照规定从科研项目预算收入中提取项目管理费或间接费时提到过，只是一个转账事项的不同侧面而已。

（2）有企业所得税缴纳义务的事业单位实际缴纳企业所得税时，按照缴纳金额：

借：非财政拨款结余——累计结余

  贷：资金结存——货币资金

---

1. 请你思考：这里缴纳所得税时，财务会计应该做何会计处理？

答案提示：缴纳所得税时，财务会计的分录处理如下：

借：其他应交税费——应缴所得税

  贷：银行存款

2. 请你分析：接上，如此说来，事业单位计算并缴纳所得税，不管预算会计还是财务会计，均不列费用或支出？

答案提示：不是的。具体地，预算会计对于所得税计算不做支出（见上述预算会计分录）；但是财务会计在计算单位应缴纳所得税时，编制会计分录如下：

借：所得税费用

  贷：其他应交税费——应缴所得税

上述“1. 请你思考”的会计处理，是事业单位缴纳所得税业务，不是计算所得税业务事项。

（3）因以前年度会计差错更正、收到或支出非同级财政拨款货币资金，属于非财政拨款结余资金的，按照收到或支出的金额：

借或贷：资金结存——货币资金

  贷或借：非财政拨款结余——年初余额调整

因收回以前年度支出等收到非同级财政拨款货币资金，属于非财政拨款结余资金的，按照收到的金额：

借：资金结存——货币资金

  贷：非财政拨款结余——年初余额调整

请你回忆：以上会计处理与前述的哪些部分相似？

答案提示：以上会计处理与前述的“财政拨款结转”“财政拨款结余”以及“非财政拨款结转”以下情形下的会计处理部分极为相似，即：（1）在因以前年度会计差错更正、收到或支出同级财政拨款结转或结余（或非同级财政拨款结转）货币资金时；（2）因收回以前年度支出等收到同级财政拨款结转或结余货币资金（或非同级财政拨款结转）时。

（4）年末，将留归本单位使用的非财政拨款专项（项目已完成）剩余资金转入“非财政拨款结余”科目：

借：非财政拨款结转——累计结转

　　贷：非财政拨款结余——结转转入

【例8－7】某市级预算单位20×8～20×9年发生以下业务，请判断以下会计处理是否正确，不正确之处请指出，并说明理由。

①20×8年末，将留归本单位使用的非财政拨款专项（项目已完成）剩余资金80万元转入“非财政拨款结余”科目，编制会计分录如下：

预算会计分录：

借：非财政拨款结转——结转转入　　800 000

　　贷：非财政拨款结余——累计结转　　800 000

财务会计分录：

借：单位管理费用　　800 000

　　贷：预提费用　　800 000

②20×9年2月发现20×8年12月初以省财政拨款购买的一批价值100万元的专项设备存在严重的质量问题。现予以退回，国库款项也已经收到，入存款户。会计处理如下：

预算会计分录：

借：资金结存——货币资金　　1 000 000

　　贷：财政拨款结转——年初余额调整　　1 000 000

财务会计分录：

借：银行存款　　1 000 000

　　贷：以前年度盈余调整　　1 000 000

③20×9 年 3 月发现 20×8 年某项业务活动使用的固定资产少提折旧 10 万元。现更正如下。

预算会计分录：

借：资金结存——货币资金 100 000

贷：非财政拨款结余——年初余额调整 100 000

财务会计分录：

借：业务活动费用 100 000

贷：固定资产累计折旧 100 000

例题分析

第①项业务中有两处错误：一是该笔业务只是预算会计下的转账事项，不存在财务会计核算，应去掉财务会计处理；二是预算会计分录中的明细科目方向弄反了。

第②项业务中，预算会计分录中的贷方科目应为“非财政拨款结转——年初余额调整”科目（而非“财政拨款结余——年初余额调整”）；另外对于财务会计部分，应具体分析该专用设备是否计入费用还是一直停留在资产账户，分析之后进行相应的调整。

第③项业务中，首先，不存在预算会计处理，应去掉。其次，如果 10 万元属于金额较大时，应使用“以前年度盈余调整”科目（而非“业务活动费用”）。

（5）年末冲销“非财政拨款结余”有关明细科目余额。将“非财政拨款结余——年初余额调整、项目间接费用或管理费、结转转入”明细科目余额结转入“非财政拨款结余——累计结余”。即：

借：非财政拨款结余——年初余额调整 ［明细科目为贷方余额］

——项目间接费用或管理费

——结转转入

贷：非财政拨款结余——累计结余

借：非财政拨款结余——累计结余

贷：非财政拨款结余——年初余额调整 ［明细科目为借方余额］

——缴回资金

结转后，“非财政拨款结余”科目除“累计结余”明细科目外，其他明细科目应无余额。

请你回忆：以上会计处理与前述的哪些部分极为相似？

答案提示：以上会计处理与前述的“财政拨款结转”“财政拨款结余”以及“非财政拨款结转”类似情形下的会计处理部分极为相似，而且年末将各自科目的具体明细科目数额统一结转记入“累计结转”或“累计结余”明细科目，结转以后各具体明细科目不再有余额。

(6) 年末，事业单位将“非财政拨款结余分配”科目余额转入非财政拨款结余：

借或贷：非财政拨款结余分配

　　贷或借：非财政拨款结余——累计结余

(7) 年末，行政单位将“其他结余”科目余额转入非财政拨款结余：

借或贷：其他结余

　　贷或借：非财政拨款结余——累计结余

请你回答：以上 (6) 与 (7) 的会计处理，区分事业单位与行政单位不同而各有差异。为什么？说一说两者的相同点与不同点。

答案提示：

相同点：不管事业单位还是行政单位，两者最终都将有关的结余（即“其他结余”科目）予以转出，而且结转完毕，各自的“其他结余”科目不再有余额。

不同点：(6) 与 (7) 的会计处理区分事业单位与行政单位不同而各有差异，是因为行政单位形成其他结余不存在对结余进行分配，所以行政单位是将“其他结余”直接转入了“非财政拨款结余——累计结余”科目；而事业单位，基于其财务规则以及事业单位的特性，事业单位形成结余后存在对结余进行分配的事项处理，即要使用“非财政拨款结余分配”科目。等到对结余分配以后，将尚未分配的数额，由“非财政拨款结余分配”转入的“非财政拨款结余——累计结余”科目。

四、其他结余

其他结余是指单位本年度除财政拨款收支、非同级财政专项资金收支和经营收支以外各项收支相抵后的余额。

请你回答：上述其他结余中的“除了”的那些内容所涉及的收入和支出都去了哪些？或者说那些收支构成了什么？

答案提示：其他结余中的“除了”的那些内容所涉及的收入和支出构成如下：

(1) 财政拨款收支构成了“财政拨款结转”；

(2) 非同级财政专项资金收支构成了“非财政拨款结转”；

(3) 经营收支构成了“经营结余”；

所以，除了以上之外的收支，便构成了本题目中的“其他结余”。

单位应当设置“其他结余”科目，用来专门核算单位本年度除财政拨款收支、非同级财政专项资金收支和经营收支以外各项收支相抵后的余额。

其他结余的会计处理要点如下：

(1) 年末，将事业预算收入、上级补助预算收入、附属单位上缴预算收入、非同级财政拨款预算收入、债务预算收入、其他预算收入本年发生额中的非财政非专项资金收入以及投资预算收益本年发生额转入“其他结余”科目贷方。

借：事业预算收入——非专项资金收入
　　上级补助预算收入——非专项资金收入
　　附属单位上缴预算收入——非专项资金收入
　　非同级财政拨款预算收入——非专项资金收入
　　债务预算收入——非专项资金收入
　　其他预算收入——非专项资金收入
　　投资预算收益
　　贷：其他结余

请你回答：上面的"投资预算收益"科目一定通过上述方向结转吗？有没有可能是反方向结转？为什么？

答案提示："投资预算收益"科目因为投资结果不同（盈亏可能性都会发生），确实有可能在结转前会产生本年发生额为借方净额，如果那样，则：

借：其他结余

　　贷：投资预算收益

（2）将行政支出、事业支出、其他支出本年发生额中的非同级财政、非专项资金支出，以及上缴上级支出、对附属单位补助支出、投资支出、债务还本支出本年发生额转入"其他结余"科目借方。

借：其他结余

　　贷：行政支出——其他资金支出

　　　　事业支出——其他资金支出

　　　　其他支出——其他资金支出

　　　　上缴上级支出

　　　　对附属单位补助支出

　　　　投资支出

　　　　债务还本支出

请你回忆：以上支出中哪些支出是行政事业单位通用的？进一步地，收入中哪些收入是行政事业单位通用的？

答案提示：（1）以上支出中行政事业单位通用的支出只有"其他支出"科目通用；（2）收入中，行政事业单位通用的也只有三个："财政拨款预算收入""非同级财政拨款预算收入"和"其他预算收入"。

年末，完成上述结转后，行政单位将"其他结余"科目余额转入"非财政拨款结余——累计结余"科目；事业单位将"其他结余"科目余额转入"非财政拨款结余分配"科目。编制会计分录如下：

①行政单位：

借或贷：其他结余

　　贷或借：非财政拨款结余——累计结余

②事业单位：

借或贷：其他结余

　　贷或借：非财政拨款结余分配

年末结账后，“其他结余”科目应无余额。

请你回忆：以上哪一个会计处理（分录）在前面阐述过？

答案提示：以上行政单位的会计处理曾经在“非财政拨款结余——累计结余”部分阐述过，只是这里是从“其他结余”的角度再次重申。

【例 8-8】某省级行政单位 2018 年度有关预算资金收支情况如下：

（1）省级财政拨款收入 1 000 万元（其中基本支出 700 万元，项目支出 300 万元）。截至年底，用于基本支出 700 万元，项目支出 200 万元；

（2）省级财政拨付的其他收入专项资金收入 200 万元，非专项资金收入 30 万元；

（3）2018 年 6 月当地市财政局拨入专项经费 20 万元；

（4）当年“其他支出”中，财政拨款支出为 180 万元（其中基本支出 160 万元，项目支出 20 万元），非财政专项资金支出为 45 万元。

要求：根据上述资料，结转本年预算收支，并计算当年有关预算结转结余数额。

例题分析

（1）中，省级财政拨款 1 000 万元属于“财政拨款预算收入”，截至年底根据实际支付情况，属于“行政支出——财政拨款支出——基本支出”700 万元，“行政支出——财政拨款支出——项目支出”200 万元。

（2）中，省级财政拨付的其他收入属于“其他预算收入”，其中“其他预算收入——专项资金收入”200 万元，“其他预算收入——非专项资金收入”30 万元。

（3）中，当地市财政局拨入专项经费属于“非同级财政拨款预算收入——专项资金收入”20 万元。

首先，编制预算会计分录如下：

借：财政拨款预算收入　　10 000 000

　　贷：财政拨款结转——本年收支结转　　10 000 000

借：非同级财政拨款预算收入——专项资金收入　　200 000

　　其他预算收入——专项资金收入　　2 000 000

　　贷：非财政拨款结转——本年收支结转　　2 200 000

借：其他预算收入——非专项资金收入　　300 000

　　贷：其他结余　　300 000

借：财政拨款结转——本年收支结转　　10 800 000

　　贷：行政支出——财政拨款支出——基本支出　　7 000 000

　　　　　　　——财政拨款支出——项目支出　　2 000 000

　　　　其他支出——财政拨款支出——基本支出　　1 600 000

　　　　　　　——财政拨款支出——项目支出　　200 000

借：非财政拨款结转——本年收支结转　　450 000

　　贷：其他支出——非财政专项资金支出　　450 000

其次，计算确定有关预算结转结余数额如下：

财政拨款结转 = 1 000 − 1 080 = −80（万元）

非财政拨款结转 = 220 − 45 = 175（万元）

其他结余 = 30（万元）

第二节　事业单位专用的预算结余

事业单位除了以上通用的预算结余（资金结存、财政拨款结转、财政拨款结余、非财政拨款结转和非财政拨款结余）以外，还有三个专用的预算结余：专用结余、经营结余和非财政拨款结余分配。

一、专用结余

事业单位应当设置“专用结余”科目用来专门核算事业单位按照规定

从非财政拨款结余中提取的具有专门用途的资金的变动和滚存情况。该科目应当按照专用结余的类别进行明细核算。年末贷方余额，反映事业单位从非同级财政拨款结余中提取的专用基金的累计滚存数额。

（1）事业单位根据有关规定从本年度非财政拨款结余或经营结余中提取专用基金的，按照提取金额：

借：非财政拨款结余分配

　　贷：专用结余

（2）事业单位根据规定使用从非财政拨款结余或经营结余中提取的专用基金时，按照使用金额：

借：专用结余

　　贷：资金结存——货币资金

---

1. 请你回忆：上述事业单位根据有关规定从本年度非财政拨款结余或经营结余中提取专用基金的会计核算，以前在财务会计有关要素讲解中已经详细阐述过。请问在何处？

答案提示：事业单位根据有关规定从本年度非财政拨款结余或经营结余中提取专用基金的会计核算，在财务会计净资产要素的专用基金中阐述过。即事业单位从本年度非财政拨款结余或经营结余中提取专用基金，应该编制如下分录。

财务会计分录：

借：本年盈余分配

　　贷：专用基金——职工福利基金（等）

预算会计分录：

借：非财政拨款结余分配

　　贷：专用结余

值得注意的是，以上不管是财务会计分录还是预算会计分录，其数额均根据预算会计计算的结果编制会计分录。

2. 请你思考：上述使用专用基金的会计处理，相应的财务会计分录应当如何编制？

答案提示：上述使用专用基金的会计处理，相应的财务会计分录有两个答案可供选择，如下：

(1) 单分录：

借：专用基金

　　贷：银行存款

或：(2) 双分录：

借：固定资产或无形资产

　　贷：累计盈余

同时：

借：专用基金

　　贷：银行存款

究竟选择单分录还是双分录，取决于使用专用基金是否形成单位固定资产或无形资产。如果形成，则双分录答案。

3. 请你思考：

答案提示：事业单位使用专用基金。一定编制预算会计分录吗？如前所述，事业单位基金主要有以下形成渠道：(1) 从本年度非财政拨款结余或经营结余中提取形成；(2) 根据一定的预算收入提取形成；(3) 专设形成。

事业单位只有前两大渠道提取形成的专用基金，使用时才有预算会计处理，但会计处理结果不同。上述借记“专用结余”，贷记“资金结存”的会计处理，仅体现使用从本年度非财政拨款结余或经营结余中提取的专用基金（结余）。

二、经营结余

事业单位应当设置“经营结余”科目用来专门核算事业单位本年度经营活动收支相抵后余额弥补以前年度经营亏损后的余额。该科目可以按照经营活动类别进行明细核算。年末结账后，“经营结余”科目一般无余额；如为借方余额，反映事业单位累计发生的经营亏损。

(1) 年末，将经营预算收入本年发生额转入“经营结余”科目贷方：

借：经营预算收入

贷：经营结余

（2）年末，将经营支出本年发生额转入"经营结余"科目借方：

借：经营结余

贷：经营支出

（3）年末，完成上述结转后，如"经营结余"科目为贷方余额，将科目贷方余额转入"非财政拨款结余分配"科目：

借：经营结余

贷：非财政拨款结余分配

如"经营结余"科目为借方余额，为经营亏损，不予结转。

三、非财政拨款结余分配

事业单位应当设置"非财政拨款结余分配"科目用来专门核算事业单位本年度非财政拨款结余分配的情况和结果。

（1）年末，将"其他结余"科目余额转入"非财政拨款结余分配"科目：

借或贷：其他结余

贷或借：非财政拨款结余分配

（2）年末，将"经营结余"科目贷方余额转入"非财政拨款结余分配"科目：

借：经营结余

贷：非财政拨款结余分配

（3）根据有关规定提取专用基金的，按照提取的金额：

借：非财政拨款结余分配

贷：专用结余

（4）年末，按照规定完成上述处理后，将"非财政拨款结余分配"科目余额转入"非财政拨款结余"：

借或贷：非财政拨款结余——累计结余

贷或借：非财政拨款结余分配

年末结账后，"非财政拨款结余分配"科目应无余额。

1. 请你回忆：上述四个步骤的会计处理，在前面相关内容阐述中均有过出现吗？

答案提示：上述四个步骤的会计处理，第（1）个步骤在“其他结余”部分中已经出现过；第（2）个步骤在“经营结余”部分中已经出现过；第（3）个步骤在“专用结余”部分和财务会计“专用基金”部分中已经出现过；第（4）个步骤在“非财政拨款结余”部分中已经出现过。

2. 请你分析：上述四个步骤的会计处理均为预算会计，请鉴别是否需要财务会计处理？

答案提示：上述四个步骤的会计处理均为预算会计，除了第（3）个步骤存在财务会计处理外，其他步骤均没有财务会计的信息处理。第（3）步骤财务会计处理，应编制会计分录如下。

借：本年盈余分配

　　贷：专用基金——职工福利基金（等）

3. 请你分析：说一说第四步骤年末按照规定将“非财政拨款结余分配”科目余额转入“非财政拨款结余”，其数额是如何确定的？

答案提示：首先，先确定“非财政拨款结余分配”数额的形成，即来自于两个部分：(1)“经营结余”结转而来；(2)“其他结余”结转而来。其次，再对形成的“非财政拨款结余分配”进行分配。但是基于形成后“非财政拨款结余分配”科目方向或借或贷的原因，“非财政拨款结余分配”如果是借方余额，则不存在分配（直接转入“非财政拨款结余——累计结余”借方科目即可）；也可能是贷方余额，则可能分配；最后，将“非财政拨款结余分配”尚未分配数额（即余额数）结转至“非财政拨款结余——累计结余”科目即可。

第九章
政府会计决算报告

本章要点

◇ 掌握预算会计报表的填列
- 预算收入支出表
- 预算结转结余变动表
- 财政拨款预算收入支出表

◇ 了解本年盈余与预算结余的差异情况说明表的作用

◇ 本章难点：本年盈余与预算结余的差异情况说明（表）

政府会计主体应当编制决算报告和财务报告。政府预算会计要素包括预算收入、预算支出与预算结余。按照规定，符合预算收入、预算支出和预算结余定义及其确认条件的项目应当列入政府决算报告。

政府会计决算报告的目标是向决算报告使用者提供与政府预算执行情况有关的信息，综合反映政府会计主体预算收支的年度执行结果，有助于决算报告使用者进行监督和管理，并为编制后续年度预算提供参考和依据。政府决算报告使用者包括各级人民代表大会及其常务委员会、各级政府及其有关部门、政府会计主体自身、社会公众和其他利益相关者。

作为政府会计决算报告主体内容的预算会计报表，包括预算收入支出表、预算结转结余变动表和财政拨款预算收入支出表。这些报表均为年度报表。

第一节 预算收入支出表

一、预算收入支出表概述

预算收入支出表反映单位在某一会计年度内各项预算收入、预算支出和预算收支差额的情况。

预算收入支出表结构为：单步式结构（见表9-1），即由收入减支出，“一步到位”计算出本年预算结余数额。

该表“本年数”栏反映各项目的本年实际发生数。本表“上年数”栏反映各项目上年度的实际发生数，应当根据上年度预算收入支出表中“本年数”栏内所列数字填列。

如果本年度预算收入支出表规定的项目名称和内容同上年度不一致，应当对上年度预算收入支出表项目的名称和数字按照本年度的规定进行调整，将调整后金额填入本年度预算收入支出表的“上年数”栏。

二、预算收入支出表中“本年数”栏各项目的编制

1. 本年预算收入

（1）“本年预算收入”项目，反映单位本年预算收入总额。本项目应当根据本表中“财政拨款预算收入”“事业预算收入”“上级补助预算收入”“附属单位上缴预算收入”“经营预算收入”“债务预算收入”“非同级财政拨款预算收入”“投资预算收益”“其他预算收入”项目金额的合计数填列。

（2）“财政拨款预算收入”项目，反映单位本年从同级政府财政部门取得的各类财政拨款。本项目应当根据“财政拨款预算收入”科目的本年发生额填列。

“政府性基金收入”项目，反映单位本年取得的财政拨款收入中属于政府性基金预算拨款的金额。本项目应当根据“财政拨款预算收入”相关明

细科目的本年发生额填列。

（3）“事业预算收入”项目，反映事业单位本年开展专业业务活动及其辅助活动取得的预算收入。本项目应当根据“事业预算收入”科目的本年发生额填列。

（4）“上级补助预算收入”项目，反映事业单位本年从主管部门和上级单位取得的非财政补助预算收入。本项目应当根据“上级补助预算收入”科目的本年发生额填列。

（5）“附属单位上缴预算收入”项目，反映事业单位本年收到的独立核算的附属单位按照有关规定上缴的预算收入。本项目应当根据“附属单位上缴预算收入”科目的本年发生额填列。

（6）“经营预算收入”项目，反映事业单位本年在专业业务活动及其辅助活动之外开展非独立核算经营活动取得的预算收入。本项目应当根据“经营预算收入”科目的本年发生额填列。

（7）“债务预算收入”项目，反映事业单位本年按照规定从金融机构等借入的、纳入部门预算管理的债务预算收入。本项目应当根据“债务预算收入”的本年发生额填列。

（8）“非同级财政拨款预算收入”项目，反映单位本年从非同级政府财政部门取得的财政拨款。本项目应当根据“非同级财政拨款预算收入”科目的本年发生额填列。

（9）“投资预算收益”项目，反映事业单位本年取得的按规定纳入单位预算管理的投资收益。本项目应当根据“投资预算收益”科目的本年发生额填列。

（10）“其他预算收入”项目，反映单位本年取得的除上述收入以外的纳入单位预算管理的各项预算收入。本项目应当根据“其他预算收入”科目的本年发生额填列。

①“利息预算收入”项目，反映单位本年取得的利息预算收入。本项目应当根据“其他预算收入”科目的明细记录分析填列。单位单设“利息预算收入”科目的，应当根据“利息预算收入”科目的本年发生额填列。

②“捐赠预算收入”项目，反映单位本年取得的捐赠预算收入。本项目应当根据“其他预算收入”科目明细账记录分析填列。单位单设“捐赠预算收入”科目的，应当根据“捐赠预算收入”科目的本年发生额填列。

③“租金预算收入”项目，反映单位本年取得的租金预算收入。本项目应当根据“其他预算收入”科目明细账记录分析填列。单位单设“租金预算收入”科目的，应当根据“租金预算收入”科目的本年发生额填列。

2. 本年预算支出

(1)“本年预算支出”项目，反映单位本年预算支出总额。本项目应当根据本表中“行政支出”“事业支出”“经营支出”“上缴上级支出”“对附属单位补助支出”“投资支出”“债务还本支出”和“其他支出”项目金额的合计数填列。

(2)“行政支出”项目，反映行政单位本年履行职责实际发生的支出。本项目应当根据“行政支出”科目的本年发生额填列。

(3)“事业支出”项目，反映事业单位本年开展专业业务活动及其辅助活动发生的支出。本项目应当根据“事业支出”科目的本年发生额填列。

(4)“经营支出”项目，反映事业单位本年在专业业务活动及其辅助活动之外开展非独立核算经营活动发生的支出。本项目应当根据“经营支出”科目的本年发生额填列。

(5)“上缴上级支出”项目，反映事业单位本年按照财政部门和主管部门的规定上缴上级单位的支出。本项目应当根据“上缴上级支出”科目的本年发生额填列。

(6)“对附属单位补助支出”项目，反映事业单位本年用财政拨款收入之外的收入对附属单位补助发生的支出。本项目应当根据“对附属单位补助支出”科目的本年发生额填列。

(7)“投资支出”项目，反映事业单位本年以货币资金对外投资发生的支出。本项目应当根据“投资支出”科目的本年发生额填列。

(8)“债务还本支出”项目，反映事业单位本年偿还自身承担的纳入预算管理的从金融机构举借的债务本金的支出。本项目应当根据“债务还本支出”科目的本年发生额填列。

(9)“其他支出”项目，反映单位本年除以上支出以外的各项支出。本项目应当根据“其他支出”科目的本年发生额填列。

①“利息支出”项目，反映单位本年发生的利息支出。本项目应当根据“其他支出”科目明细账记录分析填列。单位单设“利息支出”科目的，应当根据“利息支出”科目的本年发生额填列。

②“捐赠支出”项目，反映单位本年发生的捐赠支出。本项目应当根据“其他支出”科目明细账记录分析填列。单位单设“捐赠支出”科目的，应当根据“捐赠支出”科目的本年发生额填列。

3. 本年预算收支差额

“本年预算收支差额”项目，反映单位本年各项预算收支相抵后的差额。本项目应当根据本表中“本期预算收入”项目金额减去“本期预算支出”项目金额后的金额填列；如相减后金额为负数，以“－”号填列。

【例9－1】 承【例8－8】资料，得出该行政单位本年有关收支数额如下（单位：元）：

（1）财政拨款预算收入10 000 000

（2）非同级财政拨款预算收入200 000

（3）其他预算收入2 300 000

（4）行政支出9 000 000

（5）其他支出2 250 000

根据上述资料，编制该行政单位2018年度预算收入支出表（见表9－1）如下：

表9－1　　**预算收入支出表**　　会政预01表

编制单位：某行政单位　　2018年　　单位：元

项目	本年数	上年数
一、本年预算收入	12 500 000	
（一）财政拨款预算收入	10 000 000	
其中：政府性基金收入		
（二）事业预算收入		
（三）上级补助预算收入		
（四）附属单位上缴预算收入		
（五）经营预算收入		
（六）债务预算收入		
（七）非同级财政拨款预算收入	200 000	
（八）投资预算收益		
（九）其他预算收入	2 300 000	
其中：利息预算收入		

续表

项目	本年数	上年数
捐赠预算收入		
租金预算收入		
二、本年预算支出	11 250 000	
（一）行政支出	9 000 000	
（二）事业支出		
（三）经营支出		
（四）上缴上级支出		
（五）对附属单位补助支出		
（六）投资支出		
（七）债务还本支出		
（八）其他支出	2 250 000	
其中：利息支出		
捐赠支出		
三、本年预算收支差额	1 250 000	

第二节　预算结转结余变动表

一、预算结转结余变动表

预算结转结余变动表是用来反映单位在某一会计年度内预算结转结余的变动情况。该表由以下四部分构成：

（1）年初预算结转结余。

（2）年初余额调整。

（3）本年变动金额。

（4）年末预算结转结余。

以上各部分，分别由两部分构成：财政拨款结转结余和其他资金结转结余。表中“年末预算结转结余”项目金额等于“年初预算结转结余”“年初余额调整”“本年变动金额”三个项目的合计数（格式见表9-2）。

二、预算结转结余变动表的编制方法

预算结转结余变动表“本年数”栏反映各项目的本年实际发生数。本表“上年数”栏反映各项目的上年实际发生数，应当根据上年度预算结转结余变动表中“本年数”栏内所列数字填列。

如果本年度预算结转结余变动表规定的项目名称和内容同上年度不一致，应当对上年度预算结转结余变动表项目的名称和数字按照本年度的规定进行调整，将调整后金额填入本年度预算结转结余变动表的“上年数”栏。

预算结转结余变动表“本年数”栏各项目的内容和填列方法如下。

1.“年初预算结转结余”项目

“年初预算结转结余”项目反映单位本年预算结转结余的年初余额。本项目应当根据本项目下“财政拨款结转结余”“其他资金结转结余”项目金额的合计数填列。

（1）“财政拨款结转结余”项目，反映单位本年财政拨款结转结余资金的年初余额。本项目应当根据“财政拨款结转”“财政拨款结余”科目本年年初余额合计数填列。

（2）“其他资金结转结余”项目，反映单位本年其他资金结转结余的年初余额。本项目应当根据“非财政拨款结转”“非财政拨款结余”“专用结余”“经营结余”科目本年年初余额的合计数填列。

2.“年初余额调整”项目

“年初余额调整”项目反映单位本年预算结转结余年初余额调整的金额。本项目应当根据本项目下“财政拨款结转结余”“其他资金结转结余”项目金额的合计数填列。

（1）“财政拨款结转结余”项目，反映单位本年财政拨款结转结余资金的年初余额调整金额。本项目应当根据“财政拨款结转”“财政拨款结余”科目下“年初余额调整”明细科目的本年发生额的合计数填列；如调整减少年初财政拨款结转结余，以“-”号填列。

（2）“其他资金结转结余”项目，反映单位本年其他资金结转结余的年初余额调整金额。本项目应当根据“非财政拨款结转”“非财政拨款结余”

科目下“年初余额调整”明细科目的本年发生额的合计数填列；如调整减少年初其他资金结转结余，以“-”号填列。

3.“本年变动金额”项目

“本年变动金额”项目反映单位本年预算结转结余变动的金额。本项目应当根据本项目下“财政拨款结转结余”“其他资金结转结余”项目金额的合计数填列。

（1）“财政拨款结转结余”项目，反映单位本年财政拨款结转结余资金的变动。本项目应当根据本项目下“本年收支差额”“归集调入”“归集上缴或调出”项目金额的合计数填列。

①“本年收支差额”项目，反映单位本年财政拨款资金收支相抵后的差额。本项目应当根据“财政拨款结转”科目下“本年收支结转”明细科目本年转入的预算收入与预算支出的差额填列；差额为负数的，以“-”号填列。

②“归集调入”项目，反映单位本年按照规定从其他单位归集调入的财政拨款结转资金。本项目应当根据“财政拨款结转”科目下“归集调入”明细科目的本年发生额填列。

③“归集上缴或调出”项目，反映单位本年按照规定上缴的财政拨款结转结余资金及按照规定向其他单位调出的财政拨款结转资金。本项目应当根据“财政拨款结转”“财政拨款结余”科目下“归集上缴”明细科目，以及“财政拨款结转”科目下“归集调出”明细科目本年发生额的合计数填列，以“-”号填列。

（2）“其他资金结转结余”项目，反映单位本年其他资金结转结余的变动。本项目应当根据本项目下“本年收支差额”“缴回资金”“使用专用结余”“支付所得税”项目金额的合计数填列。

①“本年收支差额”项目，反映单位本年除财政拨款外的其他资金收支相抵后的差额。本项目应当根据“非财政拨款结转”科目下“本年收支结转”明细科目、“其他结余”科目、“经营结余”科目本年转入的预算收入与预算支出的差额的合计数填列；如为负数，以“-”号填列。

②“缴回资金”项目，反映单位本年按照规定缴回的非财政拨款结转资金。本项目应当根据“非财政拨款结转”科目下“缴回资金”明细科目本年发生额的合计数填列，以“-”号填列。

③“使用专用结余”项目，反映本年事业单位根据规定使用从非财政拨款结余或经营结余中提取的专用基金的金额。本项目应当根据“专用结余”科目明细账中本年使用专用结余业务的发生额填列，以“－”号填列。

④“支付所得税”项目，反映有企业所得税缴纳义务的事业单位本年实际缴纳的企业所得税金额。本项目应当根据“非财政拨款结余”明细账中本年实际缴纳企业所得税业务的发生额填列，以“－”号填列。

4. “年末预算结转结余”项目

“年末预算结转结余”项目反映单位本年预算结转结余的年末余额。本项目应当根据本项目下“财政拨款结转结余”“其他资金结转结余”项目金额的合计数填列。

（1）“财政拨款结转结余”项目，反映单位本年财政拨款结转结余的年末余额。本项目应当根据本项目下“财政拨款结转”“财政拨款结余”项目金额的合计数填列。

本项目下“财政拨款结转”“财政拨款结余”项目，应当分别根据“财政拨款结转”“财政拨款结余”科目的本年年末余额填列。

（2）“其他资金结转结余”项目，反映单位本年其他资金结转结余的年末余额。本项目应当根据本项目下“非财政拨款结转”“非财政拨款结余”“专用结余”“经营结余”项目金额的合计数填列。

本项目下“非财政拨款结转”“非财政拨款结余”“专用结余”“经营结余”项目，应当分别根据“非财政拨款结转”“非财政拨款结余”“专用结余”“经营结余”科目的本年年末余额填列。

【例9－2】 承【例9－1】编制该行政单位2018年度预算结转结余变动表（见表9－2）如下：

表9－2　　**预算结转结余变动表**　　会政预02表

编制单位：某单位　　2018 年　　单位：元

项　目	本年数	上年数
一、年初预算结转结余		
（一）财政拨款结转结余		
（二）其他资金结转结余		
二、年初余额调整 （减少以“－”号填列）		

续表

项　目	本年数	上年数
（一）财政拨款结转结余		
（二）其他资金结转结余		
三、本年变动金额 （减少以“-”号填列）	1 250 000	
（一）财政拨款结转结余	-800 000	
1. 本年收支差额	-800 000	
2. 归集调入		
3. 归集上缴或调出		
（二）其他资金结转结余	2 050 000	
1. 本年收支差额	2 050 000	
2. 缴回资金		
3. 使用专用结余		
4. 支付所得税		
四、年末预算结转结余	1 250 000	
（一）财政拨款结转结余	-800 000	
1. 财政拨款结转	-800 000	
2. 财政拨款结余		
（二）其他资金结转结余	2 050 000	
1. 非财政拨款结转	1 750 000	
2. 非财政拨款结余	300 000	
3. 专用结余		
4. 经营结余 （如有余额，以“-”号填列）		

1. 请你分析：为什么预算结转结余变动表中的第四大项“年末预算结转结余”里第2小项中的“非财政拨款结余”填列30万元？它来自于哪里？

答案提示：表中的第四大项“年末预算结转结余”里第2小项中的“非财政拨款结余”填列30万元，来自于年末，该行政单位将“其他结余”科目余额30万元转入“非财政拨款结余”而形成的数据。

2. 请你分析：为什么预算结转结余变动表中的第四大项“年末预算结

转结余”里相关的结转结余项目都在，唯独缺少“其他结余”？

答案提示：这个问题的回答与第一个问题有一定关联，即：

（1）年末，行政单位将“其他结余”科目余额转入非财政拨款结余，所以结转完以后，“其他结余”不再有余额。具体会计分录如下。

借或贷：其他结余

　　贷或借：非财政拨款结余——累计结余

（2）年末，事业单位将“其他结余”科目余额全部转入了“非财政拨款结余分配”科目余额，所以结转完以后，“其他结余”也不再有余额。具体会计分录如下。

借或贷：其他结余

　　贷或借：非财政拨款结余分配

第三节　财政拨款预算收入支出表

财政拨款预算收入支出表概述

财政拨款预算收入支出表反映单位本年财政拨款预算资金收入、支出及相关变动的具体情况。

财政拨款预算收入支出表是行政事业单位预算会计报表的重要组成部分，它可以提供一定时期行政事业单位财政拨款收入支出各个组成项目金额以及变动情况。该表的格式属于矩阵式结构（见表9-3）。其中，表中横向的“年初财政拨款结转结余”“单位内部调剂”和“年末财政拨款结转结余”栏次，再具体分为“结转”和“结余”两部分分别填报；表中纵向的“项目支出”内容，也分别要求按照不同的专门项目分别填报。

表 9－3　　财政拨款预算收入支出表　　会政预 03 表

编制单位：　　______年　　单位：元

项　目	年初财政拨款结转结余(结转＋结余)	调整年初财政拨款结转结余	本年归集调入	本年归集上缴或调出	单位内部调剂(结转＋结余)	本年财政拨款收入	本年财政拨款支出	年末财政拨款结转结余(结转结余)
一、一般公共预算财政拨款								
（一）基本支出								
1. 人员经费								
2. 日常公用经费								
（二）项目支出								
1. ××项目								
2. ××项目								
……								
二、政府性基金预算财政拨款								
（一）基本支出								
1. 人员经费								
2. 日常公用经费								
（二）项目支出								
1. ××项目								
2. ××项目								
……								
总　计								

财政拨款预算收入支出表的编制方法如下。

（一）本表“项目”栏内各项目，应当根据单位取得的财政拨款种类分项设置

“项目支出”项目下，根据每个项目设置；单位取得除一般公共财政预算拨款和政府性基金预算拨款以外的其他财政拨款的，应当按照财政拨款种类增加相应的资金项目及其明细项目。

（二）本表各栏及其对应项目的内容和填列方法

（1）“年初财政拨款结转结余”栏中各项目，反映单位年初各项财政拨款结转结余的金额。各项目应当根据“财政拨款结转”“财政拨款结余”及

其明细科目的年初余额填列。本栏中各项目的数额应当与上年度财政拨款预算收入支出表中“年末财政拨款结转结余”栏中各项目的数额相等。

（2）“调整年初财政拨款结转结余”栏中各项目，反映单位对年初财政拨款结转结余的调整金额。各项目应当根据“财政拨款结转”“财政拨款结余”科目下“年初余额调整”明细科目及其所属明细科目的本年发生额填列；如调整减少年初财政拨款结转结余，以“－”号填列。

（3）“本年归集调入”栏中各项目，反映单位本年按规定从其他单位调入的财政拨款结转资金金额。各项目应当根据“财政拨款结转”科目下“归集调入”明细科目及其所属明细科目的本年发生额填列。

（4）“本年归集上缴或调出”栏中各项目，反映单位本年按规定实际上缴的财政拨款结转结余资金，及按照规定向其他单位调出的财政拨款结转资金金额。各项目应当根据“财政拨款结转”“财政拨款结余”科目下“归集上缴”科目和“财政拨款结转”科目下“归集调出”明细科目，及其所属明细科目的本年发生额填列，以“－”号填列。

（5）“单位内部调剂”栏中各项目，反映单位本年财政拨款结转结余资金在单位内部不同项目等之间的调剂金额。各项目应当根据“财政拨款结转”和“财政拨款结余”科目下的“单位内部调剂”明细科目及其所属明细科目的本年发生额填列；对单位内部调剂减少的财政拨款结余金额，以“－”号填列。

（6）“本年财政拨款收入”栏中各项目，反映单位本年从同级财政部门取得的各类财政预算拨款金额。各项目应当根据“财政拨款预算收入”科目及其所属明细科目的本年发生额填列。

（7）“本年财政拨款支出”栏中各项目，反映单位本年发生的财政拨款支出金额。各项目应当根据“行政支出”“事业支出”等科目及其所属明细科目本年发生额中的财政拨款支出数的合计数填列。

（8）“年末财政拨款结转结余”栏中各项目，反映单位年末财政拨款结转结余的金额。各项目应当根据“财政拨款结转”“财政拨款结余”科目及其所属明细科目的年末余额填列。

【例9－3】承第八章【例8－8】所提供的相关资料，例如：该省级行政单位2018年度取得的省级财政拨款收入1 000万元（其中基本支出700万元，项目支出300万元）。截至年底，用于基本支出700万元，项目支出200

万元。

根据上述提供的资料，应：

①将取得的省级财政拨款收入 1 000 万元，填列至横向的“本年财政拨款收入”栏次，并对应纵向的以下项目进行填列（见表 9-4）；

②将截至年底，用于实际支出的基本支出 700 万元，项目支出 200 万元，填列至横向的“本年财政拨款支出”栏次，并对应纵向的以下项目进行填列（见表 9-4）。

表 9-4　　财政拨款预算收入支出表（局部）

编制单位：某行政单位　　2018 年　　单位：元

项　目	本年财政拨款收入	本年财政拨款支出
一、一般公共预算财政拨款		
（一）基本支出	7 000 000	7 000 000
1. 人员经费	此略	此略
2. 日常公用经费	此略	此略
（二）项目支出	3 000 000	2 000 000
1. ××项目	3 000 000	2 000 000
2. ××项目		
……		

第四节　本年盈余与预算结余的差异情况说明

为了反映单位财务会计和预算会计因核算基础和核算范围不同所产生的本年盈余数与本年预算结余数之间的差异，单位应当按照重要性原则，对本年度发生的各类影响收入（预算收入）和费用（预算支出）的业务进行适度归并和分析，披露将年度预算收入支出表中“本年预算收支差额”调节为年度收入费用表中“本期盈余”的信息。有关披露格式如下（表 9-5）。

表 9－5 本年盈余与预算结余的差异情况说明表

项　目	金　额
一、本年预算结余（本年预算收支差额）	
二、差异调节	
（一）重要事项的差异	
加：1. 当期确认为收入但没有确认为预算收入	
（1）应收款项、预收账款确认的收入	
（2）接受非货币性资产捐赠确认的收入	
2. 当期确认为预算支出但没有确认为费用	
（1）支付应付款项、预付账款的支出	
（2）为取得存货、政府储备物资等计入物资成本的支出	
（3）为购建固定资产等的资本性支出	
（4）偿还借款本息支出	
减：1. 当期确认为预算收入但没有确认为收入	
（1）收到应收款项、预收账款确认的预算收入	
（2）取得借款确认的预算收入	
2. 当期确认为费用但没有确认为预算支出	
（1）发出存货、政府储备物资等确认的费用	
（2）计提的折旧费用和摊销费用	
（3）确认的资产处置费用（处置资产价值）	
（4）应付款项、预付账款确认的费用	
（二）其他事项差异	
三、本年盈余（本年收入与费用的差额）	

【例 9－4】 某预算单位 20×8 年初以财政直接支付方式购买一项不需安装的专用设备，价值 100 万元，使用期限 10 年，采用年限平均法计提折旧。假设不考虑该单位其他业务或因素。对于如何填列上表，应基于以下思路分析。

（1）以上业务编制相关会计分录如下：

①购买固定资产财务会计分录：

借：固定资产　　　　1 000 000

　　贷：财政拨款收入　　　　1 000 000

预算会计分录：

借：行政支出或事业支出　　　　　　　　　　1 000 000
　　贷：财政拨款预算收入　　　　　　　　　　1 000 000

②当年计提固定资产折旧，还应编制财务会计分录如下：

借：业务活动费用（等）　　　　　　　　　　100 000
　　贷：固定资产累计折旧　　　　　　　　　　100 000

（2）财务会计与预算会计差异之比较：

预算会计预算结余 = 100（财政拨款预算收入） - 100（行政支出/事业支出） = 0

财务会计本年盈余 = 100（财政拨款收入） - 10（业务活动费用） = 90（万元）

两者结果的差异：90 万元

其中：

①收入与预算收入之比较：财务会计“财政拨款收入”100 万元，预算会计“财政拨款预算收入”同样为 100 万元，两者没有差异；

②费用与支出之比较：财务会计“业务活动费用”10 万元，预算会计“行政支出或事业支出”100 万元，两者差异 90 万元；

可见，与财务会计费用相比，预算会计多计了 90 万元支出。基于“披露将年度预算收入支出表中本年预算收支差额调节为年度收入费用表中本期盈余的信息”的思路，在预算会计“本年预算结余”（零）的基础上，应将预算会计多计的 90 万元支出予以冲销，两者便不存在差异。故在表中应当加回即可（见表 9 - 6）。

表 9 - 6　　本年盈余与预算结余的差异情况说明表（局部）

项　目	金　额
一、本年预算结余（本年预算收支差额）	0
二、差异调节	
（一）重要事项的差异	
加：1. 当期确认为收入但没有确认为预算收入	
2. 当期确认为预算支出但没有确认为费用	
（1）支付应付款项、预付账款的支出	
（2）为取得存货、政府储备物资等计入物资成本的支出	
（3）为购建固定资产等的资本性支出	900 000

续表

项　目	金　额
(4) 偿还借款本息支出	
减：1. 当期确认为预算收入但没有确认为收入	
2. 当期确认为费用但没有确认为预算支出	
(二) 其他事项差异	
三、本年盈余（本年收入与费用的差额）	900 000

请你分析：承【例9-4】，在接下来的下一年，假设其他因素不考虑，“本年盈余与预算结余的差异情况说明表”会存在当年差异的调整吗？

答案提示：存在。因为接下来的下一年，即20×9年，财务会计仍计提当年折旧，借记折旧费用10万元，贷记固定资产累计折旧10万元。而预算会计没有发生支出。两者差异10万元，所以应将其差异在表中进行调减（见表9-7）。

表9-7　本年盈余与预算结余的差异情况说明表（局部）

项　目	金　额
一、本年预算结余（本年预算收支差额）	
二、差异调节	
(一) 重要事项的差异	
加：1. 当期确认为收入但没有确认为预算收入	
2. 当期确认为预算支出但没有确认为费用	
减：1. 当期确认为预算收入但没有确认为收入	
2. 当期确认为费用但没有确认为预算支出	
(1) 发出存货、政府储备物资等确认的费用	
(2) 计提的折旧费用和摊销费用	-100 000
(3) 确认的资产处置费用（处置资产价值）	
(4) 应付款项、预付账款确认的费用	
(二) 其他事项差异	
三、本年盈余（本年收入与费用的差额）	

【例 9－5】某行政事业单位 20×9 年发生经济业务如下：

（1）年初租用一套房屋用于办公使用，按照约定：每月租金 20 000 元，每月房租于次月 10 日支付；

（2）5 月份因绿化等支付 80 000 元，列入单位当期费用；

（3）11 月末支付次年报纸杂志费 12 000 元；

要求：假设不考虑其他因素与业务发生，分析以上是否存在差异，差异应在哪一项中做加或减的调整？

例题分析

第（1）项中，财务会计费用＝20 000×12（月）＝240 000（元）

预算会计支出＝20 000×11（月）＝220 000（元）

两者差异：财务会计多计费用 20 000 元；

第（2）项中，财务会计费用＝预算会计支出＝80 000 元，两者无差异；

第（3）项中，财务会计确认为一项资产，即“待摊费用”，

预算会计支出＝12 000 元

两者差异：预算会计多计支出 12 000 元；

由此可见，应纳入差异表中的是第（1）项和第（3）项；

由于第（1）项财务会计多计费用 20 000 元，基于“披露将年度预算收入支出表中本年预算收支差额调节为年度收入费用表中本期盈余的信息”的思路，在预算会计“本年预算结余”基础上，预算会计应作为表中减 20 000 元的调整。

由于第（3）项预算会计多计支出 12 000 元，基于“披露将年度预算收入支出表中本年预算收支差额调节为年度收入费用表中本期盈余的信息”的思路，在预算会计“本年预算结余”基础上，应将预算会计多计（即多减）的 12 000 元予以加回（见表 9－8）。

表 9－8　　本年盈余与预算结余的差异情况说明表（局部）

项　目	金　额
一、本年预算结余（本年预算收支差额）	
二、差异调节	
（一）重要事项的差异	
加：1. 当期确认为收入但没有确认为预算收入	
2. 当期确认为预算支出但没有确认为费用	

续表

项 目	金 额
(1) 支付应付款项、预付账款的支出	12 000
(2) 为取得存货、政府储备物资等计入物资成本的支出	
(3) 为购建固定资产等的资本性支出	
(4) 偿还借款本息支出	
减：1. 当期确认为预算收入但没有确认为收入	
2. 当期确认为费用但没有确认为预算支出	
(1) 发出存货、政府储备物资等确认的费用	
(2) 计提的折旧费用和摊销费用	
(3) 确认的资产处置费用（处置资产价值）	
(4) 应付款项、预付账款确认的费用	-20 000
(二) 其他事项差异	
三、本年盈余（本年收入与费用的差额）	

主要参考条文

1. 政府会计准则——基本准则
2. 政府会计准则第 1 号——存货
3. 政府会计准则第 2 号——投资
4. 政府会计准则第 3 号——固定资产
5. 政府会计准则第 4 号——无形资产
6. 政府会计准则第 5 号——公共基础设施
7. 政府会计准则第 6 号——政府储备物资
8. 政府会计准则第 8 号——负债
9.《政府会计准则第 9 号——财务报表编制和列报》
10. 政府会计准则第 3 号——固定资产应用指南
11. 会计档案管理办法